Bernhard Wendt · Gerhard Gruber

Der Antiquariatsbuchhandel

Eine Fachkunde für Antiquare
und Büchersammler

Vierte, von Gerhard Gruber
neu bearbeitete Auflage

2003

Dr. Ernst Hauswedell & Co.

Stuttgart

4. Auflage

vormals

Bernhard Wendt: Der Antiquariatslehrling
(1. Auflage Leipzig 1938)

Bernhard Wendt: Der Antiquariats-Buchhandel
(2. Auflage Hamburg 1952 – 3. Auflage Hamburg 1974)

Das obere Foto auf dem Einband stellte freundlicherweise
das Auktionshaus Venator & Hanstein, Köln, zur Verfügung.

ISBN 3-7762-0503-2

Printed in Germany © 2003 Dr. Ernst Hauswedell & Co., Stuttgart

Alle Rechte vorbehalten, insbesondere die des Nachdrucks und der
Übersetzung. Ohne schriftliche Genehmigung des Verlages ist es auch
nicht gestattet, dieses urheberrechtlich geschützte Werk oder Teile daraus
in einem photomechanischen, audiovisuellen oder sonstigen Verfahren
zu vervielfältigen und zu verbreiten. Diese Genehmigungspflicht gilt
ausdrücklich auch für die Speicherung, Verarbeitung, Vervielfältigung
oder Verbreitung mittels Datenverarbeitungsanlagen und elektronischer
Kommunikationssysteme.

Satz und Druck Offizin Chr. Scheufele, Stuttgart
Gedruckt auf einem holzfreien, säurefreien und
alterungsbeständigen Papier.
Bindearbeit LD Buch, Heppenheim

Inhalt

Vorwort	XI
1. Aufgabe und Bedeutung des Antiquariatsbuchhandels	1
2. Antiquar als Beruf	5
3. Grundriss der Geschichte des Antiquariatsbuchhandels	7
1. Von den Anfängen bis ins 19. Jahrhundert	7
2. Deutsches Kaiserreich, Weimarer Republik und Drittes Reich	13
3. Von 1945 bis heute	15
4. Die Formen des Antiquariatsbuchhandels	19
1. Vom Vertriebsweg abhängige Formen	19
a) Ladengeschäft 19 – b) Versandgeschäft 20 c) Auktionshaus 21 – d) Messen 24	
2. Von der Art der Ware abhängige Formen	25
a) Allgemeines Antiquariat 25 – b) Bibliophiles Antiquariat und Kunstantiquariat 25 – c) Wissenschaftliches Antiquariat 25 – d) Zeitschriftenantiquariat 26 e) Kombinationen 26 – f) Modernes Antiquariat / Restantiquariat 26	
5. Der Antiquar als Verleger	29
6. Die Betriebseinrichtung	31
1. Räumlichkeiten	31
2. Computer und Software	32

Inhalt

 3. Internet 35
 4. Lagerordnung 38

7. Der Einkauf 41
 1. Einkaufsquellen 41
  a) Von privater Seite 41 – b) Aus öffentlichem Besitz 42
  c) Aus dem Handel 42 – d) Suchlisten und Internet 43
  e) Auf Auktionen 43 – f) Bei Verlagen 44
 2. Einkaufspreis und Bewertung 44

8. Die Preisbildung 47

9. Kommunikation, Öffentlichkeitsarbeit, Werbung 51
 1. Kommunikation mit Kunden und Kollegen 51
 2. Öffentlichkeitsarbeit und Werbung 52
  a) Anzeigen in Zeitungen 53 – b) Teilnahme an Messen/
  Bücherdörfer 53 – c) Kataloge 54 – d) Laden- und
  Schaufenstergestaltung 55 – e) Website 55 – f) Presse-
  arbeit 56 – g) Büchertische bei Tagungen, Messen und
  Ausstellungen 56 – h) Prospekte und Plakate 56
  i) Adressverzeichnisse 57

10. Adressen und ihre Pflege 59
 1. Aufbau einer Adresskartei 59
 2. Adressenpflege 60

11. Der Antiquariatskatalog 63
 1. Systematik 63
 2. Äußere Form 65
 3. Herstellung 66
 4. Auflage, Versand und Erfolgskontrolle 68

12. Der Warenversand 69
 1. Verpackung 69
 2. Absicherung von Transportrisiken 69

Inhalt

13. Betriebswirtschaft im Antiquariat 73
    1. Unternehmensformen 73
       a) Kleingewerbe 74 – b) Kaufmännische Betriebe 75
    2. Inventur 76
       a) Allgemeine Bewertungsgrundsätze 76 – b) Bewertung von Buchbeständen mit langer Lagerdauer 77 c) Bewertungsmethoden 78 – d) Einzelbewertung 78 e) Pauschale Abschlagsätze 79

14. Recht 81
    1. Grundsätze 81
    2. Allgemeine Geschäftsbedingungen (AGB) 82
    3. Kaufvertrag 82
    4. Fernabsatzgesetz 83

15. Die Handelsgegenstände und ihre Bearbeitung 87
    1. Die Vollständigkeitsprüfung 87
       a) Kollation nach Bogen oder Lagen 88 – b) Kollation nach Kustoden 88 – c) Zeitschriften 88 – d) Illustrationen und Beigaben 89
    2. Aufnahmetechnik für Bücher nach 1500 89
       a) Die bibliographische Aufnahme 93 – b) Anmerkungen und Erläuterungen 113 – c) Betriebsinterne Angaben 116
    3. Sonderformen der Aufnahmetechnik 117
       Inkunabeln 118 – Flugschriften 121 – Einbände 122 Firmenschriften 124 – Musikalien 125 – Autographen 125 Comics 126 – Graphik 127 – Bildnisse und Ansichten 127 Exlibris 129 – Originalfotografien 130

16. Die Handbibliothek 133
    1. Allgemeine Bibliographien 133
       a) Einführung in die Bibliographie 133 – b) Deutsche Allgemeinbibliographien 134 – c) Allgemeinbibliographien und Kataloge für Inkunabeln und alte Drucke 135 d) Bibliographien zum 17. und 18. Jahrhundert 136 e) Anonyme und pseudonyme Literatur 137

f) Fachbibliographien 138 – g) Antiquariats- und Versteigerungskataloge 139 – h) Zeitschriftenbibliographien 140

2. Enzyklopädische und biographische Nachschlagewerke 140
   a) Enzyklopädien 140 – b) Deutsche biographische Nachschlagewerke 141 – c) Allgemeine nichtdeutsche biographische Nachschlagewerke 141

3. Bibliographische und sonstige Hilfsmittel nach Sachgebieten 142
   a) Fächerübergreifende Bibliographien 142 – b) Theologie 143 – c) Philosophie 144 – d) Wirtschafts- und Sozialwissenschaften 144 – e) Literatur und Literaturwissenschaft 144 – f) Kunst und Architektur 146 – g) Musik 147 h) Fotografie 147 – i) Geschichte, Rechtsgeschichte und Numismatik 148 – j) Judaica 149 – k) Geographie und Reisebeschreibungen 149 – l) Kulturgeschichte (Tabak, Kaufrufe, Embleme, Freimaurer, Jagd, Sport, Studenten) 151 – m) Kinderbücher 152 – n) Comics 153 o) Kochbücher und Gastronomie 153 – p) Geheimwissenschaften und Okkultismus 154 – q) Medizin und Pharmazie 154 – r) Naturwissenschaften 155 – s) Astronomie 156 – t) Chemie 156 – u) Botanik und Zoologie 156 v) Technik und Verkehr 157 – w) Städteansichten und Karten 158 – x) Altmeistergraphik 158

4. Bücher über Bücher 159
   a) Zeitschriften und Jahrbücher 159 – b) Bibliophilie und Buchwesen 160 – c) Buchdruck 161 – d) Typographie 162 – e) Buchillustration 162 – f) Papierkunde 164 g) Einbandkunde 164 – h) Handschriftenkunde und Autographen 165 – i) Buchhandel 165 – j) Jahrbücher: Auktionspreise 166 – k) Bibliothekskunde 166

17. Tabellen 167
    1. Latinisierte Orts- und Ländernamen 167
    2. Alphabete 169

3. Zeitangaben 173
a) Römische Zahlen und ihre Varianten 173 – b) Chronogramm 173 – c) Jüdische Zeitrechnung 174 – d) Islamische Zeitrechnung 174 – e) Zeitrechnung der ersten französischen Republik 174
4. Daten der Währungseinführungen in Deutschland 175

18. Abkürzungen 177
   1. Englische und französische Übersetzungen der gängigsten deutschen Abkürzungen 198
   2. Abkürzungen in Autographen-Verzeichnissen .. 204

19. Schriftgrade 206

20. Größentabelle für historische Originalfotos und Daguerreotypien 207

21. Wichtige Anschriften und Internetadressen 209
   1. Verbände 209
   2. Internet-Bücherpools und Metasuchmaschinen 210
   3. Datenbanken für die bibliographische Recherche 211
   a) Karlsruher Virtueller Katalog (KVK) 211 – b) Kataloge deutscher Bibliotheken 211 – c) Kataloge europäischer und nordamerikanischer Bibliotheken 211

Anhang 213
Empfehlungen zum Geschäftsverkehr zwischen Wissenschaftlichen Bibliotheken und dem Antiquariatsbuchhandel (1996) 213

Register 223

Vorwort

Die Einführung in den Antiquariatsbuchhandel aus der Feder von Bernhard Wendt (1902 – 1986), 1938 erstmals erschienen, ist ein Standardwerk. Seit Erscheinen der dritten Auflage im Jahr 1974 hat sich allerdings auch im Antiquariatsbuchhandel vieles verändert. Das betrifft sowohl die Gegenstände, mit denen gehandelt wird, als auch die Art und Weise, sie zu bearbeiten und anzubieten. Die Verknappung der interessanten Ware und die damit verbundenen Nachschubschwierigkeiten spielen dabei ebenso eine Rolle wie der Ersatz des Zettelkastens durch den Computer. Das Internet bietet Möglichkeiten der Kommunikation und des Vertriebs, deren Chancen und Risiken für die Branche noch kaum abzuschätzen sind. Die vornehme Zurückhaltung der Antiquare aus früheren Zeiten ist nicht zuletzt durch die wachsende Zahl von Antiquariatsfirmen in den letzten beiden Jahrzehnten einem starken Wettbewerb gewichen, dessen Folgen sich allenthalben bemerkbar machen. Ein Beispiel dafür sind die Neugründungen von Antiquariatsmessen in verschiedenen deutschen Städten, die zusammen mit den wichtigen Auktionen nicht nur zu einem übervollen Terminkalender in jedem Frühjahr und Herbst führen, sondern auch zu einer zusätzlichen Verstärkung des Wettbewerbs. Das Antiquariat wird immer mehr zu einem Dienstleistungsunternehmen, das sich an den Wünschen seiner Kunden orientieren muss. Neue Handelsobjekte sind zum Beispiel Fotos, Comics, Postkarten und Firmenprospekte.

Diesem Wandel trägt die Neubearbeitung Rechnung. Alle Teile des Werkes von Wendt wurden überarbeitet. Das einleitende Kapitel über Aufgabe und Bedeutung des Antiquariatsbuchhandels ist zur besseren Erläuterung der Besonderheiten der Branche erweitert worden, ebenso das sich daran anschließende Kapitel über die Geschichte des Antiquariatsbuchhandels in Deutschland um den Zeitraum bis heute.

Die praktischen Aufgaben und Fragen, insbesondere in den Kapiteln über die Formen, die Betriebseinrichtung und die unternehmerischen Aspekte des Antiquariats, erhalten größeren Raum. Der bewährte Charakter des «Wendt» als handliches Nachschlagewerk für Antiquare, Sammler und Bibliothekare sollte dabei erhalten bleiben; das alte Buch ab 1500 steht weiterhin im Mittelpunkt. Sonderformen werden nur am Rand behandelt.

Das Kapitel «Korrekturzeichen» wurde ersatzlos gestrichen, da es im Duden Band 1 (Die deutsche Rechtschreibung) zu finden ist; ebenso die Wissenschaftskunde. Nicht nur die Auswahl der zu erklärenden Begriffe ist sehr subjektiv, sondern auch die meisten Ausdrücke werden entweder im Duden oder in allgemeinen Lexika hinreichend erklärt. Weiterführende Informationen findet man in den entsprechenden Werken von Kapitel 16 «Die Handbibliothek».

Aus stilistischen Gründen haben sich der Verlag und der Bearbeiter der Neuauflage entschlossen, von der Formulierung «der/die Antiquar/in» abzusehen. Selbstverständlich schließt «der Antiquar» auch alle Antiquarinnen ein.

Ich habe mich um eine umfassende, aktuelle und sorgfältige Darstellung des Antiquariatsbuchhandels und der mit ihm verbundenen Tätigkeitsfelder bemüht. Für die Unterstützung durch zahlreiche Kollegen in den unterschiedlichen Phasen meiner Arbeit möchte ich mich recht herzlich bedanken. Mein besonderer Dank für wichtige kritische Unterstützung gilt vor allem Ilse Unruh, Dr. Björn Biester und Urs Cram sowie meinem Sohn Christian für die Erledigung mancher Routinearbeit am Computer. Alle dennoch stehen gebliebenen Fehler und Lücken bitte ich zu entschuldigen. Sie sind allein von mir zu verantworten. Kritik, besonders konstruktive, und Anregungen nehmen der Verlag und ich jederzeit gerne entgegen.

Gerhard Gruber, Heilbronn im Frühjahr 2003

1. Aufgabe und Bedeutung des Antiquariatsbuchhandels

Üblicherweise wird die gesamte Buchbranche in zwei große Bereiche eingeteilt. Die Verlage repräsentieren dabei den herstellenden Buchhandel, das Sortiment sowie der Zwischenbuchhandel (Großhändler und Barsortimente) den vertreibenden Buchhandel. Ein dritter Bereich, der als bewahrender Buchhandel bezeichnet werden könnte, wird vor allem durch das Antiquariat vertreten.

Was macht die besondere Aufgabe und Bedeutung des klassischen Antiquariatsbuchhandels aus? Diese Frage ist nicht ganz leicht zu beantworten, auch wenn das sogenannte «Moderne Antiquariat» ausgeschlossen werden kann, da es mit verlagsneuen Restbeständen oder eigens für diesen Bereich hergestellten Büchern handelt.

Der Antiquar handelt mit gebrauchten, bibliophilen, alten und historisch interessanten Büchern, Autographen, Handschriften, Noten, Einbänden, Miniaturen, Graphik, Zeichnungen, Plakaten, Werbeschriften, Fotos und Comics, in seltenen Fällen auch mit Schallplatten, Gemälden und Kleinantiquitäten. Neben Firmen, die auf diesen Gebieten tätig sind, gibt es zahlreiche Antiquariate, die sich auf einzelne Bereiche beschränken, manche sind auf Teilbereiche spezialisiert. Eine Beschränkung erfolgt meist durch die Sachkompetenz und das Interesse des Antiquars und das zur Verfügung stehende Kapital.

Der Antiquar ist ein Mittler zwischen Verkäufer und Käufer alter Bücher und Graphiken und tut dies in der Regel auf eigenes Risiko und eigene Rechnung. Er kauft die Ware, bearbeitet sie und verkauft sie weiter. Seine Verantwortung besteht u. a. darin, weder Verkäufer noch Käufer zu übervorteilen und selbst so viel Gewinn zu erwirtschaften, dass er sein Geschäft betreiben und davon leben kann. Dies setzt ein hohes Maß an persönlicher Integrität sowie an fachlichem Wissen und Erfahrung voraus. Er muss bereits beim Ankauf die Verkäuflichkeit und den Wert der Bücher richtig einschätzen, um einen angemessenen Preis dafür bezahlen zu können. Bietet er zu viel oder kauft er unverkäufliche Ware ein, so wird er unter Umständen nicht einmal mehr den investierten Geldbetrag zurückbekommen, zumindest damit aber keinen oder zu wenig Gewinn erwirtschaften, um lange in der Branche überleben zu können. Bietet er zu wenig, bekommt er eventuell die Ware nicht oder er nutzt die Unerfahrenheit des Verkäufers aus und übervorteilt ihn, was nicht nur moralisch verwerflich ist, sondern auch den Straftatbestand des Betrugs erfüllen kann. Auch für den Verkauf der Ware sind fundierte Marktkenntnis und umfangreiches Fachwissen notwendig, denn wenn der Antiquar seine Preise zu niedrig ansetzt, kann er zwar schnell und leicht verkaufen, bekommt aber, selbst bei geringer Gewinnspanne, nicht genügend gute Ware nach. Ist er zu teuer, verkauft er nur schleppend. In beiden Fällen setzt er weniger um und verdient auch weniger als bei einer richtig gewählten Preispolitik.

Die Feststellung, dass der Antiquar ökonomischen Zwängen unterliegt, ist selbstverständlich, hervorzuheben aber ist seine kulturhistorische Bedeutung. Er sieht sich als Partner von Sammlern, Bibliothekaren und Wissenschaftlern. Für sie hält er vergriffene, seltene und wertvolle Werke bereit oder versucht sie zu besorgen. Durch einen regen Gedankenaustausch mit Kunden erhält er und gibt auch selbst Informationen und Anregungen. Durch seine Mithilfe beim Aufbau von Sammlungen und Bibliotheken sowie durch die Pflege und Bearbeitung der Werke und nicht zuletzt durch den von ihm ermittelten Wert (Preis) trägt er zur Bewahrung vieler Bücher und somit zum Erhalt von Kulturgütern bei.

Der Wandel, besonders durch das Internet, macht freilich auch vor der Antiquariatsbranche nicht halt. War früher die richtige Preisgestaltung nur durch jahrelange Marktbeobachtung sowie das Lesen und Studieren vieler Antiquariats- und Auktionskataloge möglich, so wird sie heute durch das Suchen in Bücherpools oder Metasuchmaschinen im Internet sowie auf der CD-ROM des Jahrbuchs der Auktionspreise erleichtert. Man darf sich aber durch die größer werdende Transparenz nicht täuschen lassen, denn es finden sich zwar eine Vielzahl von Werken im Internet, aber die wirklich interessanten und seltenen Titel tauchen auch dort fast nie auf. Hier sind nach wie vor das Wissen und die Erfahrung des Antiquars gefragt.

Für den Verkauf einzelner Werke bietet das Internet durch die Vielzahl potenzieller Interessenten weltweit ebenfalls Vorteile. Aber auch hier findet ein wesentlicher Teil des Geschäfts immer noch außerhalb der virtuellen Welt statt. Das Internet ist eine sinnvolle Ergänzung, aber kein Ersatz für Kataloge, Ladengeschäfte und Messen. Im Internet findet man zwar das, was man gezielt sucht, z. B. Werke eines bestimmten Verfassers oder einen bestimmten Titel, im traditionellen Antiquariat dagegen findet man auch, was man nicht sucht, d. h. Bücher, von deren Existenz man bisher nichts wusste. Man geht auf Entdeckung und lässt sich inspirieren, man kann stöbern oder erhält durch ein Gespräch Anregungen. Das traditionelle Antiquariat ist eben auch eine Stätte der Kommunikation und der sozialen Kontakte, nicht nur ein Umschlagplatz für alte Bücher.

Das Internet bringt nicht nur eine Umsatzverschiebung mit sich, d. h die Summe, die ein Kunde bei einem Händler im Internet ausgibt, geht dem traditionellen Antiquariat verloren, sondern auch eine Markterweiterung. Durch umfangreichere, transparentere und internationalere Angebote lassen sich Waren und Kunden zueinander bringen, was früher so nie gelungen wäre. Doch trotz des stattfindenden Wandels behalten die traditionellen Werte wie Wissen, Erfahrung und Seriosität ihre Gültigkeit, wenn sie nicht sogar noch wichtiger werden, um sich von denjenigen Händlern abzuheben, die glauben, ohne sie das schnelle Geld machen zu können.

2. Antiquar als Beruf

Die Eigenschaften, die für den Beruf des Antiquariatsbuchhändlers mitgebracht werden sollten, sind neben sprachlicher Begabung, Geduld und Ausdauer die Fähigkeit zu systematischem Denken und exaktem Arbeiten, die Liebe zum Detail sowie Phantasie. Der berufliche Erfolg beruht auf einer Mischung von geistiger Aufgeschlossenheit, möglichst umfassender Bildung, Kontaktfreude, guten Umgangsformen, großer Einsatzbereitschaft und dem Willen zu fortwährendem Lernen. Die über Jahre gesammelte Erfahrung ist gerade in diesem Beruf von besonderer Bedeutung. Viele Dinge bekommt man erst im Laufe der Zeit zu Gesicht, und oft vermag man nur durch langjährige Erfahrung und Marktbeobachtung die Häufigkeit oder Seltenheit eines Werks richtig einzuschätzen. Der differenzierte Blick für die Entwicklung der Preise und Märkte schärft sich ebenfalls erst im Lauf der Jahre.

Im Antiquariatsbuchhandel besteht Handelsfreiheit, die Berufsbezeichnung ist gesetzlich nicht geschützt; jeder kann ein Antiquariat auch ohne einschlägige berufliche Vorbildung eröffnen. Dennoch ist der Antiquariatsbuchhändler ein Ausbildungsberuf und gehört heute neben dem Sortimentsbuchhandel und dem Verlag zu den drei Schwerpunkten des Buchhändlerberufsbildes. Die am 1. August 1998 in Kraft getretene Ausbildungsordnung löste die seit 1979 gültige ab.

Ihre neuen inhaltlichen Schwerpunkte sind:

- Marketing
- Verkauf und Absatz
- kundenorientierte Kommunikation
- buchhändlerische Dienstleistungen
- Neue Medien
- Fremdsprachen

Der gültige Ausbildungsrahmenplan kann beim Börsenverein des Deutschen Buchhandels e.V. in Frankfurt am Main angefordert werden. Die Bezugs- und Internetadressen findet man im letzten Kapitel dieses Buches.

Neben einer zwei- bis dreijährigen Lehre mit IHK-Abschlussprüfung bestehen weitere Wege in diesen Beruf. Leider bieten nur sehr wenige Firmen die Möglichkeit, eine Lehre zu absolvieren. Einige Antiquariate und Auktionshäuser ermöglichen regelmäßig halbjährige Praktika oder Volontariate, die für den Einblick in die Branche und das Sammeln von Praxiserfahrungen nützlich sein können.

Eine kurze Beschreibung der beiden Berufsorganisationen «Arbeitsgemeinschaft Antiquariat im Börsenverein des Deutschen Buchhandels e.V.» und «Verband Deutscher Antiquare e.V.» findet man in Kapitel 3.3.

3. Grundriss der Geschichte des Antiquariatsbuchhandels

1. Von den Anfängen bis ins 19. Jahrhundert

So wie viele andere Berufe ist auch der deutsche Antiquariatsbuchhandel in seiner heutigen Form das Ergebnis einer langen Entwicklung, die an dieser Stelle nur skizziert werden kann. Eine zuverlässige, auf Quellenforschung basierende Darstellung der Geschichte des deutschen Antiquariatsbuchhandels seit dem 18. Jahrhundert und seiner vielfältigen internationalen Beziehungen steht noch aus.

Ein Antiquariatsbuchhandel im heutigen Sinn besteht in Deutschland seit etwa 200 Jahren. (Zum Beispiel wurde 1785 das Antiquariat von Joseph Baer in Frankfurt am Main gegründet.) Alles andere gehört mehr oder weniger zur Vorgeschichte. Bereits das Altertum kannte Handschriftenhändler, die im Auftrag öffentlicher Bibliotheken oder reicher Privatsammler bedeutende Originalschriften zusammentrugen. Schon damals entwickelten sich am schriftlichen Urprodukt der Qualitätsgedanke und der Seltenheitswert. Auch im Mittelalter lassen sich gelegentlich Antiquare nachweisen, obgleich die Buchherstellung durch die Hausproduktion der Mönche bestimmt wurde und in der Regel kein Handelsinteresse vorlag. Als Vorläufer der Universitätsantiquare sind mit gewissen Einschränkungen die Stationarii (Vervielfältiger und Verleiher von Handschriften) der frühitalienischen Hochschulen anzusehen, denen unter anderem eine beschränkte Handelsfreiheit für nachgelassene Bücher verstorbener Gelehrter oder für Bucherzeugnisse, welche die Universität verlassende Studenten verkauften, gewährt war. Die ältesten Belege dafür finden sich im 13. Jahrhundert in Bologna, aber auch in Paris. Fast immer aber wurden im Mittelalter antiquarische Bücher wenig organisiert, sondern je nach Bedarf vertrieben. Diese Lage änderte sich erst mit der Erfindung der Buchdruckerkunst, welche die manuelle Buchherstellung in wenigen Jahrzehnten durch die maschinelle ersetzte und das Aufgehen der bisherigen Eigenproduktion in eine gewerbliche Warenproduktion mit eigenen Verkehrsgrundsätzen herbeiführte. Gleichzeitig entstand das Absatzproblem, das später großen Einfluss auf das Entstehen des heutigen Antiquariatsbuchhandels ausübte.

Der Vertrieb der Waren erfolgte in den ersten Jahrhunderten nach Gutenberg über das Wandergewerbe und später durch den Tauschhandel. Dieses Tauschgeschäft – Bogenzahl gegen Bogenzahl – führte aufgrund starker qualitativer Unterschiede zu großen Bücherlagern, deren Räumung nur durch Schleuderei (das heißt Reduzieren der Verkaufspreise) erreicht werden konnte. So sind bereits im 16. Jahrhundert die wirtschaftlichen Voraussetzungen für das erst drei Jahrhunderte später auftretende sogenannte «Moderne Antiquariat» zu erkennen.

Neben den Druckern waren es die Buchbinder, die ein Privileg für den Vertrieb von Druckerzeugnissen erhielten. Zum Handel mit gebundenen Büchern kam für einige Zeit auch der Verkauf antiquarischer Bestände hinzu. Ende des 16. Jahrhunderts trat mit dem Auktionswesen ein neuer Geschäftszweig des Buchhandels sowie des Antiquariatsbuchhandels im Besonderen auf. Die erste dokumentierte Auktion fand 1593 statt; der älteste Auktionskatalog datiert von 1599. Von den Niederlanden aus breitete sich diese neue Verkaufsform von alten Büchern über Belgien (1635) und Skandinavien (1639) in Europa aus. Die erste deutsche Auktion fand 1659 im norddeutschen Helmstedt statt. Etwas später folgten mit England

(1676) und Frankreich (hier soll 1705 die erste Auktion abgehalten worden sein) die zwei anderen großen europäischen Buchmärkte. Die erste Buchauktion in Süddeutschland und in den Alpenländern war 1759.

Das 18. Jahrhundert brachte dem deutschen Buchhandel den Aufschwung des Leipziger Messeplatzes und anstelle des Tauschhandels das Konditionssystem (Verkauf mit Rückgaberecht des Händlers und späterer Abrechnung). Dies gestattete dem Sortimentsbuchhandel, ein großes Lager zu halten. In dieser Zeit entwickelte sich auch der Antiquariatsbuchhandel als Nebenzweig des Sortimentsgeschäfts, während er in selbständiger Form kaum die Grenzen des Trödelbetriebs überschritt. Es gab aber damals bereits Universitätsantiquare, die, den eingangs schon erwähnten Stationarii des Mittelalters ähnlich, den Ordnungen der Hochschule unterworfen waren und zum Teil mit den Dissertationshändlern in Zusammenhang standen. Um diese Zeit begann die Veröffentlichung von Antiquariatskatalogen als Vertriebsmittel. Ihre Vorläufer waren die Lagerkataloge der Tauschhandelszeit, aber erst das Auktionswesen begünstigte ihre Entwicklung.

Die Festigung der Geschäftsgrundsätze und das Aufkommen neuer Betriebsformen führte den jungen Antiquariatsbuchhandel in einen Kampf mit dem regulären Buchhandel. Am Anfang des 19. Jahrhunderts schloss das Antiquariatsgeschäft eine Lücke, die im Lauf der Zeit im Sortimentsbuchhandel entstanden war. Durch die Einführung des Bedingtverkehrs mit Remissionsrecht (eine Mischform von Tausch- und Bargeschäft, bei der nur die tatsächlich verkauften Titel abgerechnet wurden und der Rest zurückging) hatte sich das Sortiment immer stärker dem Vertrieb von Neuerscheinungen zugewandt. Der Aufstieg der Wissenschaften seit der Romantik brachte aber eine große Nachfrage nach alten und ältesten Büchern mit sich, dem das Sortiment aus Kapitalmangel nicht gewachsen war. Auf diesem Boden entstand der

Antiquariatsbuchhandel. Er bevorzugte bei An- und Verkauf das Bargeschäft und kam zu der für ihn charakteristischen freien Preisbildung. Seit den 1830er Jahren entwickelte sich dann das mit Restauflagen handelnde «moderne Antiquariat», das sein Entstehen den Krisenerscheinungen im allgemeinen Buchhandel verdankte. Als treibende Kräfte wirkten das Bestreben, den Sortimentsbuchhandel auszuschalten, das Umgehen des festen Ladenpreises und der Wunsch nach größerer Gewerbefreiheit. Durch die Überproduktion der Verleger und das schnelle Fortschreiten der Wissenschaften war der eigentliche Sortimentsbuchhandel nicht mehr in der Lage, alle Bücher zu führen und zu verbreiten. Hier sprang das «moderne Antiquariat» ein, das nicht mehr gängige Auflagenreste von den Verlegern preiswert erwarb und infolge der damit verbundenen Aufhebung des Ladenpreises günstig weiterverkaufen konnte. Gegen dieses «Verramschen» lehnte sich der regulär vertreibende Buchhandel auf. Er versuchte mit allen Mitteln, diese Art des antiquarischen Buchvertriebs durch Einspruch bei den Behörden zu unterdrücken. So erschien am 25. Oktober 1853 in Leipzig ein «Regulativ für den Gewerbebetrieb der Antiquare», das versuchte, die Handelsfreiheit im Antiquariat, abgesehen vom «modernen Antiquariat», auf den Vertrieb gebrauchter Bücher zu beschränken und damit auf den Stand des 18. Jahrhunderts zurückzudrängen. Selbst der Erwerb von Partien auf Verlagsauktionen sollte verboten sein. Alle Maßnahmen aber, die Antiquare vom eigentlichen Buchhandel fernzuhalten, erwiesen sich als unfruchtbar, weil sie an der damaligen Situation vorbeiführten. Der Gegensatz zweier Handelsauffassungen, wie er sich in besonderen buchhändlerischen, andererseits in allgemeinen kaufmännischen Betriebsgrundsätzen zu erkennen gab, musste auflösende Kräfte erzeugen, deren Wirkungen wahrscheinlich noch stärker gewesen wären, wenn nicht der 1825 gegründete «Börsenverein der Deutschen Buchhändler» in jahrzehntelanger Arbeit eingegriffen hätte. Der rasche Aufstieg der Geistes- und Naturwissenschaften mit einer sich entwickelnden Spezialisierung bedingte die Notwendigkeit des Antiquariatsbuchhandels. Als Hauptabnehmer einer umfassenden Literatur musste die Wissenschaft an einem verlässlich arbeitenden Antiquariatsbetrieb interessiert sein.

Von jeher spiegelte der Buchhandel den Wandel des Bildungswesens in Deutschland wider, und das konnte er im 19. Jahrhundert um so mehr, als mit der organisatorischen Gestaltung der großen philosophischen und politischen Ideen, die das 18. Jahrhundert gebracht hatte, eine wirtschaftliche Belebung verbunden war. Ein neues Bildungsideal und die Erziehung breiterer Bevölkerungsschichten im Zeitalter Pestalozzis zu einer Teilnahme an den Bildungsbestrebungen wurden für den Antiquariatsbuchhandel von großer Bedeutung. Hinzu kam die Umstellung der Hochschulen, die bisher mehr oder weniger eine lehrende Tätigkeit ausübten, zu Stätten wissenschaftlicher Forschung mit Seminar- und Institutsbibliotheken. Dass diese Bestrebungen einen guten Widerhall fanden, bewies das schnelle Anwachsen der Studentenzahl. Wenn auch Bevölkerungswachstum, Ausdehnung der Städte usw. dies mit verursacht haben, so hat doch ein gesteigertes Bildungsbedürfnis den größeren Anteil an der Erweiterung des akademischen Standes. Welchen Einfluss er auf die Lage des Antiquariats ausübte, geht aus der Entwicklung des Bibliothekswesens dieser Zeit hervor.

Verfolgt man die Geschichte der Bibliotheken, so ist festzustellen, dass sie von jeher nicht nur als Abnehmer des Antiquariatsbuchhandels auftraten, sondern auch infolge einer durch Kriegswirren oder andere staatliche Maßnahmen bedingten Auflösung ihrer Bücherschätze die Lager der Altbuchhändler unfreiwillig speisten. Wurden durch die Bauernunruhen von 1524/25 kirchliche Büchersammlungen oft völlig vernichtet, so verfielen später kostbare Bibliotheken der Säkularisation und konnten nur teilweise gerettet werden. Den zerstörenden Kräften standen bald die Mahner eines Aufbaus gegenüber. Luther und Melanchthon warben für die Büchersammlung als Bildungsmittel, und die beste Antwort darauf waren die nun einsetzenden Bibliotheksgründungen von privater und staatlicher Seite.

Vornehmlich waren es Leibniz und seine Schüler, die den deutschen Hochschulbibliotheken neue Wege wiesen. Die Aufklärung mit ihrem Streben nach rationaler Erkenntnis in Wissenschaft und Leben wurde nicht nur für die Gründung vieler Akademien, sondern auch für das Umgestalten der öffentlichen Bibliotheken von Bedeutung. Wichtige Daten für die Bibliotheksgeschichte und damit gleichzeitig für den Antiquariatsbuchhandel lieferte das Jahr 1803. Durch den Reichsdeputationshauptschluss erfolgte die Mediatisierung zahlreicher freier Reichsstädte und Fürstentümer. Der Besitzerwechsel erstreckte sich auch auf die Bibliotheken und ließ nicht selten jahrhundertealte Sammlungen in einzelnen Stücken bei den Altbuchhändlern wieder auftauchen. Einen ähnlichen Zustand brachte die Säkularisierung, die, wie erwähnt, in der Reformation die ersten Erfolge zu verzeichnen hatte und jetzt systematisch die Auflösung geistlicher Bücherschätze vornahm. Zahlreiche Kloster- und Stiftsbibliotheken in Bayern wurden unter der Leitung des Freiherrn von Aretin aufgelöst und nach München geschafft. Ähnliches geschah in anderen Regionen. Wir kennen das Bild von den Bauern, die Leiterwagen voller Handschriften und Bücher in die Städte fuhren und dort nach Gewicht an Altbuchhändler verkauften. Einiges jedoch konnte bewahrt werden. Seit jenen Tagen besitzt die Bayerische Staatsbibliothek München eine der bedeutendsten Sammlungen von mittelalterlichen Manuskripten und Inkunabeln. Durch die Vereinigung von Bibliotheken ergaben sich Dublettenbestände, die in den freien Handel gelangten. Dies ist zum Beispiel eine historische Begründung dafür, dass sich im Lauf des 19. Jahrhunderts in München bedeutende Spezialantiquariate für Wiegendrucke ansiedelten.

2. Deutsches Kaiserreich, Weimarer Republik und Drittes Reich

Wissenschaft und Bibliothekswesen, zwei untrennbare Begriffe, entwickelten sich im 19. Jahrhundert nicht nur in Deutschland zu ungeahnter Höhe. Vor allem war es die Neue Welt, die in wenigen Jahrzehnten eine führende Stellung errang. Das Entstehen zahlreicher Hochschulen in Nordamerika und der damit verbundenen Fachbibliotheken erzeugte großen Bücherbedarf, für dessen Befriedigung das erforderliche Kapital bereitstand. Dieser Umstand wurde zum wichtigsten Impuls für das deutsche Antiquariat ab den 1870er Jahren. Ohne die Exportmöglichkeiten, welche die Vereinigten Staaten von Amerika, aber auch Russland und Ostasien dem deutschen wissenschaftlichen Buchhandel erschlossen, wäre er kaum so erfolgreich geworden, wie er während des Kaiserreichs wurde.

Sind der Ausbau der Hochschulen und des Bibliothekswesens die Voraussetzung für das wissenschaftliche Antiquariat, so entstand im 19. Jahrhundert in der Bibliophilie aus Sammeleifer dem Buchhandel ein zweiter mächtiger Förderer, der sich seine Spezialisten unter den Antiquaren erzog. Die Bibliophilie im weiteren Sinn hat eine lange Geschichte. Den Antiquariatsbuchhandel heutiger Form beschäftigte sie, ökonomisch gesehen, ab dem Augenblick, als er in ihr ein neues Absatzfeld für seine Bücher erkannte und andererseits die Ansprüche der Bibliophilen neue Lagerwerte schufen. Dies galt besonders für das ausgehende 19. Jahrhundert. Die deutsche Bibliophilie verdankt ihre starken und wirkungsmächtigen

Anregungen England und Frankreich. Zu nennen wären Bücherfreunde wie Dibdin, Brunet und Renouard, die mit ihren zum Teil heute noch relevanten bibliographischen Arbeiten nicht nur der Bibliophilie als solcher, sondern auch der gesamten Buchkunde neue Richtungen wiesen. Die Bibliophilie in Deutschland trat mit den großen Privatsammlungen der Goedeke, Klemm, Maltzahn und anderer erstmals mit bestimmtem Charakter in Erscheinung. In diesen Zusammenhang gehört auch die typographische Erneuerung, die in den neunziger Jahren des 19. Jahrhunderts von William Morris in England ausging und deren Erzeugnisse für das deutsche bibliophile Antiquariat wichtig wurden. Die Blütezeit der Bibliophilie in Deutschland war die Zeit vor dem Ersten Weltkrieg. Die «Gesellschaft der Bibliophilen» wurde am 1. Januar 1899 begründet und besteht bis heute; andere Vereinigungen folgten.

Die Verhältnisse vor 1914, die auf allen Wissenschaftsgebieten einen gleichmäßigen Fortschritt nahmen, gaben auch dem Buchantiquariat eine feste Grundlage. Mit dem ausbrechenden Ersten Weltkrieg trat ein Stillstand ein, der durch den ausfallenden Exporthandel bedingt war. Ein halbes Jahr nach dem Waffenstillstand begann der Kurssturz der deutschen Währung. Die Preissteigerungen erfassten auch das Buch, und der Handel versuchte sich durch Teuerungszuschläge den Verhältnissen anzupassen. Die zahlreichen Neugründungen der Inflationszeit waren der beste Beweis für das einträgliche Geschäft, das mit dem Vertrieb antiquarischer Bücher vermutet wurde. Als die Einführung der Rentenmark die Scheingewinne ins Nichts zusammenschmelzen ließen, schloß mancher unerfahrene Inflationsantiquar die Tür seines leeren Lagers hinter sich zu und verschwand aus den Reihen eines Berufsstands, den er unterschätzt hatte. Veranlasst durch das neue Umsatzsteuergesetz und die den Antiquariatsbuchhandel betreffende sogenannte Luxussteuer schlossen sich im

September 1918 in Leipzig 135 Antiquare zum «Verein Deutscher Antiquariats- und Exportbuchhändler» zusammen. Sie wollten dadurch eine Standesorganisation schaffen, die ihre Interessen nach außen vertritt.

Eine kurze Blüte nach der Inflationszeit wurde bald wieder von Baisseerscheinungen abgelöst. Die 1931 einsetzende, ab 1933 sich verschärfende Devisenpolitik hatte den Außenhandel im Antiquariat negativ beeinflusst.

Besonders empfindlich trafen die Jahre nationalsozialistischer Gewaltherrschaft den deutschen Antiquariatsbuchhandel. Antiquare jüdischer Herkunft, viele von hohem internationalem Ruf (wie Baer und Eisemann in Frankfurt am Main, Martin Breslauer in Berlin, Hirsch, Rosenthal und Weil in München), verloren ihre Betriebe sowie ihre oft wertvollen Lagerbestände und mussten emigrieren, um einem noch schlimmeren Schicksal zu entgehen. Die Bedeutung des deutschen Antiquariatsbuchhandels nahm in dieser Zeit deutlich ab. Namhafte Firmen, die ihm in Jahrzehnten zu weltweitem Ansehen verholfen hatten, etablierten sich im Ausland erneut, vor allem in den USA, Großbritannien und den Niederlanden und gewannen ihren alten Glanz zurück, während Deutschland einen Großteil seiner Elite verloren hatte.

Der Zweite Weltkrieg verursachte den fast völligen Verlust der internationalen Einkaufs- und Absatzmärkte. Bei Luftangriffen und anderen Kriegshandlungen wurden nicht nur in Deutschland zahlreiche bedeutende Lager und Bibliotheken mit Millionen von Bänden und Kunstblättern vernichtet.

3. Von 1945 bis heute

Der Wiederaufbau und Ausbau des Bibliothekswesens nach dem Zweiten Weltkrieg war für den europäischen Buchhandel ein wichtiges Element, zu dem auch der Antiquariatsbuchhandel wesentlich beitrug. Auch am Aufbau des «Deutschen Exilarchivs» in der Deutschen Bibliothek in Frankfurt am Main und der «Sammlung Exil-Literatur 1933–1945» in der Deutschen Bücherei in Leipzig, welche die im Zeitraum von 1933 bis 1945 im Exil erschienenen Publikationen sammeln, haben sich manche Antiquare mit Engagement beteiligt. Die Neugründung zahlreicher Hochschulen in den 1960er und 70er Jahren waren eine Stütze des Geschäfts.

Die Entwicklung der Branche nach 1945 war, wie Deutschland selbst, zweigeteilt. Im Osten versuchten staatliche Stellen weitgehend erfolgreich, die Firmen zu enteignen und zu zentralisieren. Nur einigen wenigen Antiquaren gelang es, in der DDR ihre wirtschaftliche Selbständigkeit dauerhaft zu bewahren. Die überwiegende Mehrzahl der Firmen ging im staatlichen Leipziger Zentralantiquariat mit seinen Filialen in Berlin und anderen Städten auf. Seit der Wiedervereinigung belebt sich die dortige Antiquariatslandschaft durch die Gründung neuer Firmen, Kooperationen oder, in Einzelfällen, die Übersiedlung von Antiquaren aus den alten Bundesländern. Auch die 1995 erfolgte Angliederung einer speziellen Antiquariatsmesse an die Leipziger Buchmesse trägt zur Belebung bei.

In Westdeutschland wurde im Sommer 1949 die «Vereinigung Deutscher Buchantiquare und Graphikhändler e.V.» gegründet, um als nationaler Verband in die 1947 in Amsterdam ins Leben gerufene internationale Dachorganisation «International League of Antiquarian Booksellers» (ILAB) aufgenommen zu werden, was 1951 auch geschah. Interessengegensätze zwischen den Lagerantiquaren und den Auktionatoren führten 1960 zur Gründung eines Gegenverbandes, nämlich des «Verbands Deutscher Antiquare und Graphikhändler e.V.», der 1961 bereits 82 Mitglieder zählte. Erst 1968 führten mehrjährige Bemühungen zum Zusammenschluss der beiden Verbände unter der Bezeichnung «Verband Deutscher Antiquare e.V. Die Vereinigung von Buchantiquaren, Autographen- und Graphikhändlern», der mittlerweile circa 250 Mitglieder umfasst. Daneben besteht seit 1948 die «Arbeitsgemeinschaft Antiquariat im Börsenverein des Deutschen Buchhandels e.V.» (AG Antiquariat). Beide Organisationen, Verband und Arbeitsgemeinschaft, veranstalten gemeinsam seit 1971 als wichtige Fortbildungsveranstaltung das «Seminar für Antiquare» in München (anfänglich als «Seminar für junge Antiquare»). Während der Verband sich um die internationale Zusammenarbeit im Rahmen der ILAB und die Organisation der Stuttgarter Antiquariatsmesse kümmert, widmet sich die Arbeitsgemeinschaft hauptsächlich innerdeutschen Fragen des Antiquariatsbuchhandels und nutzt ihre Möglichkeiten, als Teil des «Börsenvereins des Deutschen Buchhandels e.V.» über diesen branchenbezogene Interessenpolitik zu betreiben. Sie erarbeitete beispielsweise gemeinsam mit dem Deutschen Bibliotheksinstitut die «Empfehlung zum Geschäftsverkehr zwischen Wissenschaftlichen Bibliotheken und dem Antiquariatsbuchhandel» und publiziert die alle zwei Monate erscheinende Fachzeitschrift für Antiquare, Bücher- und Graphiksammler «Aus dem Antiquariat», deren erster Nachkriegsschriftleiter über mehr als zwei Jahrzehnte Bernhard Wendt war. Seit Anfang des Jahres 2002 wird diese Publikation allen Mitgliedern der Maximilian-Gesellschaft, der größten Bibliophilengesellschaft in Deutschland, zugestellt, da diese ihre eigene Zeitschrift «Philobiblon» mit dem Jahrgang 2001 eingestellt hat.

Gegenwartsentwicklungen können nur angedeutet werden. Eine neue Form des Handels mit alten Büchern stellen die in den letzten Jahrzehnten aufgekommenen Antiquariatsmessen dar. Die erste und für viele Jahre die einzige war die 1962 gegründete Messe in Stuttgart. Gefolgt von jenen in Köln und Hamburg existiert heute eine Vielzahl von Messen und Märkten für antiquarische Bücher und Graphiken (z.B. in Ludwigsburg, Berlin, Leipzig und Zürich).

Eine weitere Entwicklung der letzten Jahrzehnte sind die Bücherdörfer. Hier wird versucht, an einem Ort möglichst viele Antiquariate anzusiedeln. Ob sich diese Idee durchsetzen kann, ist allerdings ungewiss. Den größten Einschnitt in die Geschichte des modernen Antiquariatsbuchhandels stellt allerdings das Internet mit seiner weltumspannenden Reichweite dar. Noch nie war es möglich, so preiswert und einfach die Ware einem internationalen Kundenkreis anzubieten. Das bezieht sich im Übrigen nicht nur auf das Internet, sondern auch auf vereinfachte Kommunikations-, Reise- und Transportmöglichkeiten.

Wohin die zukünftige Entwicklung führt und welche Standards sich durchsetzen werden, bleibt abzuwarten. Dass das traditionelle Antiquariat durch das Internet verdrängt werden könnte, zeichnet sich auf keinen Fall ab.

4. Die Formen des Antiquariatsbuchhandels

1. Vom Vertriebsweg abhängige Formen

a) Ladengeschäft

Beim Verkauf antiquarischer Bücher über ein Ladengeschäft ist dessen Lage von großer Bedeutung. Gute Erreichbarkeit für die Kunden, eventuell mit Parkmöglichkeit, ist wichtig. Da in guten Lagen meist hohe Mieten zu bezahlen sind, wird man abwägen müssen, welche Lage man sich leisten kann. Zu bedenken ist, dass eine bessere Lage unter Umständen weniger Werbeaufwand für An- und Verkauf erfordert und einen höheren Umsatz bringen kann. Das Angebot sollte sowohl inhaltlich wie auch preislich möglichst breit gefächert sein, um das Kundenpotenzial optimal auszuschöpfen.

Die Vorteile des Ladengeschäfts liegen darin, dass die Zahl der neuen (zufälligen) Kunden – ohne zusätzlichen Werbeaufwand – wesentlich größer ist als beim Versandhandel. Damit erhöhen sich die Verkaufschancen. Zudem kann der Kunde die Bücher direkt in Augenschein nehmen, was für eine Kaufentscheidung von Bedeutung sein mag. Im Ladengeschäft lassen sich auch billigere Bücher, zum Beispiel durch Kisten vor dem Geschäft, noch gewinnbringend verkaufen, da der Aufwand gering ist und eine solche Präsentation zudem die Hemmschwelle für das Betreten des Ladens senkt.

Von Nachteil ist, dass sich im Laden in der Regel höherpreisige Ware nicht so gut verkaufen lässt und dass kleine, aber wichtige Bände und Hefte in den Regalen eher untergehen. Im

Katalog hingegen kommen sie durch eine gute Beschreibung wesentlich besser zur Geltung.

Für Spezialantiquariate ist ein Ladengeschäft weniger geeignet, da sie ein thematisch eingeschränktes Warenangebot einer vielfältigen Nachfrage gegenüberstellen und ihr Potenzial damit nicht ausschöpfen können.

b) Versandgeschäft

Das Versandgeschäft wird zwar auch von Antiquaren mit einem allgemeinen Angebot betrieben, eignet sich aber besonders für Spezialisten, da sich damit ein überregionaler bzw. internationaler Kundenkreis zu den jeweiligen Gebieten besser als bei Ladengeschäften aufbauen lässt. Auch für Anfänger mit geringem Startkapital empfiehlt sich der Versandhandel, da keine teuren Ladenmieten anfallen. Zusätzliche Büro- und Lagermieten können vermieden werden, wenn das Geschäft aus der Wohnung heraus betrieben wird.

Der Vorteil liegt darin, dass sich durch die überregionale Kundenstruktur und die guten Beschreibungen teure und äußerlich unscheinbare Werke besser verkaufen lassen.

Zudem existieren hier keine Ladenöffnungszeiten. Das Warenangebot steht rund um die Uhr zur Verfügung und der Kunde kann jederzeit bestellen. Von Nachteil sind sowohl der hohe Werbeaufwand, als auch der im Vergleich zum Ladengeschäft schwierigere Ankauf.

Beim Versand lohnt sich die Offerte niedrigpreisiger Titel nicht, da die Katalogkosten im Wesentlichen pro Titel und unabhängig von dessen Wert zu rechnen sind. Zu den recht hohen Titelkosten – sie belaufen sich durchschnittlich auf 2 bis 10 Euro, in Einzelfällen auch mehr – müssen noch die Kosten der nicht verkauften Bücher, die Lohnkosten für Titelbearbeitung und Versand sowie die Lagerkosten dazugerechnet werden.

Im Versandgeschäft bildet sich im Laufe der Zeit ein «Bodensatz» von nahezu unverkäuflichen Titeln (billigen wie teuren), die für den vorhandenen Kundenstamm nicht interessant sind. Dies liegt nicht unbedingt an den Titeln und ihrer Qualität, sondern an der begrenzten Zahl von Kunden und der fehlenden Laufkundschaft.

Durch das Internet hat sich die Situation der Versandhändler grundlegend verändert. Die Kosten für das Anzeigen eines Titels haben sich drastisch verringert, und es ist für den Versandhandel eine virtuelle Form der «Laufkundschaft» entstanden. Das sind Kunden, die nur einen bestimmten Titel kaufen, den sie durch Zufall im Netz entdeckt haben und keine weiteren Kontakte wünschen (siehe Kapitel 6.3. Internet).

c) Auktionshaus

Das Auktionshaus versteigert gewöhnlich Bücher in eigenem Namen, aber auf Rechnung Dritter gegen Höchstgebot. Die zur Versteigerung eingelieferten Bücher werden nicht angekauft, sondern bleiben Eigentum des Einlieferers. Die Einlieferung und Versteigerung von Eigenware des Auktionshauses ist durch das Gesetz begrenzt, kann aber durch Gründung eigener, formal unabhängiger Firmen umgangen werden. Das Auktionshaus bearbeitet und beschreibt die eingelieferte Ware und erstellt dazu in der Regel einen Katalog, der an die Kunden verschickt wird. Diese können ihre Gebote entweder schriftlich abgeben oder, falls sie während der Auktion anwesend sind, durch Handzeichen bieten. Das höchste Gebot erhält den Zuschlag. Schriftliche Gebote sollten vom Auktionator immer zum niedrigstmöglichen Gebot zugeschlagen werden, also einen Schritt über dem des Unterbieters. Die persönliche Anwesenheit bei einer Auktion hat aber mehrere handfeste Vorteile. Erstens kann man seine Gebote selbst wahrnehmen und kurzerhand erhöhen. Zweitens lässt sich so der aktuelle Markt besser beobachten. Drittens trifft man meistens eine ganze Reihe von Kollegen und auch einige Kunden zum persönlichen Gespräch. Das Bieten per Telefon wird in den letzten Jahren immer beliebter, nicht zuletzt durch das steigende Interesse ausländischer Bieter. Die Bedingungen für das telefonische Mitbieten bei einer Versteigerung variieren allerdings von Auktionshaus zu Auktionshaus erheblich.

Für seine Arbeit bekommt der Auktionator vom Verkäufer eine Provision (meist 10 bis 25 Prozent vom Zuschlag) und vom Käufer das sogenannte Aufgeld. Bei der Regelbesteuerung kommen zu der Summe von Zuschlagspreis (100 Prozent) und Aufgeld (15 bis 16 Prozent, bei Händlern vielfach nur 12 bis 13 Prozent) noch sieben Prozent Mehrwertsteuer hinzu, die als Vorsteuer geltend gemacht werden können. Bei der seit einigen Jahren parallel laufenden Differenzbesteuerung wird hingegen auf den Zuschlag ein Aufgeld in Höhe von meist 22 bis 25 Prozent erhoben, das bereits 16 Prozent Mehrwertsteuer enthält, die aber nicht als Vorsteuer geltend gemacht werden kann. Für den vorsteuerabzugsberechtigten Händler ist damit eine Abrechnung nach der Regelbesteuerung günstiger und bis auf Weiteres auf Wunsch auch möglich.

Lässt man sich die ersteigerte Ware per Post schicken, werden nach englischem Vorbild mittlerweile auch in Deutschland nicht unerhebliche Versandkosten berechnet, da immer mehr Auktionshäuser zu den reinen Portokosten auch die Kosten für Verpackung, Versicherung, Lohn des Packers etc. berechnen.

Die nicht zugeschlagenen Bücher werden meist in sogenannten Rückgangslisten (auch Nachverkauf genannt) mit ihren Limitpreisen plus Aufgeld und Mehrwertsteuer zum Kauf angeboten. Die unverkauften Titel bekommt der Einlieferer zurück. Für nicht verkaufte, aber vom Einlieferer limitierte Werke werden in der Regel Gebühren in Höhe von bis zu 5 Prozent (vom Limit) fällig.

Der Auktionator trägt zwar nicht das Risiko der Vorfinanzierung seiner Ware, wie es der Lagerantiquar tut, aber er muss in bestimmten Abständen (meist halbjährlich) neue Ware beschaffen. Die Schwierigkeit dabei ist, jeweils genügend Einlieferer zu finden, die ihm wertvolle Bücher zur Versteigerung überlassen. Dies ist um so eher der Fall, wenn er gute Auktionsergebnisse erzielt (hat). Natürlich versuchen die Auktionshäuser, sich einen festen Kreis von Einlieferern aufzubauen.

Ein erheblicher Anteil der Ware stammt meist aus dem Handel. Gründe für das Einliefern von Büchern bei einem Auktionshaus können sein: Der Antiquar hat die Werke seinen Kunden schon mehrfach angeboten, die diese aber nicht abnehmen, er will somit Platz im Lager schaffen und seine Liquidität erhöhen; bei Spezialisten kann es Ware aus fremden Gebieten sein; manche Händler trauen sich die Bearbeitung und Preisfindung komplizierter Werke nicht zu; sie spekulieren auf einen möglichst hohen Preis; sie möchten ein Werk anonym verkaufen oder haben nicht genügend Zeit für die Bearbeitung.

Die bei Auktionen erzielten Ergebnisse hängen teilweise vom Zufall ab, spiegeln ansonsten aber den Markt wider. Wollen zwei (oder mehr) Bieter unbedingt das gleiche Werk erwerben, kann es einen unrealistisch hohen Preis erzielen. Ist ein interessantes Werk schlecht oder falsch beschrieben bzw. existiert gerade kein zweiter Interessent (und sei es, weil er es, überspitzt formuliert, zum Beispiel übersehen hat, mit dem Auto im Verkehrsstau steht oder wegen Glatteises zu spät zur Auktion kommt), wird es unter Umständen sehr günstig zugeschlagen. Dies sind die beiden Extreme, zwischen denen sich meist das Geschehen abspielt, die aber dazu führen sollten, Auktionsergebnisse mit einer gewissen Vorsicht zu betrachten. Allerdings ist zu beobachten, dass im Allgemeinen bei einem falsch (meist zu niedrig) taxierten Werk der «richtige» Preis durch den Markt (d. h die Interessenten) gebildet wird. Natürlich werden Auktionen wie der gesamte Antiquariatsmarkt von Modeerscheinungen beeinflusst, auch regionale Entwicklungen spielen eine Rolle. Bücher über Genealogie und Numismatik waren beispielsweise in den 1930er Jahren gesucht und teuer, naturwissenschaftliche Titel dagegen relativ preiswert. Heute ist es umgekehrt.

d) Messen

Das geänderte Marketingverhalten der Antiquare führte zu einer neuen Form des Handels: den Antiquariatsmessen. Nach englischem Vorbild wurde die erste deutsche Messe dieser Art mit internationaler Beteiligung 1962 in Stuttgart veranstaltet. Sie entwickelte sich zu einer der weltweit renommiertesten Antiquariatsmessen und besteht bis heute. Weitere Messen und Märkte folgten im Laufe der Jahre in anderen Städten und Regionen.

Die Vielzahl unterschiedlicher Verkaufsveranstaltungen, von Bücherflohmärkten bis hin zu hochrangigen und international besetzten Veranstaltungen, bieten den jeweiligen Kunden die angenehme und zeitsparende Möglichkeit, das Warenangebot vieler Händler an einem Ort und zur gleichen Zeit besichtigen zu können. Für die Händler wiederum ergibt sich eine gute Gelegenheit, Bücher zu verkaufen, neue Kunden im persönlichen Gespräch zu gewinnen, selbst Bücher zu kaufen, Werbung für die eigene Firma zu betreiben sowie Kollegen zu treffen.

2. Von der Art der Ware abhängige Formen

a) Allgemeines Antiquariat

Das Allgemeine Antiquariat hat keine besonderen Schwerpunkte, es handelt mit Büchern und ggf. mit Graphik aus allen Gebieten bis hin zu Taschenbüchern, Einzelheften von Zeitschriften und manchmal sogar Kleinantiquitäten und Schallplatten.

b) Bibliophiles Antiquariat und Kunstantiquariat

Das bibliophile Antiquariat handelt mit allem was schön, gut und selten ist, von Pressendrucken über literarische und wissenschaftliche Erstausgaben bis hin zu Inkunabeln und alten Drucken. Das Kunstantiquariat ist eng mit dem bibliophilen Antiquariat verwandt. Wie der Name schon sagt, umfasst dieser Bereich topografische, dekorative und Künstler-Graphik, Handzeichnungen, Kunstgegenstände und Gemälde sowie die Literatur über Kunst und Kunstwissenschaft. Es überschneidet sich teilweise mit dem Antiquitätenhandel.

c) Wissenschaftliches Antiquariat

Wissenschaftliche Antiquariate sind meist mehr oder weniger spezialisiert auf bestimmte Gebiete (zum Beispiel Natur- oder Geisteswissenschaften) oder einzelne Bereiche (zum Beispiel Geologie, Theologie, Jura). Die Bezeichnung «wissenschaftlich» bedeutet allerdings meist nicht, dass es im eigentlichen Sinn wissenschaftlich arbeitet – was es bis auf wenige Ausnahmen auch nicht kann. Manche Antiquare verwechseln sorgfältiges und exaktes Arbeiten sowie das kompilatorische Erstellen von Kommentaren und Begleittexten mit wissenschaftlicher Arbeit. Das wissenschaftliche Antiquariat hat seinen Namen daher, weil es wissenschaftliche Literatur für die Forschung führt, vom Sonderdruck bis hin zu Enzyklopädien und Reihenwerken. Die Zielrichtung ist ebenso wie beim bibliophilen Antiquariat überregional, meist sogar international.

d) Zeitschriftenantiquariat

Es führt in erster Linie Periodika. Hauptabnehmer sind Wissenschaftler und Bibliotheken. Man findet es manchmal als Abteilung in wissenschaftlichen Antiquariaten. In selbständiger Form kommt es heute wegen des großen Platz- und Kapitalbedarfs, besonders aber wegen der geringer werdenden Nachfrage nur noch selten vor. Das Zeitschriftenantiquariat setzt besonders gute internationale Kontakte voraus und ist auf dem deutschsprachigen Markt alleine nicht mehr überlebensfähig. Selbst im internationalen Bereich kämpft es mit Schwierigkeiten.

e) Kombinationen

Natürlich bestehen auch Kombinationen der hier aufgeführten Formen wie z. B. Auktionshäuser, die nebenbei ein Versandantiquariat oder Ladengeschäft betreiben, Ladengeschäfte, die auch Listen und Kataloge verschicken, oder Firmen, die neben dem Allgemeinen Antiquariat besonders Bücher aus einem Spezialgebiet pflegen.

f) Modernes Antiquariat / Restantiquariat

Das sogenannte Moderne Antiquariat handelt überwiegend mit verlagsneuen Restbeständen oder sogar eigens für diesen Bereich hergestellten Büchern und kann diese vielfach nachbestellen. Sein Name ist daher eigentlich unzutreffend. Das

Moderne Antiquariat ist viel mehr beim Sortiment angesiedelt als beim klassischen Antiquariat. Allerdings gibt es manchmal Überschneidungen. Ein abwertender Name lautet «Ramschantiquariat».

5. Der Antiquar als Verleger

Bereits im 19. und 20. Jahrhundert betätigten sich bedeutende Antiquare als Verleger. Einen Verlag als Nebenerwerb zu betreiben bot sich an, da man durch den Handel mit antiquarischen Büchern ökonomisch lukrative Marktlücken erkennen konnte. Auch aus dem Gespräch mit Kunden kamen Anregungen für verlegerische Pläne. Der Antiquar Wilhelm Junk in Berlin und später in Amsterdam ist ein hervorragendes Beispiel für einen verlegerisch tätigen wissenschaftlichen Antiquar. Er verlegte zahlreiche botanische und zoologische Werke, war sowohl Autor als auch Herausgeber und bekam dafür die Ehrendoktorwürde verliehen. Einzelne Verlagsunternehmen entwickelten sich zu bedeutenden Unternehmen. Firmen wie Otto Harrassowitz in Leipzig (heute in Wiesbaden), Dr. Ernst Hauswedell & Co. in Hamburg (jetzt in Stuttgart) sowie Karl W. Hiersemann (Leipzig, jetzt Anton Hiersemann in Stuttgart) haben als Antiquariatsbuchhandlungen begonnen.

Einen Höhepunkt erreichte die verlegerische Tätigkeit von Antiquariaten in der Zeit nach dem Zweiten Weltkrieg. Technisch verbesserte fotomechanische Druckverfahren, die enormen Bücherverluste der Kriegsjahre und die zahlreichen Bibliotheksneugründungen führten dazu, dass in wenigen Jahren zahlreiche Bücher und Zeitschriften nachgedruckt wurden. Das boomende Reprintgeschäft der 1960er und 70er Jahre ist mittlerweile abgeflaut und wird nur noch von wenigen Verlagen fortgeführt. Unter den heute herausgegebenen Reprints finden sich Publikationen, die als bibliographische Hilfsmittel für den Antiquar unentbehrlich sind und im Originaldruck kaum oder nur zu hohen Preisen auf dem Markt auftauchen. Ein jährlich in den USA erscheinender «Guide to Reprints» ermöglicht einen Überblick über die lieferbaren Titel.

Antiquare mit bibliophilen verlegerischen Ambitionen sind allerdings selten. Es existiert der eine oder andere Antiquar, der seinen Neigungen nachgehend schon einmal ein Bändchen verlegte. Über Zufälligkeiten hinaus kamen wenige. Von ihnen seien aus der jüngeren Zeit die Antiquare Matthias Loidl und Frank Albrecht genannt. Aber auch hier spielt die verlegerische Tätigkeit eine ökonomisch untergeordnete Rolle.

Neueste technische Entwicklungen, zum Beispiel das sogenannte «Printing on Demand», ermöglichen wirtschaftlich vertretbare Kleinstauflagen von unter 50 Exemplaren. Dies könnte zu einer Neubelebung der verlegerischen Aktivitäten im Antiquariatsbereich führen. Einige Firmen bieten bereits ihren Kunden an, auf dem Antiquariatsmarkt nicht oder nur unter großen Schwierigkeiten auffindbare Bücher in einem einzigen Exemplar nachzudrucken.

Bedeutendere wissenschaftliche, bibliographische oder bibliophile Unternehmungen werden aber in den meisten Fällen wissenschaftlich ausgebildeten Autorinnen und Autoren und erfahrenen und kompetenten Verlagen vorbehalten bleiben.

6. Die Betriebseinrichtung

1. Räumlichkeiten

Je nach der Form des Antiquariats werden verschiedene Räumlichkeiten benötigt. Dies kann ein Laden, ein Büro oder ein Arbeitszimmer sein. Für alle gilt, dass sie möglichst gut ausgeleuchtet und freundlich sowie ergonomisch und systematisch eingerichtet werden sollten, um die spätere Arbeit zu erleichtern und einen reibungslosen Ablauf zu gewährleisten. Eine durchdachte und dem organisatorischen Ablauf angepasste Einrichtung spart Zeit, Kraft, Kosten und sorgt zudem für mehr Freude und Spaß bei der Arbeit.

Über die ergonomischen Voraussetzungen für einen normalen Büroarbeitsplatz gibt es Unterlagen, die bei den jeweiligen Berufsgenossenschaften angefordert werden können. Man erhält dort Informationen, die Fehler zu vermeiden und das körperliche Wohlbefinden sowie die Arbeitseffizienz zu steigern helfen. Von der Systematik her sollte zum Beispiel die Handbibliothek so angeordnet werden, dass die am häufigsten benötigten Werke in greifbarer Nähe um den Arbeitsplatz angeordnet sind, Nachschlagewerke, die man nur hin und wieder konsultieren muss, etwas weiter entfernt, und die, welche nur selten in die Hand genommen werden, kann man gegebenenfalls in einem anderen Raum unterbringen. Eine thematische Anordnung ist sinnvoll. Innerhalb der einzelnen Themen bietet sich eine chronologische oder eine alphabetische Sortierung an.

Die Lagerräume müssen trocken, gut belüftet und beleuchtet sein. Ideal ist es, wenn alle Geschäftsräume «unter einem Dach» sind. Kostengründe können dazu führen, dass Teile des Lagers in entfernteren, dafür aber billigeren Räumen untergebracht sind.

Der Gestaltung von Verkaufsräumen (Laden oder Empfangsraum) kommt aus verkaufspsychologischen und werbestrategischen Gründen eine große Bedeutung zu. Sie sind die Visitenkarte des Antiquariats und sollen den Kunden zum Stöbern und zum Kauf anregen. Dabei muss es nicht immer eine teure Ladeneinrichtung sein; mit etwas Phantasie kann man auch mit wenig Geld eine angenehme Atmosphäre schaffen. Saubere und aufgeräumte Geschäftsräume sollten eigentlich eine Selbstverständlichkeit sein.

2. Computer und Software

Der Computer im Antiquariat hat sich in kürzester Zeit zum selbstverständlichen Arbeitsmittel entwickelt. Mehr noch: Die Antiquariatsbranche gehört mittlerweile zu den besonders erfolgreichen Nutzern der damit zusammenhängenden neuen Informationstechnologie. Mag ein reines Ladenantiquariat auch heute noch ohne Computer auskommen, so ist er im Versandgeschäft ebenso wie im Auktionshaus unverzichtbar geworden. Das ist nicht verwunderlich, denn schließlich besteht ein wesentlicher Teil der Arbeit im Antiquariat in der Erfassung und Verarbeitung von Informationen, besonders von Texten. Dazu hat die Karteikarte lange Zeit hervorragende Dienste geleistet, doch heutzutage müssen diese Texte schneller und flexibler handhabbar sein.

Die Frage der Hardware wirft keine großen Probleme auf, denn die meisten Computer leisten mehr als für Textverarbeitung und Datenbankbetrieb benötigt wird. Mit einem handelsüblichen PC ist man auf der sicheren Seite. Vorhersagen über die zukünftige Entwicklung sind allerdings schwierig. Mit Bestimmtheit lässt sich sagen, dass unsere Daten langlebig sind und es daher wichtiger ist, darauf zu achten, dass wir sie auch in fünf oder zehn Jahren noch lesen, benutzen und bearbeiten können als bei den allerneuesten technischen Trends mitzuhalten.

Dementsprechend sollte auch die Software ausgewählt werden. Trotz der relativ kleinen Zahl von Anwendern gibt es ein breites Angebot berufsspezifischer Software, die sich bei genauer Betrachtung jedoch schnell auf wenige Alternativen reduziert. Eine gute Übersicht bietet die vom Sortimenter-Ausschuss des «Börsenvereins des Deutschen Buchhandels e.V.» (Adresse in Kapitel 21) zusammengestellte Broschüre «Das Softwareangebot für den Buchhandel» (einschließlich Antiquariatsbuchhandel), die regelmäßig aktualisiert wird.

Es empfiehlt sich, bei den in Frage kommenden Herstellern Demonstrationsversionen der Programme und Referenzlisten ihrer Kunden anzufordern. Die meisten der spezifischen Branchenprogramme enthalten alle für den Geschäftsablauf notwendigen Bestandteile. Diese Demonstrationsversionen können allerdings auch nur einen ersten Eindruck bieten. Im Gespräch mit möglichst vielen Kollegen, die mit den entsprechenden Programmen arbeiten, wird sich abzeichnen, welche Lösung den eigenen Vorstellungen am nächsten kommt. Neue Programme können kaum mehr als Detailverbesserungen bieten.

Mag man am Anfang die Kosten dieser Programme scheuen, unterliegt meist jedoch derjenige einer Fehleinschätzung, der glaubt, den Anforderungen auch mit einem «selbstgestrickten» Programm gerecht werden zu können. Wer es dennoch zunächst auf diesem Wege versuchen will, sollte eine gängige, weit verbreitete Datenbank als Grundstruktur seines Programms verwenden, damit die eingegebenen Daten wenigstens konvertierbar und damit für das neue Programm verwendbar sind, falls man sich nach einiger Zeit doch zu einem Umstieg auf ein Branchenprogramm entschließen sollte. Auch wenn es verlockend ist, mit einer eigenen Lösung manches besser machen zu können als mit einem fertigen Programm, so wird der Gesamtaufwand auf Dauer meist unterschätzt. Individuallösungen sind auf lange Sicht auch deshalb meist nicht sinnvoll, weil Schnittstellen für den Datentransfer z. B. zur Druckerei oder ins Internet dann immer einzeln vereinbart und abgestimmt werden müssen.

Einige der Internetdatenbanken für antiquarische Bücher bieten auch Erfassungsprogramme oder, im englischsprachigen Raum, sogar recht weit reichende Antiquariatsprogramme an, die meist kostenlos sind und für den Anfang recht gute Dienste leisten.

Gängige Programme für unsere Branche bieten eine sinnvoll strukturierte Eingabemaske, Bestandsverwaltung, Rechnungstellung, Kundendatei, Lieferstatistik, Angebotswesen, Schriftverkehr und Schnittstellen für die Datenausgabe an Druckereien, Internetdatenbanken oder andere Dienstleister.

Um die Buchhaltung selbst am Computer erledigen zu können, benötigt man ein Standardprogramm (z. B. Lexware-Buchhalter) oder ein DATEV-Erfassungsprogramm, das der Steuerberater bereithält. Bisher übermittelt allerdings noch kein Antiquariatsprogramm Daten in ein Buchhaltungsprogramm oder bietet eine integrierte Buchhaltungsfunktion an.

Will man die Kataloge am Computer selbst gestalten, so wird man ein anspruchsvolles Desktop Publishing Programm oder sehr viel Improvisationskunst einsetzen müssen. Ein gutes Ergebnis verlangt aber einen erheblichen Aufwand an Zeit und Können, so dass es günstiger ist, die Bearbeitung einem Profi zu überlassen, es sei denn, man hat selbst Spaß daran und genügend Zeit.

Zunehmend an Bedeutung gewinnt der Computer als Mittel zur Recherche. Bibliotheksdatenbanken, Onlinekataloge und eine Vielzahl bibliographischer und lexikographischer Hilfsmittel werden derzeit ausgebaut oder sind schon verfügbar. Wofür man sich auch immer entscheidet, sobald ein erheblicher Teil der Arbeit mit bzw. am Computer erledigt wird, ist man völlig abhängig von dieser Technik. Deshalb ist beim Kauf sowohl der Hard- als auch der Software besonders darauf zu achten, dass ein schneller Service bei technischen Problemen oder einem Totalausfall sichergestellt ist. Auch eine regelmäßige Datensicherung sowohl auf dauerhaftem Datenträger als auch in einer Form, in der notfalls die Daten auf einem Austauschgerät innerhalb weniger Stunden wieder zur Verfügung stehen, ist unverzichtbar.

3. Internet

Das Internet hat auch für den Antiquariatsbuchhandel eine große Bedeutung gewonnen. Neben der Übermittlung von Informationen und Dateien per E-Mail stehen dabei die Informationssuche und der Warenverkauf im Mittelpunkt. Das Internet kann zwar nicht die Handbibliothek eines Antiquars ersetzen, aber doch sehr gut ergänzen. Gleichgültig, ob man Informationen zu einem bestimmten Thema, einer Person oder zu einem Buch sucht, die Wahrscheinlichkeit, dass sie irgendwo im Netz bereits vorhanden sind, ist relativ hoch. Für die Suche danach stehen verschiedene nationale und internationale Suchmaschinen bereit, deren erfolgreiche Nutzung allerdings einige Kenntnis und Erfahrung voraussetzt.

Viele Bibliotheken haben mittlerweile ihre Bestandskataloge ganz oder teilweise ins Internet gestellt. Über die jeweilige Homepage kann man darin recherchieren und über entsprechende Links (Verknüpfungen) von einer Bibliothek zur anderen kommen. Der «Karlsruher Virtuelle Katalog» (KVK) ist eine Metasuchmaschine, mit der man in den Katalogen der großen deutschen Bibliotheksverbünde und zahlreicher internationaler Bibliotheken nach bestimmten Titeln suchen kann.

Inzwischen gibt es bereits Bibliographien wie zum Beispiel das VD 17 (Verzeichnis der im deutschen Sprachraum erschienenen Drucke des 17. Jahrhunderts; nicht abgeschlossen), die nur elektronisch verfügbar sind.

Aufgrund der vergleichsweise preiswerten weltweiten Präsenz stellen immer mehr Antiquare Teile ihrer Bestände ins Internet, entweder über eine eigene Homepage mit hinterlegter Datenbank oder einen der zahlreichen Bücherpools. Sie erreichen damit eine große Zahl potenzieller Kunden und haben so ein hervorragendes neues Verkaufs- und Werbemedium für sich entdeckt. Die preiswerteste Lösung besonders für kleine Büchermengen ist das Einstellen in Bücherpools. Das Anzeigen eines Titels kostet je nach Menge der eingestellten Titel circa 1 bis 2 Cent pro Titel und Monat. Die Werbung für den Pool wird vom Betreiber organisiert und ist im Preis inbegriffen. Um einiges teurer ist die eigene Homepage, besonders durch die Kosten für ihre Erstellung, die erforderliche Programmpflege und die dafür nötige kontinuierliche Werbung. Rechnet man nur die Kosten für den Provider, ist sie bei 1000 bis 2000 eingestellten Titeln vergleichbar mit den Bücherpools. Bei größeren Datenmengen (d. h. bei mehr angezeigten Titeln) ist die Homepage die günstigere Variante. Sie bietet zudem mehr Gestaltungsspielraum bei der Präsentation der eigenen Firma und reicht von unveränderbaren Seiten nur mit Firmenadresse und -beschreibung bis hin zu komplexen Systemen mit hinterlegten Datenbanken für das Einstellen und Recherchieren von Buchbeständen mit Bestellfunktionen über einen Warenkorb. Die Kosten für die Erstellung dürften bei technisch und gestalterisch einfachen Lösungen bei wenigen hundert Euro liegen. Sie steigen aber schnell auf mehrere tausend Euro bei aufwändigeren Lösungen. Der erzielte Verkaufs- bzw. Werbeeffekt einer Homepage hängt neben Inhalt und Benutzerfreundlichkeit in erster Linie von der für sie betriebenen Werbung ab. Die Adresse muss nicht nur in den entsprechenden Suchmaschinen eingetragen sein, um auf elektronischem Weg mit den passenden Suchbegriffen gefunden zu werden. Zusätzlich dazu ist es erforderlich, in diversen Printmedien – von den eigenen Katalogen, Faltblättern und Visitenkarten bis hin zu Zeitungs- und Zeitschriftenanzeigen – für sie zu werben.

Durch das Internet wird der Markt für antiquarische Bücher auf jeden Fall größer. Das immense Warenangebot und die starke Internationalisierung tragen dazu bei, dass Kundenwünsche vielfach häufiger und besser erfüllt werden können als früher, so dass sich der Warenfluss nicht nur erhöht, sondern auch beschleunigt. Da das Internet überproportional von jungen Menschen benutzt wird, ist zudem zu beobachten, dass sich der Altersdurchschnitt der Antiquariatskunden durch dieses Medium merklich verjüngt hat.

Die durch das Internet deutlich gestiegene Transparenz des Marktes führt dazu, dass bei häufig angebotenen Titeln die Preise durch das Überangebot zum Teil deutlich sinken, aber gleichzeitig die Preise für seltene und besonders für international gesuchte Titel stark steigen.

Eine Schwierigkeit, die das Internet mit sich bringt, ist die schlechte Differenzierbarkeit der anbietenden Firmen. Bei Ladengeschäften ist die Unterscheidbarkeit (z. B. durch Lage, Räumlichkeiten, Personen etc.) am größten. Bei Katalogen ist sie durch die unterschiedliche Aufmachung und Ausstattung immer noch recht groß. In den Bücherpools im Internet dagegen stehen die Beschreibungen von völlig unterschiedlich arbeitenden Firmen nebeneinander in einem einheitlich gestalteten Umfeld. Meist sind die Beschreibungen zwar durch Name und Ort der anbietenden Firma gekennzeichnet, bei manchen Pools aber auch bewusst anonymisiert, da hier die komplette Abwicklung über den Poolbetreiber läuft. Dies erschwert dem Kunden, besonders dem unerfahrenen, die Möglichkeit, sorgfältig arbeitende Firmen von weniger akkuraten zu unterscheiden. Durch die Anonymisierung wird sie sogar ganz unmöglich gemacht.

Dass das herkömmliche Antiquariat eines Tages durch den Internethandel vollständig verdrängt werden könnte, zeichnet sich bisher jedoch nicht ab. Das Internet ist eine gute Ergänzung zum üblichen Handel, aber eben nur eine Ergänzung. Es bestehen sogar erste Tendenzen sowohl von Kunden- wie auch von Händlerseite, die bewusst auf das Internet ganz oder zumindest teilweise verzichten, da das Antiquariat nicht ausschließlich aus Handel und Warenverkehr besteht, sondern auch noch eine soziale Komponente enthält, die beim elektronischen Recherchieren und Handeln nicht weiter berücksichtigt wird.

4. Lagerordnung

Für die Ordnung des Lagers gibt es verschiedene Möglichkeiten. Man kann die Bücher alphabetisch oder numerisch sortiert bzw. in einer gemischten Ordnung aufstellen. Eine alphabetische Ordnung ist vor allem von Vorteil, wenn die Kunden direkten Zugang zum Lager haben, zum Beispiel bei Ladengeschäften. Die Bücher werden alphabetisch nach Verfasser, Herausgeber oder Ordnungswort des Titels (zum Beispiel bei anonymen Werken und Zeitschriften) sortiert. Eine zusätzliche Sortierung nach Sachgebieten ist empfehlenswert. Diese Art der Lagerordnung ist zwar übersichtlich, allerdings mühsam aufrechtzuerhalten und fehlerträchtig.

Eine rein numerische Ordnung empfiehlt sich, wenn die Kunden keinen Zugang zum Lager haben. Sie ist die ökonomisch günstigere Variante, da sie lediglich fortlaufend nach Lagernummern sortiert ist. Es gibt kein Alphabet und keine

Sachgebiete, man stellt die neu aufgenommenen Bücher mit aufsteigender Lagernummer hinten an. Da man keine Lücken lassen muss, ist diese Ordnung sehr platzsparend. Als Lagernummer kann man die vom Computer zu jeder Buchbeschreibung fortlaufend vergebene Nummer verwenden und erhält so eine eindeutige Zuordnung von Buch und Beschreibung. Für besonders dünne und kleinformatige Werke sollte man Ordner mit dokumentenechten Klarsichthüllen (andere enthalten Weichmacher, die langfristig das Papier schädigen) anlegen. Abweichende Standorte werden im Computer vermerkt. Dieses System ist einfach und sicher, eignet sich aber nicht zum Stöbern.

Die beiden genannten Ordnungssysteme können gemischt werden. Einige Antiquare haben ihren Bestand zwar nach Sachgebieten aufgestellt, innerhalb derer aber nach Nummern sortiert.

Identische Titel können als Mehrfachexemplare unter der gleichen Beschreibung mit der gleichen Lagernummer ins Lager eingestellt werden. Inwieweit man Bücher mit ähnlichen Auflagen und abweichenden Erhaltungszuständen als Mehrfachexemplare unter der gleichen Beschreibung zusammenfasst oder sie jeweils unter einer eigenen Beschreibung im Bestand führt, bleibt jedem Antiquar selbst überlassen. Erstere Methode trägt zur besseren Übersichtlichkeit beim Suchen von vielschreibenden Autoren bei, ist dafür nicht ganz so exakt, da über die genaue Auflage, den Einband und den Zustand der Mehrfachexemplare in der Beschreibung nichts steht. Vorteile und Nachteile kehren sich bei der zweiten Methode um.

7. Der Einkauf

1. Einkaufsquellen

Der Erfolg eines Antiquariats hängt von der Zusammensetzung des Lagers, den geschäftlichen und persönlichen Verbindungen und Kontakten des Antiquars sowie seinen Fachkenntnissen ab. Nicht immer ist das zahlenmäßig umfangreichere Lager für den wirtschaftlichen Erfolg des Unternehmens ausschlaggebend. Entscheidend ist neben dem Wert besonders die Verkäuflichkeit der Bestände. Diese hängt stark vom eigenen Kundenkreis und von gewissen Modeströmungen ab. Deshalb darf sich der Antiquar nicht nur nach der augenblicklichen Situation richten, sondern muss auch ein Gespür für zukünftige Märkte und Möglichkeiten entwickeln. Er wird darum auch Titel ankaufen, für die er noch keinen sicheren Interessentenkreis hat, die er aber für wertvoll, interessant und zukunftsträchtig hält.

Die Wege, auf denen Ware erworben werden kann, lassen sich allgemein wie folgt unterteilen:

a) Von privater Seite

Der Antiquar kauft komplette Sammlungen oder auch wertvolle Einzelstücke aus privater Hand an. Die Gründe für den Verkauf können sehr unterschiedlich sein, zum Beispiel das Erben von Nachlässen oder Abgabe von Dubletten. Viele Ladengeschäfte kommen fast ausschließlich auf diesem Weg zu ihrer Ware. Der Nachteil ist, dass häufig billige und uninteressante Bücher mit erworben werden müssen, die entweder im Lager den Platz verstellen oder separat entsorgt werden müssen, etwa in Kisten für Flohmarkt- und Straßenhändler oder gleich als Makulatur beim Altpapierhändler.

Alteingesessenen und bekannten Antiquariaten werden regelmäßig einzelne Werke und ganze Bibliotheken angeboten. Je wertvoller die Bücher und je umfangreicher die Bibliotheken sind, um so größer ist meist der Wettbewerb mit den Kollegen um den Ankauf. Ein genaues und faires Bewerten der Ware ist deshalb besonders wichtig (siehe Kapitel 7.2.).

b) Aus öffentlichem Besitz

Öffentliche Bibliotheken oder Institutionen verkaufen hin und wieder Dubletten, die sich bei ihnen angesammelt haben, oder lösen Teile ihrer Bestände auf. Nicht nur die Quantität der aus diesen Quellen kommenden Bücher, sondern besonders ihre Qualität wurde in den letzten Jahren immer schlechter, so dass dieser Weg heute nur noch von untergeordneter Bedeutung ist.

c) Aus dem Handel

Für bibliophile Antiquariate und für Spezialisten ist der Kauf im Handel zum Beispiel aus Katalogen von Kollegen, auf Messen und auf Auktionen die wichtigste Quelle. Es ist nahezu unmöglich geworden, aus dem Ankauf von Privat und aus öffentlichen Bibliotheken genügend wertvolle und interessante Werke oder Bücher zu einem Spezialgebiet zu erwerben. Der Kauf bei Kollegen bedeutet einerseits, dass man viel unterwegs sein muss, andererseits kauft man sehr gezielt ein, etwa wenn man bereits einen Interessenten hat. Dass die Nachschubversorgung auf diesem Weg grundsätzlich teurer ist als die von privater Seite, trifft nicht in jedem Fall zu.

d) Suchlisten und Internet

Suchlisten einzelner Antiquariate spielen für den Erwerb von Büchern dank des Internets und seiner Möglichkeiten praktisch kaum noch eine Rolle. Der von der Buchhändler-Vereinigung in Frankfurt am Main herausgegebene «Antiquariats-Kurier ...» hat zum Ende des Jahres 2002 sein Erscheinen eingestellt, da der Anzeigenrückgang eine wirtschaftlich sinnvolle Weiterführung nicht mehr zuließ. Der Bedarf besteht weiterhin, ist allerdings geringer geworden.

Die den Internet-Bücherpools angegliederten elektronischen Suchlisten erfahren großen Zuspruch, da sie Privatkunden offen stehen und auch Inserenten kostenlos zur Verfügung stehen. Allerdings sind die Angaben darin oft falsch oder zumindest fehlerhaft, das Bearbeiten deshalb sehr mühsam. Das Internet gewinnt allerdings als Einkaufsquelle – auch für den Händler – stets an Bedeutung und stellt eine Ergänzung zum traditionellen Antiquariatsgeschäft dar. Man kann in Beständen von Händlern suchen, von deren Existenz man nichts wusste. Die internationale Suche nach Titeln ist durch das Internet wesentlich einfacher geworden. Dabei ist die Suche nach bestimmten Titeln schnell und hilfreich, nach häufig vorkommenden Autoren oder gar ganzen Themengebieten dagegen meist sehr mühsam und eher ineffizient.

e) Auf Auktionen

Der Einkauf auf Auktionen, der für viele Antiquare immer wichtiger wird, bedarf sorgfältiger Vorbereitung. Die Auktionshäuser verschicken umfangreiche Kataloge mit ihrem jeweiligen Angebot. Zuerst sollte man einen Autionskatalog komplett querlesen, um interessante Bücher in Abteilungen zu finden, in denen man sie nicht vermutete. Anschließend kann man die wichtigen Gebiete genauer studieren und sich eine Liste der interessanten Bücher zusammenstellen. Mit dieser Liste kann man zur Besichtigung fahren, sich die Werke ansehen und einen persönlichen Eindruck über den Zustand bzw. über Vorzüge und Nachteile des jeweiligen Exemplars verschaffen. Lässt sich eine Besichtigung nicht einrichten, sollte man bei teureren Werken einen befreundeten Kollegen vor Ort darum bitten. Anschließend überprüft man die Häufigkeit bzw. Seltenheit, die Preise auf früheren Auktionen oder bei Kollegen, liest über das Werk oder den Verfasser in der Handbibliothek nach, überprüft eventuell die Ausgabe und die Kollation und bestimmt die Höhe seines Gebotes. So vorbereitet, kann man entweder schriftlich oder telefonisch bieten, selbst zur Auktion fahren oder wiederum einen Kollegen darum bitten für einen tätig zu werden. Dabei ist es für beide Teile sinnvoll, diese Absprache schriftlich zu fixieren.

f) Bei Verlagen

Der Handel mit Verlagsremittenden und Restexemplaren spielt im eigentlichen Antiquariat nur noch eine geringe Rolle und wird überwiegend von den Modernen Antiquariaten übernommen, die dem Sortiment näher stehen als dem Antiquariat. Interessante alte Verlagsbestände aus der Zeit um 1900 oder davor sind selten geworden.

2. Einkaufspreis und Bewertung

Bei Ankäufen aus privatem und öffentlichem Besitz bestimmt in der Regel der Antiquar, d. h. der Käufer den Einkaufspreis, während bei Käufen im Handel der Verkäufer den Preis festsetzt. Bei Geschäften unter Kollegen ist das Einräumen eines Rabatts in Höhe von zehn Prozent üblich, manchmal auch mehr. Ein Anspruch darauf besteht nicht, lediglich die Mitglieder der ILAB haben sich zur gegenseitigen Rabattgewährung verpflichtet.

Neben den üblichen Formen der Bezahlung beim Ankauf (Barzahlung, Scheck, Kreditkarte, Bankeinzug oder Überweisung) bieten sich zwei weitere Möglichkeiten an: die Übernahme in Kommission oder der Tausch. Beim Kommissionsgeschäft bleibt die Ware Eigentum des Verkäufers. Der Antiquar versucht lediglich, diese für ihn zu verkaufen. Erst nach einem erfolgreichen Verkauf erhält der ursprüngliche Verkäufer sein Geld. Beide Partner haben sich vorher sowohl auf die Höhe wie auf das Teilungsverhältnis des zu erzielenden Verkaufspreises (z. B. 50 : 50 oder $^1/_3$: $^2/_3$) zu einigen und auf den Zeitpunkt, zu dem entweder abgerechnet oder die unverkaufte Ware zurückgegeben wird. Da derartige Geschäfte mit einem erhöhten organisatorischen bzw. buchhalterischen Aufwand verbunden sind, wird man sie nur bei teuren Werken oder bei knappen Finanzen tätigen bzw. wenn man dem Verkäufer zuliebe ein Werk zwar anbieten, aber nicht ankaufen möchte.

Der Tausch als Warenbeschaffung erhöht zwar nicht den Warenwert des Lagers, führt aber zu einem neuen und möglicherweise besser verkäuflichen Angebot. Beim Tausch mit Privatkunden ist es sinnvoll, die eigenen Bücher wie bei einem Verkauf und die zu erwerbenden wie bei einem Ankauf zu kalkulieren und miteinander zu verrechnen. Beim Tausch unter Kollegen kann man Bruttopreis (Verkaufspreis) gegen Bruttopreis oder Nettopreis (Verkaufspreis minus Rabatt bzw. Ankaufspreis) gegen Nettopreis tauschen.

Das Schätzen einer größeren Bibliothek erfordert umfassende Kenntnisse und Erfahrung. Am besten teilt man die vorhandenen Bestände in drei Gruppen ein, in die gesuchten und gut verkäuflichen, die weniger gesuchten und die schwer oder unverkäuflichen. Die erste Gruppe wird einzeln und entsprechend hoch (etwa zwischen einem Drittel und der Hälfte des

Verkaufspreises) bewertet, da sie die Werke enthält, die man eigentlich kaufen möchte. Den zweiten Teil kalkuliert man mit einem geringeren Durchschnittspreis; er enthält immer noch Bücher, die sich zwar verkaufen lassen, die man aber nicht unbedingt haben möchte. Die dritte und letzte Gruppe wird überhaupt nicht bewertet, da sie die Bücher enthält, die man nicht haben möchte, aber mitkaufen muss. Aus der Gesamtsumme resultiert dann mit einem gewissen Spielraum nach oben und unten die Grundlage für das Kaufgebot. Übertriebenen Preisvorstellungen von Seiten des Verkäufers tritt man mit Argumenten, die dem realen Sachverhalt entsprechen, am überzeugendsten entgegen. Allgemeine Regeln dafür bestehen nicht. Es kommt auf das psychologische Einfühlungsvermögen, die Erfahrung und das Verhandlungsgeschick des Antiquars an.

Für jeden Ankauf gilt: Nach Erhalt der Bücher sind die teureren Titel umgehend zu kollationieren, also auf Vollständigkeit zu überprüfen, um eventuell unvollständige Werke zurückgeben zu können oder zumindest einen Preisnachlass für sie zu erhalten. Anschließend werden Einkaufspreis und -jahr chiffriert in das jeweilige Buch und/oder im Klartext in die Büchermaske im Computer eingetragen. Moderne Antiquariatsprogramme sind damit in der Lage, per Knopfdruck die Einkaufspreise nach Jahren sortiert zu addieren, was für die jährliche Inventur und den betriebswirtschaftlichen Einblick in den Warenbestand eine große Erleichterung darstellt.

8. Die Preisbildung

Der Antiquariatsbuchhandel kennt im Gegensatz zum Sortimentsbuchhandel keine gebundenen Verkaufspreise. Sie werden vielmehr durch den Markt, durch Angebot und Nachfrage bestimmt. Deshalb ist die Preisbildung im Antiquariat eine ebenso schwierige wie verantwortungsvolle Aufgabe, und es lassen sich keine allgemein anwendbaren Regeln aufstellen, wenngleich sich im Laufe der Zeit Erfahrungen und Beobachtungen über den Wert von Büchern herausgebildet haben, die für die Preisbildung von Bedeutung sind.

Im Gegensatz zum herstellenden Gewerbe, in dem von «unten nach oben» kalkuliert wird, rechnet der Antiquar von «oben nach unten». D.h., er ermittelt nicht zuerst die Gesamtkosten für ein Produkt, kalkuliert seine Gewinnspanne und erhält aus der Summe den Preis für sein Produkt, sondern er legt aufgrund seiner Erfahrung und seines Wissens den erzielbaren Verkaufspreis fest, zieht seine Gewinnspanne (inklusive seiner sämtlichen Kosten) ab und kommt so zum Einkaufspreis für seine Bücher.

Die Kosten pro Buch sind von Betrieb zu Betrieb unterschiedlich und lassen sich anteilig aus den allgemeinen Betriebskosten (Miete, Heizung, Strom, Gehälter, Pkw, Kapitalzinsen, Katalog- und Werbekosten etc.) berechnen. Da die betrieblichen Kosten für ein Buch um so größer sind, je länger es am Lager liegt, wird die Gewinnspanne von der Verkäuflichkeit eines Titels bestimmt. Bei einem schnell verkäuflichen

Die Preisbildung

Werk kommt man mit einer kleineren Spanne aus als bei einem voraussichtlich schwierig zu verkaufenden.

Bei der Festsetzung des Verkaufspreises sind gegebenenfalls der Ladenverkaufspreis vergriffener Bücher, der Gebrauchs- und der sogenannte Liebhaberwert zu berücksichtigen. Bei einem noch über den Sortimentsbuchhandel lieferbaren Buch gilt der Ladenpreis als Orientierung. Das Verhältnis von Antiquariats- zu Ladenpreis hängt ebenfalls von Angebot und Nachfrage ab. Eine Faustregel für gut verkäufliche Werke besagt, dass der Einkaufspreis ungefähr $1/3$ und der Verkaufspreis $2/3$ des Ladenpreises betragen soll, für weniger gut verkäufliche Werke entsprechend weniger. Bei vergriffenen Büchern hängt der Marktpreis stärker von Angebot und Nachfrage ab als bei lieferbaren. Er kann sowohl höher als auch niedriger sein als der ursprüngliche Ladenpreis.

Auch bei den antiquarischen Büchern im eigentlichen Sinn mit Sammler- oder Liebhaberwert richtet sich die Höhe des Preises vor allem nach Angebot und Nachfrage. Zudem können Modeerscheinungen die Preise ganzer Sammelgebiete beeinflussen. Es müssen aber zusätzlich noch Faktoren wie Seltenheit des Buchs, Bedeutung, Ausstattung, Erhaltungszustand und Provenienz berücksichtigt werden. Entscheidend ist, dass eine bestimmte Zahl von Kunden diese Faktoren für wichtig hält und der Antiquar sie erkennt. Das Alter alleine sagt noch nichts über den Wert eines Buches aus.

Die Höhe des Preises wird durch den Käufer bestimmt. Auf Auktionen erfolgt dieser Einfluss direkt; der Käufer, der bereit ist, den höchsten Preis zu bezahlen, erhält den Zuschlag. Im Antiquariat hingegen wird der Einfluss indirekt ausgeübt. Der Antiquar legt zwar den Preis eines Buchs fest, der jedoch fiktiv bleibt, bis ihn ein Kunde akzeptiert und bezahlt.

Die Preise im Antiquariat müssen angemessen sein, da sie sonst dem Betrieb schaden. Sind sie zu hoch, verkauft man zu wenig, obwohl man gut nachkaufen könnte. Sind sie zu niedrig, wird man zwar gut verkaufen, aber nur mit Schwierigkeiten nachkaufen können. Eine allgemein gültige Antwort auf die Frage nach dem gerechten oder richtigen Preis ist sehr schwierig zu geben, sie hängt von der jeweiligen Kundenstruktur, dem Einkauf, den betrieblichen Kosten sowie dem Wissen und der Erfahrung des Antiquars ab. Jeder muss seinen eigenen Preis finden. So ist zu erklären, dass ein und dasselbe Buch bei drei verschiedenen Händlern zu drei unterschiedlichen Preisen auftaucht und jeder der drei mit guten Gründen von der Richtigkeit seines eigenen Preises überzeugt ist.

9. Kommunikation, Öffentlichkeitsarbeit, Werbung

1. Kommunikation mit Kunden und Kollegen

Der geschäftliche Schriftverkehr in der lange Zeit gültigen klassischen Briefform befindet sich seit Jahren auf dem Rückzug. Telefon, Fax-Gerät und E-Mail sind auch für den Antiquariatsbuchhandel zu den wichtigsten Kommunikationsmitteln geworden. Bei elektronischer Kommunikation ist Vorsicht angebracht: E-Mails können von Unberechtigten relativ leicht abgefangen und gelesen werden, darum sollten keine vertraulichen Informationen wie zum Beispiel Kreditkartennummern ungeschützt darüber verschickt werden. Zudem können Absenderadressen, so sie überhaupt angegeben sind, leicht gefälscht werden. Zuverlässige Sicherheits- und Verschlüsselungssysteme sind im Aufbau begriffen.

In der vorhergehenden Auflage dieses Leitfadens ist von der Selbstverständlichkeit die Rede, dass ein Antiquar «Mitteilungen in den hauptsächlichsten Kultursprachen der Welt richtig übersetzen bzw. verstehen lernt». Es bleibt wünschenswert, dass ein Antiquar die Verbesserung seiner Sprachkenntnisse im Auge behält. Ein Teil der Kunden im Ausland versteht zwar Deutsch, dennoch sind zumindest Englisch- und Französischkenntnisse unabdingbar. Die zunehmende Internationalisierung wird dies zukünftig noch mehr fordern.

Die Kundenwerbung ist eine Sache, die Werbung innerhalb der Branche eine andere. Es ist für neu beginnende Kollegen erst einmal wichtig, überhaupt wahrgenommen zu werden. Aber auch später bleiben persönliche Kontakte von großer Bedeutung. Hierbei helfen zum Beispiel Besuche von Auktionen und Antiquariatsmessen, auch wenn man selbst nicht ausstellt. Wichtig ist das oben erwähnte Seminar für Antiquare in München. Es dient nicht nur der Weiterbildung durch zum großen Teil hervorragende Vorträge, sondern ganz wesentlich dem Kontakt unter den Kollegen. Die ILAB veranstaltet alle zwei Jahre jeweils an einem anderen Ort eine internationale Messe mit einem daran angeschlossenen Kongress – eine gute Gelegenheit, ausländische Kollegen kennen zu lernen. Diese Bekanntheit und die daraus entstehenden freundschaftlichen Beziehungen sind nicht nur angenehm, sondern auch nützlich.

Höflichkeit, Freundlichkeit, Korrektheit und Zuverlässigkeit sind Eigenschaften, die den Umgang mit den Mitmenschen generell erleichtern. Das klingt selbstverständlich, sollte aber im besonderen Maße für den Antiquariatsbuchhandel gelten. Ein so erworbener Ruf, verbunden mit beruflicher Kompetenz und Seriosität des Geschäftsgebarens, spricht sich herum und kann Türen öffnen.

2. Öffentlichkeitsarbeit und Werbung

Die Zeiten, in denen der «Spitzweg-Antiquar» in seinem Laden warten konnte, bis ein Bücherfreund des Weges kam, sind bis auf wenige Ausnahmen vorbei. Das Antiquariat hat sich zu einem Dienstleistungsunternehmen gewandelt, das durch permanente Werbung auf sein Angebot und seine Leistungen aufmerksam machen muss. Die Palette der Werbemittel ist vielseitig und umfangreich. Doch zu Beginn jeglicher Werbung müssen die folgenden Überlegungen stehen: Was will ich mit meiner Werbung bezwecken? Welche Zielgruppe will ich ansprechen und welches Image möchte ich meiner Firma geben? Diese Fragen sind eingehend zu erörtern, um einen Plan

Öffentlichkeitsarbeit und Werbung

aufzustellen, in den die verschiedenen Maßnahmen eingebunden werden.

a) Anzeigen in Zeitungen

Das Werbebudget der meisten Antiquariate dürfte 1 bis 2 Prozent ihres Jahresumsatzes nicht übersteigen. Der größte Teil dieser Aufwendungen wird von vielen zu teilweise recht vorteilhaften Konditionen für Anzeigen in verschiedenen Zeitungen und Zeitschriften benutzt. In den richtigen Publikationen veröffentlicht und gut gestaltet, können sie zum Erfolg führen. Die Anzeigengestaltung sollte möglichst klar und auffallend sein, damit sie aus der Masse der übrigen Anzeigen heraussticht und den Lesern auf den ersten Blick zeigt, wofür hier geworben wird. Die Wirkung lässt sich durch regelmäßige Wiederholung deutlich steigern. Die Auswahl des Periodikums hängt von den Spezialgebieten des Antiquariats oder dem Thema des zu bewerbenden Katalogs ab. Nach einiger Zeit sind Kosten und Nutzen (Werbeeffekt bzw. Zahl der Kundenreaktionen und/oder Bücherbestellungen) gegenüberzustellen und Entscheidungen über das weitere Vorgehen zu treffen. Eine einfache Möglichkeit, den Rücklauf zu kontrollieren ist, die Firmenadresse jeweils abzuändern, damit bei schriftlichen Anfragen ersichtlich ist, durch welches Medium der Kunde auf die Werbung aufmerksam wurde.

b) Teilnahme an Messen – Bücherdörfer

Die Teilnahme an einer Antiquariatsmesse dient nicht nur dem direkten Verkauf von Büchern und Graphiken. Der Werbeeffekt stellt einen wesentlichen Teil des Erfolgs dar. Das kann so weit gehen, dass der Verkauf in den Hintergrund tritt und die Werbewirkung den größeren Teil zum Erfolg einer Messe beiträgt. Man kann neue Kunden kennen lernen, die nur auf Messen anzutreffen sind.

Kommunikation, Öffentlichkeitsarbeit, Werbung

Messen bieten hervorragende Möglichkeiten, gerade auch für Spezial- und Versandantiquariate, sich mit einer Auswahl bemerkenswerter Objekte zu präsentieren und so für sich zu werben. Damit der Eindruck möglichst vorteilhaft ist, gehören neben einem Aufmerksamkeit heischenden und ansprechend präsentierten Warenangebot auch ein gepflegtes Äußeres sowie ein freundliches und kompetentes Auftreten.

Ähnlich dem Messegedanken, Antiquare zur gleichen Zeit am selben Ort zu versammeln, um dort Ware zu präsentieren, versuchen auch die Bücherdörfer, möglichst viele Antiquariate an einem Ort ansässig zu machen, um dessen Attraktivität für Bücherinteressenten zu steigern. Trotz der verschiedenen Versuche und der (meist vorhandenen) Unterstützung durch die jeweiligen Kommunen kämpfen die Veranstalter mit einer Vielzahl von Problemen. Eines der größten besteht darin, genügend qualifizierte Antiquariatsfirmen zu finden. Die sich ansiedelnden Geschäfte sind zum Teil Zweigniederlassungen von größeren Firmen, die oft mit Aushilfskräften versuchen, ihre zweit- oder drittklassige Ware zu vermarkten, oder aber Quereinsteiger mit wenig Erfahrung und Kapital. Es ist für Sammler oder Bibliophile nicht immer leicht, dort bemerkenswerte Bücher zu finden; für Vielleser dagegen ist ein Besuch in einem Bücherdorf oft wesentlich attraktiver.

c) Kataloge

Mit einem eigenen Katalog möchte man nicht nur die darin aufgelisteten Bücher zum Kauf anbieten, sondern durch eine ansprechende Gestaltung und ausführliche bzw. sinnvolle Beschreibungen zur Förderung des Firmennamens beitragen. Besonders wichtig sind hierfür Spezialkataloge zu bestimmten Themen wie den Werken einer bestimmten Person (z. B. Albert Einstein, Ernst Haeckel, Johann Wolfgang Goethe) oder Bücher zu einem eng umgrenzten Gebiet (z. B. Paulskirche,

Augenheilkunde, Gruppe 47, Eroberung des Mondes). Es ist nicht nur schwierig und kostspielig, die entsprechende Ware für diese Art von Katalogen zusammenzutragen, sondern auch aufwändig und langwierig, sie zu bearbeiten. Das Spannendste aber ist, wenn es dem Antiquar gelingt, bekannte Werke in neue Zusammenhänge zu stellen oder aus einem ungewohnten Blickwinkel heraus zu betrachten wie etwa bei: «Goethe und die Naturwissenschaften» oder die «Popularisierung der Luftfahrt» (nicht deren Technik). Auch wenn vielleicht der kurzfristige ökonomische Erfolg solcher Kataloge nicht immer ganz zufrieden stellt, so sind sie doch auf lange Sicht eine hervorragende Werbung für den Antiquar. Sehr häufig werden solche Themenkataloge von Kollegen, Sammlern und Bibliotheken als Nachschlagewerke in die Handbibliothek gestellt.

d) Laden- und Schaufenstergestaltung

Es gibt immer noch Antiquare, die Ladengeschäft und Schaufenster mit ihrem Lager verwechseln. Sie verschenken damit die Möglichkeit, ohne wesentliche zusätzliche Kosten durch ein ansprechend dekoriertes Fenster und ein einladendes Ladenlokal für sich zu werben. Ein paar gute Ideen, etwas Mühe und Sorgfalt reichen dabei oft schon aus.

e) Website

Das Internet bietet Ladengeschäften die Möglichkeit, sich über eine eigene Homepage mit einer Beschreibung und Fotos darzustellen. Die Vorteile für den Versandhandel sind allerdings wesentlich größer, siehe Kapitel 6.3. Internet.

Kommunikation, Öffentlichkeitsarbeit, Werbung

f) Pressearbeit

Die Fach- und Publikumsmedien (Zeitungen und Zeitschriften, Fernsehen, Radio) sind stets auf der Suche nach Themen oder Ereignissen und nehmen besondere Aktivitäten gerne auf. Die oben erwähnten Spezialkataloge gehören ebenso dazu wie Ausstellungen, Lesungen oder Podiumsdiskussionen zu aktuellen Themen – wenn möglich in den eigenen Geschäftsräumen. Es kann sich auch um den Kauf oder Verkauf eines bedeutenden Werkes oder einer herausragenden Sammlung handeln. Der Kreativität bei dem Versuch, öffentliche Wahrnehmung zu erlangen, sind fast keine Grenzen gesetzt. Allerdings sollte das angestrebte Image im Auge behalten werden. Gewisse provokante Aktivitäten führen zu mehr Aufmerksamkeit, schaden aber unter Umständen dem eigenen Ansehen und auch dem der ganzen Branche.

g) Büchertische bei Tagungen, Messen und Ausstellungen

Bei Fachtagungen, Fachmessen und Ausstellungen kommt man mit einem Personenkreis zusammen, der sich für bestimmte Themenbereiche interessiert. Deshalb eignen sie sich sehr gut zur Profilierung als Spezialist und für die Präsentation von Spezialgebieten. Zwar hofft man – ebenso wie bei den Antiquariatsmessen – auf einen guten Verkauf seiner Ware, aber auch der Aspekt der Werbung ist dabei sehr wichtig. Die Termine dieser Veranstaltungen kann man den entsprechenden Fachzeitschriften oder den regelmäßig veröffentlichten Tagungsübersichten großer Zeitungen entnehmen.

h) Prospekte und Plakate

Zum Auslegen bei Veranstaltungen und zum Verschicken an beispielsweise neu erworbene Adressbestände empfiehlt es sich, einen eigenen Firmenprospekt zu erstellen. In Herstellung und Versand deutlich preisgünstiger als ein Katalog, kann er großflächiger verteilt werden. Unter Umständen lohnt sich der Entwurf eines eigenen Plakats, das ebenfalls an geeigneten Plätzen angebracht werden kann.

i) Adressverzeichnisse

Adressverzeichnisse helfen potenziellen Kunden, sich in der Antiquariatsbranche zurechtzufinden und den für ihre Sammel- und Interessengebiete richtigen Antiquar zu finden. Sie sind deshalb ein gutes Werbemittel und dienen sowohl dem An- als auch dem Verkauf. Es existieren in Deutschland neben zahlreichen aktuellen Regionalverzeichnissen, die auf eine Stadt oder eine Region begrenzt sind, drei große überregionale Verzeichnisse. Da sind zunächst die von der «Arbeitsgemeinschaft Antiquariat im Börsenverein des Deutschen Buchhandels e.V.» und vom «Verband Deutscher Antiquare e.V.» herausgegebenen Broschüren. Beide listen alphabetisch die Adressen ihrer Mitglieder auf, unter Angabe der jeweiligen Spezialgebiete, ergänzt durch Register. Alle Mitglieder des «Verbands Deutscher Antiquare e.V.» sind Mitglied der ILAB, die ihre Mitglieder – natürlich ebenso die aller übrigen nationalen Verbände – in ihrem «Directory» auflistet. Die drei Verzeichnisse sind sowohl in gedruckter als auch in elektronischer Form verfügbar (Internet-Adressen siehe Kapitel 21).

Daneben veröffentlicht der Kuhle Buchverlag in Braunschweig das «Sammleradressbuch Alte Bücher/Graphik». Es erscheint jährlich neu und enthält, nach Orten gegliedert, die Adressen von Sammlern und Antiquariaten, jeweils mit den Spezialgebieten, wobei Definition und Abgrenzung nicht immer klar erkennbar sind. Der Kurzeintrag ist für Privatleute kostenlos. Der Nachteil dieser Publikation ist unter anderem die fehlende Überprüfung der Angaben durch den

Verlag, was zu vielen «blinden» und nicht mehr aktuellen Einträgen führt.

Bei allen Aktivitäten nach außen, besonders bei gezielten Werbemaßnahmen, ist stets darauf zu achten, dass ein einheitliches und durchgängiges Bild der Firma entsteht. Ein einprägsames und unverwechselbares Signet (nicht gerade ein altes Buch oder eine Eule als Sinnbild für Weisheit) ist hilfreich. Es führt zusammen mit einer einheitlichen Gestaltung aller Produkte, von der Visitenkarte über das Briefpapier bis hin zu den Katalogen und Prospekten, zu einem Wiedererkennungseffekt, der eine Verstärkung der Einzelmaßnahmen zur Folge hat. Design und Werbung sollten mit dem angestrebten Image und dem Arbeitsstil zusammenpassen.

10. Adressen und ihre Pflege

1. Aufbau einer Adresskartei

Selbst im Zeitalter des Internets ist eine umfangreiche und gepflegte Adressenkartei wertvoll und wichtig. Ihr Aufbau allerdings ist langwierig und kostenintensiv. Es gibt zwar Adressenhändler, bei denen man Adressen verschiedener Berufsgruppen mit unterschiedlichen Profilen kaufen kann, doch für den Antiquar ist davon der Erfahrung nach nur ein kleiner Teil brauchbar, der in der Größenordnung von 1 bis 2 Prozent liegt.

Wissenschaftliche und bibliophile Gesellschaften geben oft Adressenverzeichnisse ihrer Mitglieder heraus, die man sich, sofern sie nicht direkt zu bekommen sind, mit etwas Findigkeit besorgen kann. Man wird allerdings bald erkennen, dass sich die Ausbeute nicht wesentlich von der bei den nicht buchspezifischen Adressenverzeichnissen unterscheidet.

Schaltet man Anzeigen in überregionalen Zeitungen oder in Fachzeitschriften, so macht man die Erfahrung, dass auf eine mehrere hundert Euro teure Anzeige im günstigsten Fall 10 bis 30 Zuschriften eingehen, aus denen sich dann vielleicht zwei oder drei Bestellungen ergeben. Stellt man auf Antiquariatsmessen und Fachtagungen aus, wird man, neben dem direkten Verkauf, fast immer mit einigen neuen Adressen nach Hause fahren. Auch hier wird nur ein geringer Teil zu kaufenden Kunden. Hin und wieder kann man bei Kollegen Adressen kaufen oder eintauschen. Die Qualität variiert dabei sehr. Auch das Internet bietet die Möglichkeit, an neue Kunden zu kommen. Doch vielfach sind dies nur «Laufkunden».

Ein Glücksfall liegt vor, wenn man bei der Auflösung eines Antiquariats dessen Adressenkartei erwerben kann. Der Preis hängt davon ab, wie aktuell und gepflegt sie ist und ob sie dem neuen Besitzer exklusiv zur Verfügung steht.

Der beste Weg zur Gewinnung neuer Kunden ist die Mundpropaganda, denn sie kommt von zufriedenen Kunden, aber leider setzt sie meist erst recht spät ein. Dies alles zeigt, dass kein Königsweg existiert. Es kommt vielmehr auf die Summe der Aktivitäten an und auf einen langen Atem. Um so wichtiger ist es, die bereits bestehende Kartei zu pflegen und auf dem neuesten Stand zu halten.

2. Adressenpflege

Wichtig für die Erfolgskontrolle ist der genaue Eintrag des Bestellverhaltens pro Katalog oder Liste in Titelzahl und Warenwert. Dies kann zum Beispiel wie folgt aussehen: 31 / 1 (3) = 45 (90), d. h. der Kunde hat aus Katalog 31 vier Titel für 135 Euro bestellt, aber nur noch einen für 45 Euro erhalten, der Rest (drei Titel für zusammen 90 Euro) war bereits verkauft. Weiterhin hilfreich sind Notizen über Vorlieben und Abneigungen, positive und negative Ereignisse.

Die Adressen von Kunden, die entweder nichts kaufen oder mit denen man Ärger hatte, sollten auf keinen Fall gelöscht werden. Zu Zeiten der Karteikarten kamen sie in die «Leichenkartei». Moderne Computerprogramme sind hingegen so aufgebaut, dass man diese Adressen markieren und für den üblichen Katalogversand sperren kann. Sie bleiben aber in der Kundendatei, um bei neuen Anfragen oder Kontakten erkennen zu können, dass es sich um einen «alten Bekannten» handelt.

Der Katalogversand ist mittlerweile sehr kostspielig geworden (Kosten für Herstellung und Versand liegen etwa zwischen 3 und 8 Euro pro Katalog, können bei aufwändigeren Katalogen aber auch weit darüber liegen). Um so wichtiger ist eine sorgfältige Karteipflege, mit der wiederum Geld gespart werden kann. Nimmt man die Adresse zu früh aus der aktuellen Datei, entgehen einem womöglich gute Geschäfte. Schickt man die Kataloge aber trotz negativer Karteiaussagen, wirft man hier regelrecht Geld zum Fenster hinaus. Eine gute Kundenpflege ermöglicht zusätzliche Umsätze, denn je besser man über die Wünsche (Desiderata) und Sammelgebiete seiner Kunden informiert ist, desto effektiver und erfolgreicher können Bücher individuell angeboten werden. Auch kann man Kunden mit sehr eingegrenzten Sammelgebieten aus dem normalen Katalogverteiler herausnehmen und direkt offerieren, was unter Umständen wesentlich günstiger ist. Man spart die hohen Katalogkosten, lenkt die Aufmerksamkeit des Kunden gleich auf die richtigen Titel und erhöht so die Verkaufswahrscheinlichkeit.

Wichtig für eine effiziente Arbeit mit dem Adressenbestand ist die Erfolgskontrolle. Sie informiert auf einen Blick – mit Hilfe der oben genannten Eintragung des Bestellverhaltens – über das Kaufverhalten des Kunden und sollte vor jedem Katalogversand durchgeführt werden, um Nichtkäufer aus dem Verteiler zu nehmen. Die aktuellen Adressen werden dann für den Katalogversand ausgedruckt. An die restlichen kann man zum Beispiel einen Serienbrief schicken um sie zu fragen, ob sie weitere Kataloge wünschen und was sie suchen. Ebenso sollte man Kunden anschreiben, die schon längere Zeit nichts mehr gekauft haben; vielleicht haben sie das Sammeln aufgegeben oder sich auf ein anderes Gebiet verlegt. Es ist wichtig, mit den gerade nicht kaufenden Kunden in Kontakt zu bleiben, um zu erfahren, ob es sinnvoll ist, ihnen noch weitere Kataloge zuzusenden.

11. Der Antiquariatskatalog

1. Systematik

Für Versandantiquariate ist der Katalog die Säule des Geschäfts, für Ladengeschäfte oft eine wichtige Ergänzung und Werbemaßnahme.

Nachdem genügend Titel aufgenommen, d. h. beschrieben sind, kann der Katalog zusammengestellt werden. Dies erfolgt entweder manuell durch Markieren der jeweiligen Beschreibung oder durch Auswahl nach Schlagwörtern oder Teilgebieten aus dem Gesamtbestand. Ordnung und Umfang der Titel sind von verschiedenen Erwägungen abhängig, die weiter unten behandelt werden. Wenn bei der Planung des Katalogumfangs die Gewichtsgrenzen der Post nicht aus dem Auge verloren werden, kann man unter Umständen viel Geld sparen. Schon ein Gramm über einer dieser Gewichtsbegrenzungen führt zu einem unverhältnismäßig höheren Porto. Eine Unterschreitung dagegen bedeutet, dass man einen umfangreicheren Katalog zur gleichen Gebühr hätte verschicken können.

Für die Sortierung bestehen drei Möglichkeiten:

- alphabetisch nach Verfassernamen bzw. Herausgebern oder, bei anonymen Werken, nach Ordnungswort des Titels von A bis Z fortlaufend;
- gemischte Ordnung, d. h. es gibt ein übergeordnetes Alphabet, aber es werden verschiedene Schlagwörter den Namen vorausgestellt;

- systematisch nach Sachgebieten und innerhalb der Gebiete wieder alphabetisch; dies unbedingt mit Inhaltsverzeichnis und möglichst mit lebenden Kolumnentiteln.

Der Vorteil der ersten Möglichkeit liegt, bedingt durch das fortlaufende Alphabet, in der leichten Titelrecherche für Bibliothekare an ihren Bestandskatalogen. Der Nachteil besteht bei umfangreichen bzw. wissenschaftlichen Katalogen darin, dass Kunden mit kleinen Sammelgebieten den kompletten Katalog durchsehen müssen. Ein Sachregister kann diesen Nachteil teilweise ausgleichen. Alphabetische Antiquariatskataloge eignen sich mit entsprechenden Registern gut für Umfänge bis circa 400 Titel aus möglichst wenig Sachgebieten, also zum Beispiel für Kataloge mit schönen und wertvollen Werken oder für Spezialkataloge.

Die zweite Möglichkeit, die gemischte Ordnung, ist die unübersichtlichste und höchstens für Privatkunden geeignet, da einzelne kleine Sammelgebiete bei den Schlagwörtern berücksichtigt werden können. Der Nachteil liegt in der Unübersichtlichkeit, die unter anderem durch das unterbrochene Autorenalphabet oder die fehlenden klar strukturierten Sachgebiete entsteht. Sie werden durch nicht eindeutige Schlagwörter ersetzt, welche die Suche erschweren. So kann zum Beispiel ein Buch unter Luftfahrt, Aeronautik, Flugwesen, vielleicht auch unter Verkehrswesen oder gar unter Technik eingeordnet werden.

Die dritte Methode, systematische Anordnung nach Sachgebieten, dürfte die häufigste sein, da sie die Vorteile der ersten Methode (klare Autorenalphabete innerhalb der Kapitel) mit denen der zweiten (Gliederung des Katalogs durch Sachgebietseinteilung) vereinigt. Sie eignet sich für umfangreiche wissenschaftliche oder für Varia-Kataloge, birgt allerdings die Gefahr, dass Bücher entweder falsch eingeordnet werden oder, falls sie in verschiedene Sachgebiete passen, nur in einem angezeigt und damit im anderen nicht gefunden werden können.

Kunstkataloge werden in erster Linie systematisch nach den Namen der Künstler sortiert, selbst dann, wenn diese an einem Buch nur beteiligt sind.

Wissenschaftliche Kataloge unterteilt man meist in eingegrenzte Untersachgebiete, deren Gliederung anhand systematischer Lehrbücher der jeweiligen Disziplin vorgenommen werden kann. Das Verständnis für diese Fragen gewinnt man zudem durch das Lesen von Katalogen führender wissenschaftlicher Antiquariatsfirmen.

2. Äußere Form

Je nach Inhalt und Zielsetzung ist zu überlegen, ob der Katalog ein- oder zweispaltig sein soll. Bei bibliophilen Katalogen mit umfangreicheren Kommentaren empfiehlt sich der einspaltige Satz. Er wirkt großzügiger, ruhiger und übersichtlicher. Besteht jedoch die überwiegende Zahl der Titel aus kurzen Beschreibungen zumeist ohne Kommentar, ist ein zweispaltiges Layout optisch ansprechender und auch platzsparender.

Gleichgültig, ob die Katalogseite ein- oder zweispaltig ist, eine Schriftgröße von 8 Punkt sollte möglichst nicht unterschritten werden, da nicht Platz- und Kostenersparnis, sondern die Lesbarkeit Priorität besitzt. Was hilft der preiswerteste Katalog, wenn ihn keiner liest, weil die Lektüre die Augen übermäßig anstrengt?

Abbildungen lockern einen Katalog auf und sind Werbung für das entsprechende Werk. Die richtige Abbildung bei einem sonst wenig aussagekräftigen Titel kann unter Umständen einen längeren Kommentar ersparen. Abbildungen sollten in der Nähe der jeweiligen Beschreibung stehen und so beschriftet sein, dass sie eindeutig zugeordnet werden können. Dies gilt auch für Tafelteile, die allerdings möglichst vermieden werden sollten. Bei Schwarzweißabbildungen ist dies durch die mittlerweile meist für den gesamten Katalog verwendete gute Papierqualität leicht möglich.

Es ist ratsam, sich bei der Gestaltung des Umschlags für den ersten Katalog ein Gesamtkonzept zu überlegen. Die einzelnen Kataloge sollen sich zwar voneinander unterscheiden, aber ein Wiedererkennungseffekt ist von Vorteil. Es empfiehlt sich, den Firmennamen und/oder das Logo der Firma zusätzlich auf die Rückseite des Umschlags zu drucken, damit man den Katalog in jeder Lage der entsprechenden Firma zuordnen kann. Die Rückenbeschriftung bei klebegebundenen Katalogen ist zusätzliche Firmenwerbung und erhöht außerdem die Benutzbarkeit. Bei der Auswahl des Papiers ist darauf zu achten, dass möglichst eine matte Sorte verwendet wird, welche die Reflexionen und Spiegelungen reduziert und so erheblich zur besseren Lesbarkeit beiträgt.

Eine genaue Datierung der Kataloge auf Monat und Jahr ist dagegen eine zweischneidige Angelegenheit. Ein Katalog, der bereits einige Monate alt ist, vermittelt den Kunden in unserer schnelllebigen Zeit leicht den Eindruck, «veraltet» zu sein. Dabei ist die Laufzeit eines Katalogangebots bei weitem nicht so kurzfristig, auch verkaufte Titel können eventuell neu beschafft werden.

3. Herstellung

Sind die einzelnen Titelbeschreibungen (Aufnahmen) für einen Katalog selektiert und nach einer der oben genannten Möglichkeiten sortiert, kann über die meisten Antiquariatsprogramme die Satzdatei erstellt werden. Dabei werden automatisch die entsprechenden Steuerzeichen für den Drucker eingefügt.

Anschließend ist der Katalog zum Korrekturlesen auszudrucken, was heutzutage leider immer öfter unterbleibt, da viele den schlechten Eindruck nicht erkennen, den ein offensichtlich nicht Korrektur gelesener Katalog auf die Kunden macht.

Zwei Korrekturgänge sind zunächst zu unterscheiden. Das Korrigieren orthografischer und systematischer Fehler, das in der direkten Beschreibung, d. h. in der Büchermaske durchgeführt werden muss, sowie Änderungen, die ausschließlich für den herzustellenden Katalog relevant sind, zum Beispiel das Ersetzen des Namens durch einen Gedankenstrich bei aufeinanderfolgenden Werken des gleichen Autors ab dem zweiten Titel. Der Computer kann dies zwar in den meisten Fällen, aber nicht bei leicht abweichend geschriebenen oder teilweise abgekürzten Namen (Einstein, Albert; Einstein, A(lbert) und Einstein, A. sind für den Computer drei verschiedene Namen). Bei aufeinanderfolgenden Werken des gleichen Autors in einem Katalog sollte der gleichlautende und sich meist auf den Autor direkt beziehende Kommentar beim zweiten Werk herausgenommen werden.

Die fertiggestellte Satzdatei kann man nun der Druckerei zur weiteren Bearbeitung entweder als Diskette oder als E-Mail-Anhang schicken. Sie erstellt dann den Umbruch. Dieser Weg ist einfach, dafür etwas teurer. Es spart aber Zeit und sieht meist besser aus, da die Druckerei in der Regel bessere Publisher-Programme und mehr Erfahrung besitzt. Man kann das Layout aber auch mit Hilfe eines Publisher-Programms selbst erstellen und die fertige Vorlage der Druckerei schicken. Dieser Weg ist zwar kostengünstiger, kostet aber wesentlich mehr Zeit. Die Aufrechnung von Zeit und Geld hält sich bei beiden Möglichkeiten etwa die Waage.

4. Auflage, Versand und Erfolgskontrolle

Die Auflagenhöhe ist sorgfältig zu bestimmen. Sie richtet sich in der Regel nach der Zahl der vorhandenen Adressen plus der Anzahl an Exemplaren, die man für künftige Anfragen oder zum Auslegen auf Messen und sonstigen Veranstaltungen bereithalten möchte.

Der Katalogversand erfolgt entweder in der eigenen Firma oder wird von der Druckerei erledigt. Meist ist der Versand über die Druckerei die betriebswirtschaftlich günstigere und schnellere Lösung.

Es ist sinnvoll, bei jedem Katalogversand eine Erfolgskontrolle vorzunehmen. Über diese Statistik der verkauften Titel lässt sich die Verkaufsquote sowohl nach Stückzahlen als auch nach Warenwert ermitteln. Sind beide Werte etwa gleich groß, bedeutet dies, dass man aus allen Preisgruppen ungefähr gleich gut verkauft. Um betriebswirtschaftlich lohnend zu arbeiten, sollte aus einem Katalog etwa 20 bis 40 Prozent der Ware verkauft werden. Höhere Verkaufsquoten sind mittlerweile nur in Ausnahmefällen möglich. Sind die Ergebnisse wesentlich schlechter, sollte man sich dringend Gedanken über die Ursachen machen, um entsprechende Konsequenzen für den nächsten Katalog ziehen zu können.

12. Der Warenversand

1. Verpackung

Damit die Sendung unbeschädigt beim Empfänger ankommt, ist die Ware sorgfältig und sicher zu verpacken – beides wirft ein positives Licht auf den Absender. Transportschäden sind ärgerlich und mit zusätzlichem Aufwand verbunden. Finanzielle Einbußen lassen sich zwar durch eine Transportversicherung weitgehend auffangen, doch der Ärger auf beiden Seiten und die Enttäuschung beim Kunden bleiben. Beim Expedieren ist darauf zu achten, dass die richtigen Bücher und bei mehrbändigen Werken auch die richtige Anzahl an Bänden herausgesucht («ausgesetzt») werden. Ein letzter Blick auf die Zustände und eventuell die Beseitigung kleiner Lagerschäden kann die Freude des Käufers beim Auspacken merklich erhöhen.

Empfehlenswert ist die Verwendung von gebrauchtem Verpackungsmaterial; es ist wesentlich billiger als neues und schont die Umwelt.

2. Absicherung von Transportrisiken

Geschäftsbedingungen enthalten meist den Passus, dass der Versand auf Kosten und Gefahr des Empfängers erfolgt. Die Kosten kann man jederzeit an den Kunden weitergeben, besonders bei niedrigpreisigen Büchern. Bei höherpreisigen trägt der Antiquar sie besser selbst. Die Versandrisiken auf den

Empfänger abzuwälzen, lässt sich in der Praxis kaum durchsetzen, ohne den Kunden zu verärgern und vielleicht zu verlieren. Deshalb ist es sinnvoll, die Formulierung zu streichen und das Risiko selbst zu tragen. Dies kann auf verschiedene Arten geschehen.

Erstens: Man trägt den finanziellen Verlust selbst.

Zweitens: Man versendet die Ware als Paket, das zur Zeit bis maximal 511 Euro gegen Verlust und Beschädigung versichert ist und gegen Aufpreis höher versichert werden kann. Dadurch entstehen allerdings für kleine und dünne Bücher unverhältnismäßig hohe Portokosten, durch die man Kunden leicht verärgert.

Drittens bietet sich der Abschluss einer Transportversicherung an. Dies ist sicher und preiswert zugleich, da sich die Gebühr im Bereich von circa 1 Promille des versicherten Warenwertes bewegt. Die Versicherung kann für den gesamten Umsatz pauschal abgeschlossen werden oder nur für bestimmte Teile, zum Beispiel für nicht als Paket verschickte Sendungen oder generell für einzeln aufgelistete Sendungen.

Zu der Frage, ob Paketdienste oder die Deutsche Post für den Versand günstiger sind, lässt sich nur so viel sagen: Die Konditionen sind von der Betriebsgröße abhängig und ändern sich im Wettbewerb häufig. Man muss sorgfältig vergleichen und gut verhandeln. Einige Betreiber von Bücherpools haben mit der Deutschen Post bereits Sonderkonditionen für ihre Mitglieder ausgehandelt. Von dieser Bündelung der Nachfrage profitieren auch kleinere Firmen. Zudem wünschen zahlreiche Privatkunden ausdrücklich eine Lieferung per Post und nicht per Paketdienst. Sie sind meist während des Tages nicht zu Hause und müssten deshalb zu den oft weit entfernt liegenden Abholstellen fahren. Das nächste Postamt oder die nächste Postagentur sind dagegen meist in ihrer Nähe.

Verpackung

Das seit Juli 2000 gültige Fernabsatzgesetz gilt auch für den Antiquariatsbuchhandel und räumt Kunden bei Bestellungen aus Katalogen, Listen und aus dem Internet die Möglichkeit eines vierzehntägigen Widerrufs- bzw. Rückgaberechtes ein. Das Thema wird in Kapitel 14.4. ausführlicher behandelt.

13. Betriebswirtschaft im Antiquariat

1. Unternehmensformen

Die meisten Antiquariate sind zwar dem Bereich «Kleingewerbe» zuzuordnen, dennoch besteht bei der Gründung einer Firma die Möglichkeit, zwischen verschiedenen Unternehmensformen zu wählen. Das deutsche Unternehmensrecht unterscheidet bei Personenunternehmen zwischen Kleingewerbe und kaufmännischem Betrieb (Einzelkaufmann, oHG und KG). Juristische Personen wie die GmbH und die Aktiengesellschaft (AG) sind automatisch kaufmännische Betriebe. Sie müssen ins Handelsregister eingetragen werden, und auf ihre Geschäfte findet das Handelsgesetzbuch (HGB) Anwendung. Kleingewerbe können sich freiwillig eintragen lassen und werden damit zum kaufmännischen Betrieb. Machen sie davon keinen Gebrauch, so ist für sie das Bürgerliche Gesetzbuch (BGB) maßgebend. Ein Kleinbetrieb wird automatisch zum kaufmännischen Betrieb, wenn der Geschäftsbetrieb (gemäß § 1 HGB) nach Art und Umfang eine kaufmännische Einrichtung erfordert. Maßgebende Kriterien sind in erster Linie Umsatz, Zahl der Beschäftigten, Höhe des Betriebsvermögens, Kreditvolumen sowie Zahl der Niederlassungen. Bei einer Umsatzgröße von mehr als 400 000 Euro setzt man voraus, dass der kleingewerbliche Rahmen überschritten ist.

Kleingewerbe können durch eine Gewerbeanmeldung sowohl von einer Einzelperson als auch von einer Gesellschaft bürgerlichen Rechts (GbR) gegründet werden. Ein schriftlicher Gesellschaftsvertrag ist bei der GbR zwar nicht notwendig, aber dringend zu empfehlen. Kleingewerbetreibende haften unbeschränkt mit ihrem gesamten Vermögen.

Bei kaufmännischen Betrieben muss zur Gewerbeanmeldung noch eine Anmeldung für die Eintragung ins Handelsregister erfolgen. Einzelkaufleute haften ebenfalls unbeschränkt mit ihrem gesamten Vermögen. Bei einer offenen Handelsgesellschaft (oHG) haften ebenfalls alle Gesellschafter unbegrenzt. Eine GbR wird, wenn sie die kaufmännische Betriebsgröße erreicht hat, durch Eintragung ins Handelsregister zur oHG. Bei der Kommanditgesellschaft (KG) können die Gesellschafter entweder voll haften (Komplementäre; es ist mindestens einer erforderlich) oder beschränkt mit einem festgelegten und im Handelsregister eingetragenen Betrag (Kommanditisten). Die Gesellschaft mit beschränkter Haftung (GmbH) bietet die Möglichkeit, die Haftung auf das Gesellschaftsvermögen zu beschränken. Bei der Gründung einer GmbH muss ein notarieller Gesellschaftsvertrag geschlossen und ein ins Handelsregister einzutragender Geschäftsführer bestellt werden. Das gesetzliche Mindeststammkapital beträgt 25 000 Euro. Aktiengesellschaften haben ein in Anteile (Aktien) zerlegtes Grundkapital von mindestens 50 000 Euro. Die Haftung ist auf das Gesellschaftsvermögen beschränkt. Da die AG im Antiquariat keine Rolle spielt, wird auf sie nicht weiter eingegangen.

Jeder Gewerbetreibende und damit auch der Antiquar ist Kaufmann und damit zur ordnungsgemäßen Buchführung verpflichtet (gemäß § 1 und 238 Abs. 1 HGB). Das bedeutet, dass er eine zeitlich und sachlich geordnete lückenlose Aufzeichnung aller erfolgs- und vermögenswirksamen Geschäftsvorgänge zu erstellen hat.

a) Kleingewerbe

Für den Kleingewerbetreibenden genügt die Einnahmenüberschussrechnung, sofern er nicht durch einen freiwilligen Eintrag im Handelsregister zu einem kaufmännischen Betrieb wird. Die Einnahmenüberschussrechnung ist eine reine Bestandsverrechnung, welche die Kosten und Erlöse in chronologischer Reihenfolge festhält. Die Buchungen bestehen lediglich aus Last- oder Gutschriften. Der Erfolg wird durch Saldierung am Anfang und Ende eines Geschäftsjahrs ermittelt, ohne Berücksichtigung der einzelnen Komponenten. Ihr Vorteil ist zum einen die wesentlich einfachere Handhabung gegenüber der Bilanzierung und zum anderen, dass die Kosten für die erworbene Ware sofort steuerlich geltend gemacht werden können und nicht, wie bei Anlagegütern, bei einem Einkaufswert von über 400 Euro (Pkw, Büromöbel und sonstige Einrichtungsgegenstände, Computer etc.) abgeschrieben werden müssen.

b) Kaufmännische Betriebe

Kaufmännische Betriebe sind zur wesentlich aufwändigeren und komplizierteren doppelten Buchführung und zur Erstellung eines Jahresabschlusses bzw. einer Steuerbilanz verpflichtet. Nach § 242 HGB hat jeder Kaufmann zu Beginn seines Handelsgewerbes und zum Schluss eines jeden Geschäftsjahres eine Bilanz sowie eine Gewinn- und Verlustrechnung aufzustellen, die gemeinsam den Jahresabschluss bilden. Um eine Handels- bzw. Steuerbilanz zu erstellen, ist gemäß § 240 HGB ein Inventar (Vermögensverzeichnis) anzufertigen, in dem alle Vermögenswerte und Schulden aufgeführt sind. Soweit es das Vorratsvermögen (d.h. den Lagerbestand) betrifft, wird das Inventar durch eine körperliche Bestandsaufnahme (Inventur) erstellt. Zur Inventur enthält das «Merkblatt für die körperliche Aufnahme der Lagerbestände im Sortimentsbuchhandel und ihre Bewertung ...» der Oberfinanzdirektion Frankfurt am Main vom 20. Januar 1983 wichtige Hinweise. Die Inventarlisten müssen vollständig, richtig und nachprüfbar sein, dazu haben sie jeweils Titel und Verfasser (auch in Kurzform), gegebenenfalls Lagernummer, Stückzahl, Einkaufspreis und -jahr zu enthalten.

2. Inventur

Die Bewertung der Lagerbestände im Antiquariat erfolgt (gemäß § 253 Abs. 1 in Verbindung mit § 255 Abs. 1 – 3 HGB und § 6 Abs. 1 Nr. 2 EStG) in der Handels- und in der Steuerbilanz mit den Anschaffungskosten. Dabei sind Anschaffungskosten (nach § 255 Abs. 1 HGB und nach H 32 a EStR) die Aufwendungen, die geleistet werden, um einen Gegenstand zu erwerben und ihn in einen betriebsbereiten Zustand zu versetzen, soweit sie dem Gegenstand einzeln zugeordnet werden können. Dazu zählen auch Nebenkosten, zum Beispiel Versandkosten. Nicht direkt zurechenbare Kosten, etwa Personalkosten, werden nicht in der Bilanz erfasst, sie mindern als Gemeinkosten den Gewinn sofort.

a) Allgemeine Bewertungsgrundsätze

Nach dem Grundsatz der Einzelbewertung (gemäß § 252 Abs. 1 Nr. 3 HGB) sind die Lagerbestände, wie alle Vermögensgegenstände und Schulden, zum Abschlussstichtag einzeln zu bewerten. Davon darf nur in begründeten Fällen abgewichen werden (§ 252 Abs. 2 HGB). Dies ist insbesondere dann der Fall, wenn die individuelle Wertermittlung unmöglich oder nur mit einem unvertretbaren Aufwand (an Zeit bzw. Kosten) möglich ist. Dies trifft besonders auf geringwertige und schwer feststellbare Bestände zu. Darüber hinaus können (nach § 240 Abs. 4 HGB) gleichartige Gegenstände zu einer Gruppe zusammengefasst und mit einem Durchschnittswert angesetzt werden.

Nach dem Grundsatz der Vorsicht und dem daraus abgeleiteten Niederstwertprinzip (gemäß § 253 Abs. 3 HGB bzw. § 6 Abs. 1 Nr. 2 Satz 2 EStG) dürfen die Warenbestände höchstens mit den Anschaffungskosten angesetzt werden. Sind diese höher als der Marktpreis am Bilanzstichtag, so ist der Marktpreis anzusetzen. In der Handelsbilanz müssen deshalb Abschreibungen vorgenommen und in der Steuerbilanz kann der Teilwert (d. h. der Betrag, den ein Erwerber des ganzen Betriebs im Rahmen des Gesamtkaufpreises für die einzelne Ware bezahlen würde) angesetzt werden.

*b) Bewertung von Buchbeständen
mit langer Lagerdauer*

Bei umfangreichen Lagerbeständen ist es oft nicht möglich, den Zustand und die Verkäuflichkeit eines jeden Gegenstands einzeln festzustellen und bei der Bewertung zu berücksichtigen. Daher ist es üblich und grundsätzlich steuerlich anerkannt, pauschale Abschläge auf die Anschaffungskosten vorzunehmen (Gängigkeitsabschreibung). Die Höhe der Abschreibung orientiert sich am Grad der Verkäuflichkeit, für welche die Lagerumschlagsgeschwindigkeit (Jahresumsatz dividiert durch Lagerwert) ein Maßstab ist. In einem Schreiben des Hessischen Finanzministeriums an den Börsenverein des Deutschen Buchhandels e.V. vom 11. Oktober 1978 heißt es:

«... dass Wertminderungen auch dann steuerlich anerkannt werden können, wenn die Verkaufspreise trotz längerer Lagerdauer nicht herabgesetzt werden, die Verkaufsmöglichkeiten aber mit zunehmender Lagerdauer sinken. Sie waren allerdings übereinstimmend der Meinung, dass allgemeine Regeln für die Anerkennung der Wertminderung nicht aufgestellt werden können ...»

c) Bewertungsmethoden

Ausgehend hiervon bestehen grundsätzlich zwei Möglichkeiten für die Bewertung der Warenbestände im Antiquariat. Zum einen können prozentuale Abschläge von den Einkaufspreisen in Anlehnung an die für alle Unternehmen zugelassene Gängigkeitsabschreibung vorgenommen werden. Zum anderen müssen hochwertige Warenbestände einzeln bewertet werden, entsprechend dem Sortimenter-Merkblatt Ziffer B II:

> «Die Bewertung mit dem einheitlichen Pauschalabschlagsatz oder mit nach Einkaufsjahren gestaffelten pauschalen Abschlagssätzen gilt nicht für Werke mit Altertums- oder Liebhaberwert, wie Erstdrucke (Inkunabeln), Kupferstiche, Holzschnitte und ähnliches. Diese Bestände sind stets mit den Anschaffungskosten oder dem niedrigeren Teilwert zu bewerten (Einzelbewertung).»

Da sich diese Einschränkung explizit nur auf Werke mit Altertums- oder Liebhaberwert bezieht, bedeutet dies im Umkehrschluss, dass für Waren des wissenschaftlichen Antiquariats, sofern es sich nicht um Erstdrucke handelt, die Gängigkeitsabschreibung zulässig ist. Es empfiehlt sich daher eine Kombination aus beiden, Waren mit einem Einkaufspreis bis zu einer bestimmten Höhe, die mit dem jeweiligen Finanzamt abzustimmen ist (sie kann in der Größenordnung von 300 bis 600 Euro liegen), dürfen aus Vereinfachungsgründen einer schematischen Gängigkeitsabschreibung unterzogen werden. Hochwertige antiquarische Titel mit einem Einkaufspreis über dieser Grenze müssen einzeln bewertet werden.

d) Einzelbewertung

Die Finanzbehörden gehen im Antiquariat grundsätzlich nicht von einem degressiven Verlauf der Absatzzahlen in Abhängigkeit zur Lagerdauer aus. Damit bleibt für sie die Verkäuflichkeit der Ware, im Gegensatz zum Sortiment, erhalten und eine niedrigere Bewertung ist nur im Einzelfall aufgrund des Niederstwertprinzips möglich. Bei der Höhe der Einzelabschreibung hat der Antiquar einen Ermessensspielraum, der von individuellen Gründen und betrieblichen Bedingungen abhängt. Sie ist auch für die Finanzbehörden maßgebend, sofern sie auf objektiv nachprüfbaren Verhältnissen des Unternehmens basiert.

e) Pauschale Abschlagsätze

Für antiquarische Bestände mit einem Einkaufspreis unterhalb des Grenzwerts darf die Bewertung (gemäß Sortimenter-Merkblatt Ziffer B I) mit einem pauschalen Abschlagsatz oder nach Anschaffungsjahren gestaffelten Abschlagsätzen erfolgen. Ein Wechsel zwischen beiden Verfahren ist zulässig, sofern er nicht willkürlich vorgenommen wird.

Bei der Bewertung mit einem einheitlichen Pauschalabschlagsatz (ohne Berücksichtigung des Anschaffungsjahrs) müssen alle zu bewertenden Bestände mit ihrem vollen Einkaufspreis aufgenommen werden. Der Pauschalabschlagsatz kann dann in der Größenordnung von 60 Prozent liegen. Bei der Bewertung mit nach Anschaffungsjahren gestaffelten Pauschalabschlagsätzen werden die Bestände nach Einkaufsjahren getrennt aufgenommen. Die Abschlagsätze müssen mit den jeweiligen Finanzbehörden vereinbart werden. Sie können zum Beispiel 20 oder 25 Prozent jährlich betragen oder auch gestaffelt sein von 50 Prozent im letzten Geschäftsjahr über 70 Prozent im vorletzten, 90 Prozent im vorvorletzten bis hin zum Makulaturwert für noch ältere Ware.

Es sei zum Schluss angemerkt, dass diese Ausführungen nur einen Überblick geben. Es ist daher hilfreich, Kollegen nach ihren Erfahrungen zu fragen. Der sicherste Weg ist allerdings, sich von einem versierten Steuerberater beraten zu lassen oder ihm die Buchführung und die Verhandlungen mit den jeweiligen Finanzbehörden zu übertragen.

14. Recht

1. Grundsätze

Die Gesetze, denen ein in Deutschland tätiger Antiquar unterliegt, sind das Bürgerliche Gesetzbuch (BGB), das Handelsgesetzbuch (HGB) und die Gewerbeordnung (GewO). Darüber hinaus sind die Buchhändlerische Verkehrsordnung (VeO) des Börsenvereins des Deutschen Buchhandels e.V. und die Satzung der ILAB von Bedeutung.

Die allgemeine Grundlage für Geschäfte des Antiquars, insbesondere mit Privatkunden, bildet das BGB. Geschäfte unter Kaufleuten regelt das HGB. Gemäß § 1 Abs. 1 ist der Antiquar Kaufmann kraft seiner Betätigung. Kaufmann im Sinn dieses Gesetzbuchs ist, wer ein Handelsgewerbe betreibt. Gemäß § 1 Abs. 2 gilt dies auch für das Antiquariat. Hier heißt es: Als Handelsgewerbe gelten unter anderem die sonstigen Geschäfte des Buch- und Kunsthandels.

Die Buchhändlerische Verkehrsordnung enthält Regeln, die im Verkehr des herstellenden und verbreitenden Buchhandels untereinander gelten sollen, sie kann über den «Börsenverein des Deutschen Buchhandels e.V.» angefordert werden. Wichtig ist außerdem das 1970 von der «International League of Antiquarian Booksellers» (ILAB) aufgestellte «Compendium of Usages and Customs». Es regelt für die Mitglieder der ILAB die Handelsgebräuche im internationalen Geschäftsverkehr. Die deutsche Übersetzung dieser mittlerweile antiquiert wirkenden und teilweise überholten Empfehlungen ist als Anhang zur Satzung des «Verbands Deutscher Antiquare e.V.»

erschienen und kann über dessen Geschäftsstelle bezogen werden.

2. Allgemeine Geschäftsbedingungen (AGB)

Allgemeine Geschäftsbedingungen (AGB), von einzelnen Firmen einseitig aufgestellt, regeln Rechtsbeziehungen der Geschäftspartner und vereinfachen so den Geschäftsverkehr, jedoch gewöhnlich zugunsten der verfassenden Firma. Sie gelten als vorformulierte Vertragsbedingungen und müssen wahrnehmbar, lesbar und verständlich sein. Die AGB sind nicht automatisch in den Vertrag einbezogen. Erst durch eine Einbeziehungsvereinbarung werden sie Bestandteil des Vertrags. Dabei muss vor Vertragsabschluss ausdrücklich auf sie hingewiesen werden (d.h. ein Hinweis auf Rechnung, Quittung, Lieferschein oder Auftragsbestätigung erfolgt zu spät) und der Vertragspartner muss in zumutbarer Weise von ihrem Inhalt Kenntnis nehmen können. Im grenzüberschreitenden Geschäftsverkehr ist darauf zu achten, dass der Hinweis auf die AGB und deren Text in einer Weltsprache (zum Beispiel Deutsch, Englisch oder Französisch) abgefasst ist. Schließlich muss der Kunde noch mit den AGB einverstanden sein. Verwenden beide Vertragspartner AGB, gelten nur die übereinstimmenden Klauseln, ansonsten gilt die entsprechende gesetzliche Regelung. Es ist darauf zu achten, dass einzelne Klauseln Vertragspartner nicht unangemessen benachteiligen, da sonst die gesamten AGB unwirksam sind.

3. Kaufvertrag

In der Regel wird der Vertrag zwischen zwei Parteien über den Kauf bzw. Verkauf eines oder mehrerer Gegenstände abgeschlossen und sollte bei hohen Summen die nachfolgenden Punkte enthalten: Liefertermin und -bedingungen, Preisvereinbarung, Zahlungsbedingungen, Gewährleistung, Eigentumsvorbehalt (die gelieferte Ware bleibt bis zur vollständigen Bezahlung Eigentum des Verkäufers), Erfüllungsort, Gerichtsstand (nur gültig zwischen im Handelsregister eingetragenen Gewerbetreibenden; bei Privatpersonen oder nicht im Handelsregister eingetragenen Personen ist automatisch deren Wohnort bzw. Geschäftssitz der Gerichtsstand), salvatorische Klausel (d. h. falls eine oder mehrere Bestimmungen des Vertrags unwirksam sind, wird dadurch die Gültigkeit der übrigen Bestimmungen nicht berührt) und Schriftformklausel (d. h. mündliche Nebenabreden bestehen nicht; Änderungen oder Ergänzungen haben schriftlich zu erfolgen).

Ein Kaufvertrag kann mündlich geschlossen werden, wenngleich in einem solchen Fall bei Streitigkeiten die Beweislage schwieriger ist.

Für das Internet gilt, dass das Angebot regelmäßig vom Kunden ausgeht, nicht vom Verkäufer. Die auf den jeweiligen Webseiten beschriebene Ware stellt lediglich eine Präsentation dar. Die verbindliche Bestellung durch den Kunden wird durch den Anbieter bestätigt (meist per E-Mail) und erst dadurch kommt ein rechtsverbindlicher Vertrag zustande.

4. Fernabsatzgesetz

Für den Versandhandel und damit für den Handel über das Internet ist das am 1. Juli 2000 in Kraft getretene deutsche Fernabsatzgesetz besonders wichtig. Es gewährt jeder in der EU ansässigen natürlichen Person, die in ihrer nicht gewerblichen oder beruflichen Tätigkeit über eine auf Fernkommunikation gestützte Vertriebsform Waren bestellt (Kaufverträge, die über Brief, Telefon, Fax und E-Mail abgeschlossen werden), ein vierzehntägiges Rückgabe- oder Widerrufsrecht. Dazu muss der Verbraucher deutlich sichtbar über folgende Dinge informiert werden:

- Anschrift des Unternehmens
- wesentliche Merkmale der Ware
- Mindestlaufzeit von Verträgen bei wiederkehrendem Bezug
- Hinweis, wann der Vertrag zustande kommt
- Preis einschließlich Steuern und sonstiger Preisbestandteile (zum Beispiel Versandkosten)
- Einzelheiten hinsichtlich Zahlung und Lieferung (Kontonummer, Vorkasse, Nachnahme)
- deutlich sichtbare Belehrung über das Widerrufs- bzw. Rückgaberecht

Der letzte Punkt ist das Kernstück der neuen Verbraucherschutzvorschrift. Der Verbraucher hat grundsätzlich ein vierzehntägiges Widerrufsrecht, welches er ohne Angabe einer Begründung in Anspruch nehmen kann. Dazu kann er entweder seinen Widerspruch schriftlich auf einem dauerhaften Datenträger formulieren oder einfach die Ware zurückschicken. Die Frist beginnt mit dem Eingang der Lieferung beim Kunden und ist gewahrt bei rechtzeitiger Absendung. Bei Nutzung des Widerrufsrechts können die Rücksendekosten für Kleinaufträge (Warenwert bis 40 Euro) dem Kunden auferlegt werden.

Das Rückgaberecht muss ausdrücklich vereinbart werden, um dadurch das Widerrufsrecht zu ersetzen. Es wird ausschließlich durch die Rücksendung der Ware ausgeübt, deren Kosten und Gefahr – auch bei Kleinaufträgen – der Antiquar trägt.

Dieser ist auch verpflichtet, den Käufer über die geschilderten Punkte umfassend und spätestens bei Warenlieferung auf einem dauerhaften Datenträger zu informieren. Bei Nichterfüllung dieser Informationspflicht kann der Kunde vier Monate lang widerrufen.

Ein hervorragender kommentierender Artikel zum Fernabsatzgesetz aus der Feder von Cornelia Pabst ist im «Börsenblatt für den Deutschen Buchhandel» Nr. 49 vom 20. Juni 2000 veröffentlicht worden. Abschließend sei noch bemerkt, dass die durch das Fernabsatzgesetz von einigen befürchteten gravierenden Veränderungen weitgehend ausgeblieben sind.

15. Die Handelsgegenstände und ihre Bearbeitung

1. Die Vollständigkeitsprüfung

Ein wesentlicher Punkt bei der Bearbeitung antiquarischer Bücher ist das Feststellen des Umfangs und die damit verbundene Prüfung auf Vollständigkeit (das so genannte Kollationieren). Aus wirtschaftlichen Gründen ist es zwar nicht möglich, stets alle Bücher gründlich zu überprüfen, doch auch bei den Titeln der unteren Preisgruppen ist es notwendig, sich zumindest Anfang und Ende anzusehen, die Seiten durchzublättern und einen Blick auf die Gleichmäßigkeit des oberen Schnittes zu werfen, um grobe Mängel (z. B. Flecken, Einrisse, Löcher, Anstreichungen) oder fehlende Seiten bzw. Tafeln zu erkennen.

Bei wertvolleren Werken ist allerdings eine gründliche Überprüfung unabdingbar. Hier muss Seite für Seite und Tafel für Tafel gezählt (kollationiert) werden, um den Erhaltungszustand und die Vollständigkeit eindeutig festzustellen. Ein Kunde, der hunderte oder tausende Euro für ein Werk ausgibt, kann vom Händler eine klare Auskunft erwarten. Dies ist einer der Punkte, an denen erfahrene und seriöse Antiquare ihre Kompetenz beweisen können.

Beim Kollationieren stellt man zuerst den «Ist-Zustand» durch Erfassen aller Blätter, Seiten und Beigaben (ohne die fliegenden Blätter des Vorsatzes) sowie aller Illustrationen (einschließlich der Illustrationstechnik) fest. Diesen vergleicht man dann mit dem «Soll-Zustand», den man aus Angaben im Buch, aus geeigneten Bibliographien oder durch Vergleichsexemplare gewinnt. In den meisten Fällen ist damit eine klare Aussage über die Vollständigkeit des geprüften Werkes möglich.

a) Kollation nach Bogen oder Lagen

Die ersten Blätter der beim Falzen eines Druckbogens sich ergebenden Lagen tragen meist in der rechten unteren Ecke eine aus verschiedenen Zeichen (meist aber Buchstaben aus dem «Buchdruckeralphabet» d. h. ohne j, v und w) bestehende Bogensignatur, die dem Buchbinder das Zusammentragen der Lagen erleichtert. Bei Umfängen von mehr als 23 Bogen beginnt dabei das Alphabet von neuem. Springt nun die Paginierung und stimmt die Blattzahl der Lage an dieser Stelle nicht, so fehlen mit großer Wahrscheinlichkeit ein oder mehrere Blätter. Bei alten Drucken und Inkunabeln kommen allerdings oft auch verschieden starke Lagen vor, welche die Kollation erschweren.

b) Kollation nach Kustoden

Die Kustoden am Schluss einer Seite enthalten die ersten Buchstaben der darauf folgenden Seite. Tun sie dies nicht, ist besonders bei gleichzeitig springender Paginierung die Wahrscheinlichkeit groß, dass ein oder mehrere Blätter fehlen.

Hie und da ergibt sich aber ein völliges Durcheinander. In solchen Fällen begnügt man sich mit der einfachen Angabe des tatsächlich Vorhandenen, z. B. in der Form: 200 (durchgehend fehlerhaft) num. Bll. Eine Überprüfung der Vollständigkeit nach bestem Wissen und Gewissen ist selbstverständlich unabdingbar.

c) Zeitschriften

Zeitschriften sollten eingehend kollationiert werden, da bei ihnen des öfteren ganze Seiten und Artikel oder einzelne Abbildungen herausgetrennt und leider unvollständige Jahrgänge gebunden wurden. Unterbleibt die eingehende Kollation, sollte zumindest bei einer Überprüfung auf die Vollständigkeit der Hefte und die oben beschriebenen möglichen Mängel geachtet werden. Das gilt ebenso für Verkaufskataloge und Prospekte. Auch hier wurden häufig Abbildungen und ganze Seiten herausgetrennt, so dass sie immer sorgfältig überprüft werden sollten.

d) Illustrationen und Beigaben

Die Vollständigkeit von Textillustrationen resultiert aus der Vollständigkeit des Textes, so dass sie nicht zusätzlich überprüft werden müssen. Ist ihre Anzahl aus dem Titel bzw. aus dem Text ersichtlich, so wird sie angegeben. Nur bei sehr alten bzw. wertvollen Werken, bei bekannten Künstlern oder bei Kinderbüchern werden sie extra gezählt. Buchbeigaben sind auf Grund vorheriger Vollständigkeitsprüfung der Zahl nach genau anzugeben (weitere Einzelheiten in Kapitel 15.2.).

2. Aufnahmetechnik für Bücher nach 1500

Die zeitliche Grenze von 1501 wird hier gewählt, weil die Druckwerke des 15. Jahrhunderts, auch als Inkunabeln oder «Wiegendrucke» bezeichnet, deutlich von denen der folgenden Jahrhunderte abweichen und deshalb im Kapitel 15.3 Sonderformen der Aufnahmetechnik separat beschrieben werden.

Das Bearbeiten der Bücher, Graphiken und sonstigen Handelsgegenstände beansprucht im Antiquariat den meisten Zeitaufwand. Eine Übersicht über den Lagerbestand erhält man nur, wenn jedes Objekt beschrieben oder aufgenommen ist. Für die Aufnahmetechnik existieren im Antiquariatsbuchhandel keine einheitlichen Vorschriften. Fast jede Firma hat Eigenheiten bei der Reihenfolge der Beschreibung und bei den Abkürzungen. Gelegentlich existieren dazu auch betriebsinterne schriftliche Anleitungen.

Früher gingen Form und Anlage der Titelaufnahme zurück auf die «Instruktionen für die alphabetischen Kataloge der Preußischen Bibliotheken», 2. Ausg. in der Fassung vom 10. August 1908. Unveränderter Nachdruck. Wiesbaden 1970. Die Aufnahme orientiert sich am Buch und versucht das Titelblatt abzubilden. Eintragungen finden unter Personennamen und Sachtiteln statt, bei letzteren in grammatikalischer Wortfolge. Die Sortierung erfolgt nach dem Ordnungswort. Werke, die von einer Körperschaft (z. B. Vereinen, Firmen und Gesellschaften) herausgegeben oder in Auftrag gegeben wurden, werden unter dem Titel aufgenommen. Die mechanische Ordnung bei Werken eines Verfassers ist jeweils in alphabetischer Folge: a) Gesammelte Werke; b) Auswahlwerke; c) Briefe; d) Einzelwerke.

Heute werden die Titelaufnahmen beeinflusst von den «Regeln für die alphabetische Katalogisierung (RAK)». Verein Dt. Bibliothekare. Kommission für alphabetische Katalogisierung. 2., überarb. Aufl. Berlin: Deutsches Bibliotheksinstitut, 1998. Diese Aufnahme ist formalistischer und muss computerlesbar sein. Eintragungen finden unter Personen- und Körperschaftsnamen sowie unter dem Sachtitel statt. Werke, die von Körperschaften herausgegeben oder in Auftrag gegeben wurden, werden unter diesen aufgenommen, falls es sich um einen allgemeinen Titel wie z. B. «Schriften ...» oder «Jahrbuch ...» handelt oder die Körperschaft auf dem Titelblatt erwähnt wird. Andernfalls sind sie unter dem Sachtitel aufzunehmen, bei dem das erste Wort nach dem Artikel Ordnungswort wird. Die mechanische Ordnung bei mehreren Werken eines Verfassers verlangt, dass alle Werke lediglich alphabetisch sortiert werden.

Die RAK bilden in diesem Kapitel die Grundlage, jedoch unter Berücksichtigung der Erfordernisse des Antiquariats. Zweifellos wäre es nützlich, einheitliche und allgemein anerkannte Richtlinien für die Titelaufnahmen im Antiquariatsbuchhandel zu schaffen, und zwar unter Einbeziehung der Bibliotheken und des Sortimentsbuchhandels. Damit wäre nicht nur ein wesentlich leichterer Datenaustausch innerhalb der Branche möglich, sondern auch die Übernahme von Daten aus dem «Verzeichnis Lieferbarer Bücher» (VLB) und der automatische Abgleich von antiquarischen Beständen mit denen von Bibliotheken. Doch solche Richtlinien werden wahrscheinlich noch lange Wunschdenken bleiben, da sie organisatorisch schwer umzusetzen sind.

Die Grundlage für die Titelaufnahme bilden stets die Bücher selbst. Es gilt das Prinzip der «Autopsie» («das Sehen mit eigenen Augen»). So genannte Blindaufnahmen, also Aufnahmen, die ohne Vorlage und Prüfung des betreffenden Buches verfasst werden, bergen Gefahren in sich. Zustandsmängel am zu beschreibenden Objekt können nicht erkannt werden und Fehler in den übernommenen Aufnahmen sind nur schwer nachzuprüfen und zu beseitigen.

Die Titelaufnahme erfolgt heute fast ausnahmslos mit dem Computer. Das folgende Beispiel veranschaulicht den prinzipiellen Aufbau der Maske für die Titelaufnahme:

Boerhaave, Hermann. Methodus studii medici. Emaculata & accessionibus locupletata ab Alb. ab Haller. 2 Tle. in 1 Bd. Amsterdam. Wetstein. 1751, 4°. 9 Bll. 572 S., 2 Bll., SS. 573– 1118, 3 Bll. Mit Frontispiz von I. Wandelaar nach F. van Mieris. und 3 gef. Kupfertafeln. Pgt. der Zeit. 900,–

Erste Ausgabe von Hallers Bearbeitung des «Methodus» (erstmals 1726 erschienen). – Vortitel leicht wasserfleckig. Durchweg etwas gebräunt. Einband leicht fleckig. – Garrison/M. 6744 («best edition»); Osler 1116; Wellcome II, 190; Lindeboom 98.

Sachgebiete: Medizin, 18. Jahrhundert
Standort: Besucherzimmer
Lagernummer: 57832
Einkaufsjahr: 1998
Einkaufpreis: 550, –
Interner Kommentar: Bereits in den Katalogen 63, 72, angeboten auch in Katalog Messe Köln 1994
Auktionsergebnis 93: 520,– 97: 730, –

Das Beispiel zeigt, dass der Titelaufnahme im Antiquariat, abgesehen von später zu besprechenden Sonderformen, eine Dreiteilung zugrunde liegt, die teils für den Katalogtext und damit für den Bücherkäufer bestimmt ist, teils nur für den eigenen Gebrauch.

a) DIE BIBLIOGRAPHISCHE AUFNAHME

1. Stichwort (falls notwendig)
2. Name des Verfassers
3. Vorname(n)
4. Titel der Druckschrift
5. Herausgeber
6. Auflage
7. Bandzahl (falls mehrbändig)
8. Erscheinungsort
9. Verlag
10. Erscheinungsjahr
11. Format
12. Umfang (Kollation); Angabe entfällt bei Werken mit mehr als zwei Bänden
13. Beilagen und Illustrationen
14. Einband
15. Reihentitel bzw. Angabe des Sonderdrucks
16. Verkaufspreis

b) ANMERKUNGEN UND ERLÄUTERUNGEN

– Angaben zur vorliegenden Ausgabe und zur literarischen oder wissenschaftlichen Bedeutung des Buches

- Zustandsbeschreibung; kann eventuell für den Einband bereits nach Punkt 14 in Teil a) angegeben werden
- Angaben von Bibliographien, die das bearbeitete Buch nachweisen (Referenz) bzw. von Textstellen mit Angaben über den Verfasser oder über das Werk

c) BETRIEBSINTERNE ANGABEN
- Sachgebietsangaben bzw. Schlagworte
- Lagernummer und Standort
- Einkaufspreis und -jahr
- interner Kommentar

Es folgen nun die Erläuterungen zu den einzelnen Punkten einer Aufnahme nach dem eben vorgestellten dreiteiligen Schema.

a) Die bibliographische Aufnahme

1. Stichwort Es steht zwar am Anfang, wird aber in den seltensten Fällen gleich zu Beginn der Titelaufnahme vergeben. Das Stichwort ist stets Ordnungswort. Es kommt bei der alphabetischen Sortierung noch vor Autor und Titel und ermöglicht es so, dass bestimmte Untergruppen von Büchern (wie z. B. Ornithologie innerhalb der Biologie oder Glas innerhalb des Kunstgewerbes) im Katalog zusammen aufgelistet werden können. Moderne Computerprogramme sind jederzeit in der Lage, Stichwörter auch zu unterdrücken. Ein Stichwort ist dann angebracht, wenn der Aufnahme des zum Verkauf stehenden Werkes eine erhöhte Werbewirkung verliehen werden soll oder der Inhalt eine solche Maßnahme unbedingt erfordert [z. B. Goethe – Schmid, G. Goethe und die Naturwissenschaften; – Boyle – Fulton, J. F. A Bibliography of the Honorable Robert Boyle; – Kostüme – Kretschmer, A. Deutsche Volkstrachten; – Pferde – Fugger, M. Von der Gestüterey; – Studentica – Kindleben, G. W. Studentenlexicon].

Bei der Vergabe von Stichwörtern ist zu beachten, dass damit Bibliothekaren die Überprüfung der angebotenen Titel an ihren Bestandskatalogen deutlich erschwert wird. Die Stichwörter unterbrechen das durchgehende Autorenalphabet.

2. Name des Verfassers (Familienname) Der Familienname des Verfassers leitet die eigentliche Titelaufnahme ein. Er wird stets im Nominativ (Nennform) der heute gültigen Form geschrieben.
[*Galenus*, nicht Galeni; – *Shakespeare*, nicht Shakespere oder Shakspeare]. Der Verfassername oder, falls nicht angegeben bzw. zu ermitteln, das erste Wort des Sachtitels nach dem Artikel bildet das Ordnungswort für die alphabetische oder systematische Sortierung.

Bei altrömischen Autoren wird der gebräuchlichere Name Ordnungswort [Q. *Horatius* Flaccus, – M. Tullius *Cicero*]; schwankt der Gebrauch zwischen zwei Namen, so gilt der erste als Ordnungswort [*Martianus* Capella]. Die alte lateinische Namensform ist auch dann maßgebend, wenn der Name den Abwandlungen anderer Sprachen unterliegt [*Horatius*, nicht Horaz, Horace, Orazio usw.].

Altgriechische Namen sind (abweichend von RAK, die sie in latinisierter Form angeben) in der allgemein üblichen altgriechischen Form anzusetzen [*Aischylos*, nicht Aeschylus, Eschyle, Eschilo usw.]. Bei byzantinischen Schriftstellern wird der persönliche (Tauf-)Name Ordnungswort [*Johannes* Chrysostomus (in Antiquariatskatalogen aber noch häufig unter Chrysostomus zu finden); – *Anna* Comnena].

Hilfreich für die Wahl der richtigen Schreibweise antiker Autoren sind das Tusculum-Lexikon und der «Kleine Pauly» (siehe Kapitel 16.3.).

Mittelalterliche Autoren werden ebenfalls unter ihrem Vornamen aufgenommen und zwar in der Sprache, in der sie überwiegend veröffentlicht haben oder in der Sprache des

Landes, in dem sie überwiegend lebten [*Thomas* Aquinus – *Heinrich* von Veldeke – *Walther* von der Vogelweide]. Haben Verfasser der Übergangszeit bereits einen Familiennamen, obgleich sie vorzugsweise unter ihren Vornamen bekannt sind, so wird dieser Ordnungswort [*Dante* Alighieri]. Bestehen Zweifel, ob der Zusatz zum persönlichen Namen bereits Familienname ist, so entscheidet der vorherrschende Gebrauch [*Heinrich* von Laufenberg, aber Oswald von *Wolkenstein*].

Der mittelalterliche Brauch, den Vornamen die größere Bedeutung beizumessen, hat sich bei Heiligen, Päpsten, Bischöfen, Ordensgeistlichen, regierenden Fürsten und Mitgliedern regierender Häuser bis heute erhalten. Ordnungswort wird also der Taufname oder der beim Antritt der Würde gewählte Vorname [*Gregor XVI.*, nicht Mauro Capellari; – *Wilhelm I.*, nicht Wilhelm von Hohenzollern]. Das gilt auch, falls die Betreffenden vor Antritt der Würde unter ihrem ursprünglichen Namen geschrieben haben [Aeneas Sylvius unter *Pius II.*, eventuell mit Verweis auf den alten Namen]. Bischöfe und Ordensgeistliche der Neuzeit werden jedoch unter ihrem Familiennamen aufgenommen, falls sie unter diesem ihre Schriften veröffentlichen.

Die Beifügung «S» für Sanctus, Saint, Sankt usw. bei Heiligennamen bleibt unberücksichtigt [*Augustinus – Irenäus – Benedictus*].

Die Schriftsteller der Renaissance haben ihren nationalen Namen häufig in eine der klassischen Sprachen übersetzt bzw. einen lateinischen oder griechischen Namen angenommen, der dann zum Ordnungswort wird. Ist ein Autor auch unter seinem eigentlichen Namen bekannt, wird darauf verwiesen [*Agricola* = Bauer; *Melanchthon* = griech. für Schwarzert; aber *Bugenhagen* mit Verweis auf Pomeranus].

Bei älteren Schriftstellern wird die fremde, häufig lateinische Umwandlung des Namens Ordnungswort [*Grotius*, nicht de Groot; – *Gruterus*, nicht Gruytère; – *Stephanus*, nicht

Estienne]. Dagegen werden moderne Namen, die einer fremden Sprache nachgebildet sind, in ursprünglicher Form Ordnungswort [*Bentley*, nicht Bentleius; – *Ritschel*, nicht Ritschelius].

Bei Verfassern der Neuzeit ist der Familienname Ordnungswort.

Bei deutschsprachigen, niederländischen und flämischen Namen werden die Präfixe (Präpositionen, Artikel und Verschmelzungen aus beiden) im Allgemeinen bei der Bestimmung des Ordnungswortes übergangen [*Liebig*, J. von – *Humboldt*, A. von – *Wesemael*, Jan van – *Hoen*, Peter't]. Sind die Präfixe am Anfang eines Namens verschmolzen oder ein Artikel am Anfang eines Namens mit romanischem Ursprung, so werden sie an den Namen angesetzt [*VomBerg* – *Aus'm-Weerth* – *ZurMühlen* – *LeFort*].

Bei englischen Namen werden die Präfixe an den Familiennamen angesetzt [*DosPassos*, John].

Bei französischen Namen dagegen bleiben Präpositionen beim Ordnungswort unberücksichtigt [*Broglie*, L. de]. Artikel und verschmolzene Präfixe hingegen werden an den Familiennamen angesetzt [*LeCordier*; – *LaFontaine*].

Bei italienischen Namen werden die Präfixe im Allgemeinen an den Familiennamen angesetzt [*DeRossi*, G. – *D'Annunzio*, G.].

Bei portugiesischen Namen bleiben die Präfixe unberücksichtigt [*Santos*, J. dos; – *Costa*, C. da].

Bei spanischen Namen werden Artikel an den Familiennamen angesetzt [*LasHeras*, M.] Präpositionen dagegen nicht [*Pereda*, J. M. de]. Spanische Namen setzen sich häufig aus dem Eigennamen des Vaters und der Mutter zusammen, wobei das y Bindeglied ist [*Arco y Garay*, R. del].

Verwandtschaftsbezeichnungen wie Mac (auch in der Form Mc, M, M', die immer wie Mac behandelt werden), Fitz (das normannische Sohn), O' (das irische Enkel), Ab, Ap, Abu, Ibn,

Ben werden an den Familiennamen angesetzt und als Ordnungswort behandelt [*MacArthur* – *O'Kelly*].

Das Attribut Sankt und seine Entsprechungen in anderen Sprachen (z. B. Saint, Sainte, San, Santo, Santa, Szent usw.) wird an den Familiennamen angesetzt und als Ordnungswort behandelt [*Saint John*, R. – *Sankt Goar*, L.].

Bei Doppelnamen wird der erste Teil zum Ordnungswort [*Schulze*-Delitzsch – *Hoffmann* von Fallersleben – *Kerner* Ritter von Marilaun – *Calderon* de la Barca]. Ist jedoch der zweite oder einer der folgenden Namen vorzugsweise durchgedrungen, so schreibt man [Gans Edler Herr zu *Putlitz* – de la Motte-*Fouqué* – Salignac de la Mothe *Fénelon*].

Scheinbare Doppelnamen liegen öfter bei englischen, holländischen und skandinavischen Schriftstellern vor, die ihrem Geschlechtsnamen statt eines Taufnamens einen aus dem Verwandtschafts- oder Patenkreise gewählten Familiennamen voransetzen. Der zweite Name gilt in diesem Falle als Ordnungswort [Stuart *Mill* – Hofman *Peerlkamp* – Björnstjerne *Björnson*]. Französische Autoren setzen zwischen Ruf- und Vaternamen oft einen Bindestrich, der für das Ordnungswort ohne Bedeutung ist [Francisque-*Michel* – Raoul-*Rochette*].

Orientalische Namen werden in der üblichen abendländischen, häufig lateinischen Form wiedergegeben [*Confucius*, nicht Khung-fu-tse; – *Zoroaster*, nicht Zarathustra]. Für besondere Zwecke der Bearbeitung orientalischer Literatur vgl. die Seiten 146–160 der «Preußischen Instruktionen», die ausführlich die Titelordnung in orientalischen Sprachen behandeln.

Hat der Verfasser bei Antritt einer neuen Würde oder dergleichen einen rechtsgültigen Namenswechsel vorgenommen, so wird dieser Ordnungswort [Paul de *Lagarde*, nicht Bötticher]. Ist der Autor aber unter seinem ursprünglichen Namen bekannter geworden, so wird dieser Ordnungswort [Francis *Bacon*, nicht Bacon of Verulam].

Adelstitel werden in der Aufnahme nur bei regierenden Fürsten und Mitgliedern regierender Fürstenhäuser angegeben, beim Ordnungswort aber nicht berücksichtigt. *Akademische* Titel werden weder angegeben noch berücksichtigt.

Anonyme und pseudonyme Schriften

Manche Bücher erscheinen ohne Angabe des Verfassers (anonym) oder mit einem angenommenen bzw. erdichteten Namen (pseudonym). Die Gründe dafür können Furcht vor Zensur, Verfolgung oder Bloßstellung bzw. Familien- oder Standesrücksichten sein.

Ein Werk wird stets als anonym behandelt, wenn der Verfasser auf dem Titel nicht angegeben ist. Sind auf dem Titel nur dessen Anfangsbuchstaben angegeben, so werden die dazu nötigen Buchstaben in Klammern ergänzt [S(eidenburg), J(ohann) G(ottlieb)]. Als anonym sind auch Schriften zu behandeln, deren Verfasser sich nur als Autor einer anderen Schrift bezeichnet [By the author of … – Vom Verfasser der Ostereier oder Von einem Deutschen – Von einem österreichischen Staatsmann].

Die Bestimmung des Autors kann auf verschiedenen Wegen erfolgen. Eventuell taucht sein Name an einer anderen Stelle im Buch auf, wenn nicht, ist er anhand von Spezialbibliographien wie z. B. Holzmann und Bohatta, Deutsches Anonymen-Lexikon 1501–1850, zu ermitteln. Heutzutage ist eine Titelsuche über das Internet in den Bibliothekskatalogen oder im Karlsruher Virtuellen Katalog oft schneller und erfolgversprechender. Es lassen sich damit nicht nur Anonyma, sondern auch Pseudonyma lüften und auflösen. Der so ermittelte Verfassername wird stets in Klammern an den Anfang der eigentlichen Titelaufnahme gesetzt [(Andreae, Johann Valentin) Chymische Hochzeit …]. Kann der Autor nicht bestimmt werden, so wird das Werk unter dem Sachtitel aufgenommen. Mutmaßungen über den Verfasser einer anonymen Schrift sollten, wenn überhaupt, möglichst nur in den Anmerkung auftauchen.

Bei pseudonymen Werken wird der wirkliche Name durch einen fingierten, einen Deck- oder einen Künstlernamen ersetzt. Die Pseudonymenbildung kann auf mehrere Arten erfolgen, z. B. durch Metonomasie (Übersetzung in eine andere Sprache [Agricola, G. (d. i. G. Bauer)]), durch Anagramme (Umstellung der Buchstaben eines Wortes oder einer Wortgruppe [Nasier, Alcofrybas (d. i.: Francoise Rabelais)]) oder einfach durch die Wahl eines Phantasienamens. Zur Auflösung dieser Pseudonyme existieren ebenfalls Spezialbibliographien wie z. B. Weller, E.: Lexicon pseudonymorum, Holzmann, M. und H. Bohatta: Deutsches Pseudonymen-Lexikon und Eymers Pseudonymen Lexikon. Sind Pseudonyme nicht auflösbar, so werden sie bei der Aufnahme wie richtige Namen behandelt [Bonaventura], d. h. wenn er wie Vor- und Familienname aussieht, wird er als solcher behandelt und der letztere wird zum Ordnungswort [Philaletes *Veronensis* – Germanus *Philalethes*].

Die Bestimmung des Verfassers im weiteren Sinn

Als Verfasser im weiteren Sinn gelten Übersetzer, falls die Übersetzung selbständige Bedeutung hat, Bearbeiter, deren Bearbeitung eine wesentliche Umgestaltung darstellt, Komponisten, bildende Künstler und Sammler bei Katalogen von Privatsammlungen, falls der Katalogverfasser nicht genannt ist:

> Luther, M.: Biblia, das ist, die gantze Heilige Schrifft.
> Campe, J. H.: Robinson der Jüngere.
> Schönberg, A.: Gurre-Lieder von Jens Peter Jacobsen.
> Speck, M. von: Verzeichnis der von Speck'schen Gemälde-Sammlung.

Herausgeber, wenn es sich nicht um Körperschaften handelt, werden erst nach dem Sachtitel genannt, unter dem sie aufgenommen werden.

Ältere Dissertationen (bis zum Jahr 1800), die einen Präses (der die Promotion leitende Professor) und Doktoranden angeben, nimmt man unter dem Präses auf, nachfolgend erst der Doktorand. Bei neueren Dissertationen wird immer der Doktorand als Verfasser angegeben. Der Hinweis auf die Dissertation erfolgt entweder nach dem Titel oder am Schluss der Aufnahme:

> Siebold, C. C. (praes.) – Doemling, J. J. (resp.): D. i. sistens morborum gastricorum acutorum pathologiam. Würzburg. Nitribitt. 1797. 4°. (3 Bll.), 110 S. Brosch. der Zeit. – Diss.

> Baer, W. S. Beiträge zum Waringschen Problem. Diss. Göttingen. 1913. Gr. 8°. 74 (2) S. OBrosch.

An Hochschul- und Schulprogrammen interessiert in der Regel nur die beigefügte wissenschaftliche Arbeit, deren Verfasser Ordnungswort wird. Am Schluss der Titelaufnahme ist der Hinweis auf das Programm unbedingt notwendig:

> Wilke, A.: Geognostisch-geologische Exkursionen in der Umgebung von Gandersheim. Gandersheim. 1885. Kl. 8°. 58 S. OBrosch. (Beil. zu: Schulprogramm des Realgymnasiums).

Sonderdrucke sind am Ende der Titelaufnahme durch (S.-A. bzw. Sdr.) zu kennzeichnen, unter Angabe des Werkes, aus dem sie stammen:

> Röntgen, W. C.: Ueber eine neue Art von Strahlen. Vorläufige Mitteilung. Würzburg. Stahel. 1895. Gr. 8°. 10 S. OBrosch. (Sdr. aus: Sitzungsberichte der Würzburger physikalisch-medizinischen Gesellschaft).

Mehrere Verfasser bei Einzel- und Serienwerken sowie Zeitschriften

Bei Einzelwerken mit bis zu drei Verfassern werden alle bei der Aufnahme angegeben. Zu beachten ist, dass ab dem zweiten Verfasser der Vorname vor den Familienname gestellt wird. Es kann aber auch der erste oder besonders hervorgehobene Verfasser angegeben und mit «u. a.» ergänzt werden:

> Benecke, G. F., W. Müller und F. Zarncke: Mittelhochdeutsches Wörterbuch. 3 Bde. 1854–66.

> Gluschkow, W. M. u. a.: Algebra, Sprache, Programmierung. Berlin. Akademie-Verlag. 1980.

Ein gemeinschaftliches Werk von mehr als drei Verfassern wird wie ein anonymes Werk behandelt, d. h. der Sachtitel wird Ordnungswort:

> Handbuch der praktischen Chirurgie. Begr. von E. von Bergmann, P. von Bruns, von Mikulicz ... Bearb. und hrsg. von C. Garré, H. Küttner und E. Lexer. 6. Aufl. 6 Bde. 1926–29.

Sammel- und Serienwerke wie z. B. Zeitschriften, Taschenbücher, Fachkalender, Adressbücher, Jahresberichte und zeitschriftenartige Reihen werden, auch wenn jeder Band einen bleibenden oder wechselnden Herausgeber hat, unter der Körperschaft oder, falls diese nicht existiert, unter dem Sachtitel aufgenommen:

> Sächsische Landesbibliothek (Hrsg.): Jahresbericht
> (nicht: Jahresbericht der Sächsischen Landesbibliothek).

> Verein Deutscher Ingenieure (Hrsg.) VDI-Index technischer Zeitschriften (nicht: VDI-Index ...).

> Annalen der Chemie und Pharmazie. Hrsg. J. von Liebig.

> Musen-Almanach für das Jahr 1800. Hrsg. F. von Schiller.

> Breslauer philologische Abhandlungen. Hrsg. von R. Förster.

> Realenzyklopädie der gesamten Heilkunde. Unter Mitwirkung von Th. Brugsch hrsg. von A. Eulenburg. [Eventuell mit Verweis auf den Herausgeber.]

Bildet ein Buch einen Teil einer Serienpublikation, so ist es unter dem Einzeltitel aufzunehmen. Der Reihentitel (unter

Angabe der Bandnummer) ist am Schluss der Aufnahme anzugeben:

> Wegener, A.: Die Entstehung der Kontinente und Ozeane. 4. Aufl. Braunschweig. Vieweg. 1929. X, 231 S. OLwd. (Die Wissenschaft, Bd. 66).

Hat sich der Titel im Laufe der Zeit geändert, so kann das in einer Anmerkung angegeben oder unmittelbar hinter dem ersten Sachtitel vermerkt werden:

> Botanisches Taschenbuch für die Anfänger dieser Wissenschaft und der Apothekerkunst. Hrsg. D. H. Hoppe. Jgg. 1–22. – Ab Jg. 18 unter: Neues botanisches Taschenbuch. 1849 erschien noch ein Jg. 23 mit Hoppes Selbstbiographie.

Beilagen, die Bestandteil einer Zeitschrift sind (Register, Beihefte und dgl.), werden mit «nebst» hinter der Umfangsangabe der Veröffentlichung angegeben.

3. Vorname des Verfassers Es empfiehlt sich, den oder die Vornamen auszuschreiben, da dies das Auffinden gängiger Namen [Müller, Meier und Schmidt] in den Bestandskatalogen von Bibliotheken und überhaupt in größeren Namensdateien wesentlich erleichtert.

Falls mehrere Verfasser auf einem Titel angegeben sind, treten die Vornamen des zweiten und dritten vor den Familiennamen [Rudat, A., O. Mardaus und J. Grünwald].

Fehlt bei einer Verfasserangabe der Vorname oder ist er abgekürzt, so sind die Angaben zu ergänzen und diese in Klammern zu setzen. Ist das nicht möglich, treten in der Sortierung Autoren ohne Vornamen vor gleichlautende mit Vornamen, und hier wiederum die abgekürzten vor die ausgeschriebenen [Haupt. – Haupt, A. – Haupt, Alexander].

4. Titel des Werkes Maßgebend für die Aufnahme eines Buchtitels ist der Haupttitel, d. h. der Titel, der die vollständige Beschreibung eines Werkes enthält. Bei Sammel- und Serienwerken gilt dies für den Gesamttitel, bei Einzelteilen von Serienwerken für den Nebentitel. Untertitel werden nur dann angegeben, wenn sie zur Klärung des Inhalts beitragen, können aber auch in den Anmerkungen Erwähnung finden.

Die Schreibweise des Titels erfolgt buchstabengetreu. Majuskeln (aus typografischen Gründen oder zum Schmuck versal gesetzte Anfangsbuchstaben) sind als Kleinbuchstaben wiederzugeben. Typografische Eigenheiten, wie der Gebrauch von i für j, v für u und Ähnliches, werden in der Regel in moderner Form geschrieben. Lateinische Abkürzungen, vor allem das oft vorkommende &-Zeichen, sind aufzulösen.

Ältere Drucke enthalten häufig Schrägstriche im Titel, die in der Aufnahme als Komma wiedergegeben werden. Fehlende Akzente sind zu ergänzen. Bei griechischer Schrift entfällt die Angabe von Akzent und Spiritus. Interpunktionszeichen sind nur dann wegzulassen oder hinzuzufügen, falls sie für das Verständnis der Aufnahme notwendig sind. Zeigt ein Titel Druckfehler oder eine von der gängigen Orthographie stark abweichende Schreibweise, so wird das durch (!) oder das Wort (sic; sic!) vermerkt.

> Blankaart, S.: Die neue heutiges (!) Tages gebräuchliche Scheide-Kunst.

Titel, die in einer weniger bekannten Sprache abgefasst sind, werden am Schluss der Aufnahme in deutscher Übersetzung wiederholt. Altklassische, germanische, anglistische und romanische Texte gibt man in der Regel im Original wieder.

Eine Katalogaufnahme wäre schwer leserlich, wenn man die Schreibweise der häufigen Großbuchstaben einfach kopierte. Ohne damit eine Regel aufstellen zu wollen, scheint es zweckmäßig, bei deutschen und lateinischen Titeln die Verwendung von Großbuchstaben an die heute übliche Rechtschreibung anzugleichen. Bei englischen und französischen

Titeln, insbesondere den in Versalien gedruckten Teilen, wird die Angleichung an den ausländischen, nicht ganz einheitlichen Gebrauch empfohlen. Engländer nehmen ohne Rücksicht auf die Schreibweise des Titels alle Hauptwörter und bezeichnenden Eigenschaftswörter in großen Anfangsbuchstaben auf, Franzosen meistens nur die ersten zwei bis drei Hauptwörter, die weiteren nur, wenn sie einen gewichtigen Begriff bezeichnen (z. B. Dieu, Roi, Pays, Famille). Bei französischen Titeln sind die Akzente jeweils zu ergänzen, auch wenn sie auf dem Titel nicht angegeben sind.

Bücher in russischer Sprache sollten in der Originalfassung des Haupttitels aufgenommen und am Schluss in lateinische Buchstaben transkribiert werden.

Fehlt bei einem Werk der Titel, so versucht man ihn aus Angaben im Buch oder aus bibliographischen Hilfsmitteln zu ermitteln und zu ergänzen. Die Ergänzungen werden in eckige Klammern gesetzt.

Titelkürzungen sind bei sehr langen Titel sowohl aus wirtschaftlichen wie aus Lesbarkeitsgründen hin und wieder notwendig. Sie dürfen aber nicht sinnentstellend sein. Oft wird der Inhalt eines Buches erst durch den Untertitel oder die Titelergänzung klar, die dann nicht fehlen dürfen. Die wenigsten Leser einer Katalogaufnahme könnten die nachfolgenden Bücher ohne die in Klammern stehenden Teile richtig zuordnen:

Bolzano, B.: Athanasia (oder Gründe für die Unsterblichkeit der Seele)

Ebner, J.: Der Königstiger (Erzählung)

Karrer, O.: Die große Glut. (Textgeschichte der Mystik im Mittelalter)

Selbst zwei gleiche Titel bedeuten nicht unbedingt den gleichen Inhalt. Erst die Untertitel bringen Klarheit:

> Schneller, L.: Kennst Du das Land? Bilder aus dem gelobten Lande zur Erklärung der Heiligen Schrift.
>
> Sirius, P.: Kennst Du das Land? Wander- und Wundertage in Italien und Sicilien.

Die Titelkürzung darf allerdings Herausgeber und Übersetzer nicht betreffen, falls sie für eine Ausgabe wichtig sind.

Bestandteile eines Titels, die keine Beziehung zum Inhalt haben, wie z. B. einleitende Sätze und Worte [Hoc volumine continentur; In diesem Büchlein findet man; Hie hebt sich an...], ferner Motti, Segensformeln, Wünsche und Sprüche werden meist weggelassen, ebenso Substantive, die am Ende des Titels mehr allgemein den Inhalt einer Schrift kennzeichnen [Commentatio, Dissertatio, Tractatus u. ä.].

Wörter mit schwankender Rechtschreibung werden in der Form der Vorlage geschrieben. Sie sind nur dann nach den neuesten Regeln zu vereinheitlichen, wenn ein und derselbe Sachtitel unterschiedlich geschrieben vorkommt [Centralblatt für Bibliothekswesen unter Zentralblatt für Bibliothekswesen].

Es empfiehlt sich (entgegen RAK), Zahlen und sonstige Zeichen als Ordnungswort auszuschreiben. Die 1 bei 100, 1000 usw. wird dabei nicht wiedergegeben [Hundert; Tausend]. Die Zahlen von 1100 bis 1999 werden in den germanischen Sprachen als Hunderte behandelt [1813 = *Achtzehnhundertdreizehn*; – § 132 des HGB, Ordnungswort wird *Paragraph hundertzweiunddreißig*].

5. Herausgeber   Herausgeber, Bearbeiter oder Übersetzer werden nach dem Sachtitel aufgenommen. Sind sie von einer bestimmten Auflage an für das Buch bedeutend, so werden sie erst nach der Auflage angegeben:

> Weckherlin, R. G.: Gedichte. Hrsg. von K. Goedeke.

> Zeller, E.: Grundriß der Geschichte der griechischen Philosophie. 13. Aufl. von W. Nestle.

Aber:

> Müller, A. H. von: Elemente der Staatskunst. Hrsg. von J. Baxa. 2. Aufl. 2 Bde. 1931. (Die Baxasche Bearbeitung liegt in der 2. Aufl. vor, nicht die Staatskunst von Müller.)

6. Auflage Liegt ein Werk in erster Auflage vor, so wird dies nur angegeben, falls es von bibliophilem oder wissenschaftshistorischem Interesse ist, und zwar am Anfang des Kommentars. In der Regel gilt hierbei: Auflage = Ausgabe.

> Bunsen, R.: Gasometrische Methoden. Braunschweig. 1857. – Erste Ausgabe.

Höhere Auflagen werden nach dem Titel angegeben. Hinweise wie «2., vermehrte Auflage», «4., verbesserte und ergänzte Auflage» und Ähnliches sollten immer angebrachten werden. Für die Wissenschaft ist es von Bedeutung, ob es sich um eine veränderte oder eine unveränderte Auflage handelt.

> Bunsen, R.: Gasometrische Methoden. 2. umgearb. und verm. Aufl. Braunschweig. 1877.

Hat sich bei späteren Auflagen der Titel eines Werkes geändert, so vermerkt man das im Kommentar.

> Hollrung, M.: Die Mittel zur Bekämpfung der Pflanzenkrankheiten. – Zugleich 2. erw. und verb. Aufl. von: Handbuch der chemischen Mittel gegen Pflanzenkrankheiten.

7. Bandzahl Ist ein Werk mehrbändig oder liegt es in Teilen, Halbbänden, Lieferungen, Heften u. ä. vor, so gibt man die entsprechende Anzahl an:

> Thomé, (O. W.): Flora von Deutschland. 4 Bde.

Hat der Antiquar nur die ersten vier Bände eines sechsbändigen Werks am Lager, so schreibt man «Bde. 1–4 (von 6)»:

Reichart, C.: Land- und Garten-Schatz. 6. Aufl. Bde. 1–4 (von 6).

Sind von einem mehrbändigen Werk nur Teile erschienen, so beschreibt man dies wie folgt:

Edinger, L.: Untersuchungen über die vergleichende Anatomie des Gehirns. Tle. 1–5 (mehr nicht erschienen).

Ähnlich etwa: «Alles bis 1990 Erschienene». Das heißt: Bei vollständigen Werken steht die Bandzahl *vor* den Bezeichnungen «Bd.», «Lfg» etc., bei unvollständigen *danach*.

Sind in einem Werk Teile zu Bänden zusammengebunden, so lautet die Aufnahme zum Beispiel: «12 Tle. in 5 Bdn.» oder «4 in 5 Bdn.».

8. Erscheinungsort Im Gegensatz zu früher und anders als bei RAK werden die Verlags- und Druckorte heute überwiegend in deutscher Sprache angegeben. Fremdsprachige Originalvorlagen werden übersetzt [Argentorati = *Straßburg*; Londres = *London*; Milano = *Mailand*]. Sehr hilfreich dazu ist: Graesse, J. G. T.: Orbis latinus. Falsche und fingierte Ortsnamen werden nach Möglichkeit anhand der einschlägigen Nachschlagewerke (z. B. Weller, E.: Die falschen und fingierten Druckorte) oder mit Hilfe des Internets aufgelöst und in Klammern richtiggestellt [Scherzfeld (Leipzig); – Frey-Sing (Hamburg)].

9. Verlag bzw. Drucker Verlag bzw. Drucker werden in Kurzform angegeben. Sind für ein Werk beide Angaben wichtig, so schreibt man «Drucker für Verleger» [Sumptibus Danielis Görlini, Bibliopolae Ulmens. Typis Matthaei Wagneri. = *Wagner für Görlin*].

Die Vornamen werden zumindest gekürzt oder ganz weggelassen, ebenso wie die Zusätze «Verlag», «Buchhandlung» u. ä. [Vieweg. Springer; aber F. A. Perthes und J. Perthes].

10. Erscheinungsjahr Es wird stets in arabischen Zahlen angegeben. Ist das Erscheinungsjahr nicht nach der christlichen Zeitrechnung bezeichnet, so wird es in der Originalform angegeben und die nach der heute üblichen Zählung umgerechnete Form in Klammern gesetzt.

Bei mehrbändigen Werken sind die Ausgabejahre des erst- und letzterschienenen Bandes anzugeben: «6 Bde. 1898–1906».

Chronogramme sind aufzulösen und die errechnete Jahreszahl ist in Klammern zu setzen.

Falsch angegebene Jahreszahlen werden entsprechend der Vorlage und dahinter in Klammern berichtigt angegeben: [1596 (1696)].

Fehlen Angaben über Herkunft und Zeit und können sie auch nicht ermittelt werden, so schreibt man «o. O.» (= ohne Ort), «o. Dr.» (= ohne Drucker), «o. J.» (= ohne Jahr) bzw. vereinigt «o. O., Dr. und J.». Ist eine Klärung nach Hilfsquellen möglich, genügt es, die Auflösung in Klammern anzugeben. Ist das Erscheinungsjahr nicht zu ermitteln, so ist es zu schätzen und die Zirka-Angabe in Klammern zu setzen.

11. Format Das Format wird im Antiquariat meist nach der längsten Seite des Buchblockes, d. h. nach der Rückenhöhe angegeben, außer bei Querformaten. Es gibt folgende Formatbezeichnungen:

> 2° oder Fol. (Folio) bis 45 cm Höhe. (Gr. Fol. über 45 cm): 2 Blätter
> 4° oder 4to (Quarto oder Quart) bis 35 cm Höhe: 4 Blätter
> 8° oder 8vo (Octavo oder Oktav) bis 25 cm Höhe. [Sollte stets angegeben werden, wird aber häufig nicht berücksichtigt]. (Kl. 8° [15–18,5 cm]; Gr. 8° [22,5–25 cm]): 8 Blätter
> 12° oder 12mo (Duodecimo oder Duodez): 12 Blätter
> 16° oder 16mo (Sexto-decimo oder Sedez): 16 Blätter
> 18° oder 18mo (Octo-decimo oder Oktodez): 18 Blätter
> 24° oder 24mo (Vigesimo-quarto): 24 Blätter

32° oder 32mo (Tricesimo-secundo): 32 Blätter
64° oder 64mo (Sexagesimo-quarto): 64 Blätter

Daneben gibt es noch die Querformate, z. B. Qu.-4° oder Qu.-Fol.

Sehr große oder kleine Bücher werden in cm bzw. mm angegeben und zwar Höhe × Breite.

Über die Formatangaben besteht keine Übereinstimmung. Die Festlegung nach der Höhe des Einbanddeckels entspricht streng genommen nicht der rein bibliographischen Auffassung, die ausschließlich nach Lagen bzw. Falzung eines Bogens rechnet. In den angelsächsischen Ländern ist man zu einer Angabe in Zoll bzw. Inch übergegangen. Die Größenangabe in Abhängigkeit von der Bogenzahl wird in Deutschland nur bei alten Drucken und Inkunabeln angewandt (z. B. haben Flugschriften der Reformationszeit meist ein Quartformat (Lagen zu 4 Bl.), obwohl sie nach der cm-Skala Oktavformat hätten).

12. Umfang (Kollation) Sieben typische Formen der Blatt- oder Seitenzählung bzw. Kombinationen daraus kommen in Büchern vor:

1. Keinerlei Zählung. Nur unpaginierte Blätter (z. B. 200 unn. Bll.).
2. Blattzählung: Einige unpaginierte Blätter, der größte Teil aber paginiert (z. B. 16 unn., 184 num. Bll.).
3. Blattzählung: Durchgehend foliiert (z. B. 200 num. Bll. oder kurz 200 Bll.).
4. Seitenzählung: Durchgehend paginiert (z. B. 400 SS. oder 400 S.).
5. Seitenzählung, dazu vorn (und hinten) einige unpaginierte Blätter (z. B. 16 Bll., 352 S., 8 Bll.). In englischsprachigen Katalogen werden die unpaginierten Blätter vielfach in Seiten umgerechnet und in Klammer gesetzt (z. B. (32) 352 (16) S.).

6. Seitenzählung, dazu vorn (und hinten) einige besonders, meist römisch paginierte Seiten. Dies ist die weitaus häufigste Form bei neueren Gebrauchsbüchern aller Wissensgebieten (z. B. XXXII, 368 S.).
7. Zählung nach Seiten und Druckspalten (z. B. XXXII S., 736 Sp.).

Die sieben genannten Beispiele haben den gleichen Umfang an Druckpapier. Paginierungen, die in keine dieser Formen passen, sind selten. Satz- und Paginierfehler erschweren die Kollationsarbeit. Sie treten bei älteren Werken öfter auf als bei jüngeren. Die dann nötige Kontrolle erfolgt über die «Bogensignaturen» bzw. über die Kustoden.

Zu beachten ist bei den Kollationsangaben, dass die am Anfang der Zählung stehenden Seiten oder Blätter ohne Aufdruck der Seiten- bzw. Blattzahl so behandelt werden als wären sie aufgedruckt. Am Schluss dagegen wird die letzte gedruckte Seiten- oder Blattzahl angegeben und die unpaginierten Seiten oder Blätter danach in Klammer. Z. B. werden 2 unpaginierte Blätter und die paginierten Seiten 5–123 als 123 S., 368 bedruckte Seiten, bei denen die letzte gedruckte Seitenzahl 365 ist, als 365 (3) S. angegeben.

13. Illustrationen und Beigaben Beigaben (z. B. Tafeln, Karten, Tabellen) sind auf Grund vorheriger Vollständigkeitsprüfung der Zahl nach genau anzugeben. Die Angabe erfolgt gewöhnlich nach der Paginierung.

Zu den Beigaben zählen:

- Tafeln, Karten und Porträts: In der Regel einseitig mit Illustrationen bedruckte Blätter, die außerhalb der Blatt- oder Seitenzählung stehen. Sind sie mitpaginiert, so wird dies gesondert angegeben (z. B. «Mit 24 mitpagin. lithogr. Tafeln»). Vielfach sind die Tafeln in einer anderen Drucktechnik wie z. B. Lithographie, Stahlstich oder Kupferstich ausgeführt

oder auf höherwertigerem Papier gedruckt. Sie können auch doppelblattgroß, gefaltet bzw. koloriert sein.
- Tabellen: Meist typographisch gedruckt, sonst wie bei den Tafeln.
- Frontispiz: Meistens Tafel oder Porträt gegenüber dem Titelblatt.
- Gestochene Titelblätter sind, falls vorhanden, fast immer zusätzlich zum Drucktitel eingebunden.
- Musikbeilagen, wie Notenblätter: Wie bei den Tafeln.
- Faksimiles von Handschriften oder Urkunden. Ebenfalls wie bei den Tafeln.

Haeckel, Ernst. Natürliche Schöpfungsgeschichte. Berlin. Reimer. 1868. 8°. XVI, 568 S. Mit 14 Abb. und 11 (2 gefalt.) Holzstichtafeln.

Albertus Magnus. Wunderbar, natürliche Wirckungen … (Frankfurt am Main. Egenolff. 1531). 4°. 16 num. Bll. Mit 6 kolor. kleinen Holzschnitten auf dem Titel und wiederholter figürlicher Holzschnittleiste.

Ältere Drucke erfordern eindeutige Angaben zu den Illustrationstechniken wie Holzschnitt, Kupfer-, Stahlstich, etc. Ebenso gehören bei künstlerisch wichtigen Illustrationen die Namen der Künstler: Holzschneider, Stecher, Zeichner usw. in die Aufnahme: [Mit 10 Holzschnitten nach Ludwig Richter].

Tafeln mit Porträts sind besonders anzugeben: [Mit gest. Portr. und 6 Stahlstichen].

Titeleinfassungen, Drucker- und Verlegermarken sind, falls von Bedeutung, zu erwähnen. Kurze Angaben über den Inhalt der Abbildungen [Mit 8 Kupfern (Kostümdarstellungen)] verstärken die Werbewirkung, tauchen aber meist erst im Kommentar auf.

Handkolorierte bzw. farbige Tafeln in besonderen Drucktechniken wie z. B. Chromlithographien, sind gesondert anzugeben: [Mit 14 (davon 4 kolor.) Kupfern].

Nur bei Drucken, die vor 1600 erschienen, gibt man bei zeitgenössischem Kolorit an, dass sie altkoloriert sind. Farbdrucke mit zusätzlichem Kolorit sind «beikoloriert» oder «mit Retusche». Geographische Karten können entweder «grenzkoloriert» oder «flächenkoloriert» sein.

14. Einband   Die Einbandarten werden gewöhnlich wie folgt abgekürzt:

> Brosch. = Broschur; Kart. = Karton; Pp. = Pappband; Hlwd. = Halbleinenband; Lwd. = Leinwandband; Hldr. = Halblederband; Ldr. = Lederband; Hpgt. = Halbpergamentband; Pgt. = Pergamentband. Bei Lederbänden beschreibt man meist noch die Art des Leders: Kalbleder, Maroquinband, Saffianband usw.

Zu unterscheiden ist zwischen Verleger- und Privateinbänden. Die ersteren werden als Originaleinbände bezeichnet. In der Aufnahme steht der Einbandart ein «Orig.» oder kurz nur «O» voraus (z. B. «Orig.-Pp.» oder kurz «OPp.» = Originalpappband). Bei den übrigen Einbänden ist zu unterscheiden, ob sie aus der Zeit stammen, in der das Buch erschienen ist, oder aber einer späteren [z. B. Hldrbd. der Zeit. – Lwd. um 1850. – Moderner Pgt.].

Bei mehrbändigen Werken, die abweichend gebunden sind, wird dies angegeben. Sie können entweder aus unterschiedlichen Einbandarten bestehen [z. B. Bde. 1–4: OLwd., Bd. 5: Pp. oder OLwd (4) und Pp. (1)] oder aus unterschiedlichen Bänden der gleichen Art [Pp. der Zeit nicht uniform gebunden oder abweichend gebunden].

15. Reihentitel oder Angaben über Sonderdrucke   Ist ein Werk als Teil einer Reihe erschienen (z. B. Automobiltechnische Bibliothek, Hartlebens Chemisch-technische Bibliothek, Hiersemanns bibliographische Handbücher) oder handelt es sich um den Sonderdruck aus einer Zeitschrift oder einem

Jahrbuch (z. B. Sdr. aus: Annalen der Physik), so sind diese Angaben, in Klammer gesetzt, nach der Einbandbeschreibung anzugeben, bei Reihentiteln auch mit Bandzahl.

16. Verkaufspreis Der Verkaufspreis bildet den Schluss der eigentlichen Titelaufnahme. Der vom Katalogpreis abweichende Neupreis eines noch lieferbaren Werkes darf aus wettbewerbsrechtlichen Gründen im Katalog *nicht* mit angegeben werden.

b) Anmerkungen und Erläuterungen

In den vorhergehenden Punkten wurde die sogenannte Haupt- oder Titelaufnahme besprochen. Das ist der Teil einer Aufnahme, durch den ein bestimmtes Werk bibliographisch eindeutig beschrieben wird. Der zweite Teil der Aufnahme beginnt in der Regel mit den Angaben über die Auflage bzw. die Ausgabe und enthält unter Umständen eine Beschreibung der Bedeutung des Werks oder des Verfassers, der Eigenschaften und des Zustands des vorliegenden Exemplars sowie die zur Identifizierung notwendigen bibliographischen Angaben. Während früher die Antiquariatskataloge oft nur spärlich kommentiert waren, werden die Annotationen in den letzten Jahren immer wichtiger. Früher waren die Kunden meist erfahrene Sammler und benötigten kaum zusätzliche Informationen über die jeweiligen Werke. In den letzten Jahrzehnten sind diese Sammler jedoch seltener geworden. Dafür wird die Zahl derer, die zwar Geld und Interesse haben, aber oft wenig Zeit, größer. Gerade diese Kundenschicht lässt sich durch informative Kommentare inspirieren und zum Kauf anregen. Vielleicht hat aber der New Yorker Antiquar Bernd H. Breslauer recht, von dem das Diktum überliefert ist: «Unsere Bücher werden immer schlechter, aber unsere Beschreibungen immer besser.»

Die Handelsgegenstände und ihre Bearbeitung

Die Anmerkungen in den Aufnahmen betreffen z. B. Angaben über die Bedeutung von Verfasser, Drucker, Buchkünstler, Buchbinder oder den Wert des Werks für die Wissenschaft oder die Kulturgeschichte. Ebenso können sie Eigentumsvermerke und handschriftliche Notizen bedeutender Vorbesitzer oder Hinweise auf schöne und interessante Einbände wiedergeben. Darüber hinaus besteht eine Fülle von Gründen für Anmerkungen. Die kommentierende Beschreibung eines Buches dient natürlich auch der Werbung. Sie sollte aber keine Phrasen oder Hinweise auf Tatsachen enthalten, die jedem halbwegs gebildeten Menschen bekannt sind. Ebenso ist vor Übertreibungen oder der irreführenden Einarbeitung von Stichwörtern zu warnen, die ein Buch in einer elektronischen Datenbank leichter auffindbar machen soll. Jedem Benutzer eines Internet-Bücherpools sind hinreichend Beispiele für solchen Missbrauch bekannt. Eher sollte die Kunst des Weglassens geübt werden. Wesentlicher und interessanter ist es, überraschende Kleinigkeiten oder neue Erkenntnisse zu erarbeiten und diese prägnant zu formulieren. Bei alten Drucken und Handschriften empfehlen sich außerdem Textproben, um den Interessenten Anhaltspunkte für einen Vergleich zu geben.

Zustandsbeschreibung

Defekte und Mängel, aber auch positive Eigenschaften eines Buchs sind stets genau anzugeben: [Mit 20 (statt 25) Tafeln; – Ohne Titel und Register; – Rücken beschädigt; – Einband berieben und bestoßen; – Stempel auf Titel; – Mit Bleistiftstrichen und Tintenflecken; – Stockfleckig; – Sehr gut erhaltenes Exemplar; – Fleckenfreies Exemplar usw.]. Die Zustandsbeschreibung steht entweder am Ende des Kommentars oder vor den bibliographischen Verweisen.

Bibliographien

Ist ein Werk in mehreren Spezialbibliographien verzeichnet, so gibt man diejenigen an, die am aussagekräftigsten sind, durch die Genauigkeit und Verlässlichkeit ihrer Angaben ebenso wie durch die Kriterien ihrer Auswahl oder ihrer angestrebten Vollständigkeit. Die Bedeutung eines Werks, das in einer Bibliographie oder einer Sammlung über wichtige Werke zu einem Thema verzeichnet ist, wird durch einen Hinweis darauf um so deutlicher (z. B. Carter und Muir: Bücher die die Welt verändern). Es wird auch angegeben, falls ein Buch in einer maßgebenden Spezialbibliographie nicht aufgeführt ist; [z. B. ein Werk über Bierbrauen: Nicht bei Schoellhorn]. Dies soll auf die Seltenheit eines Buches hinweisen. Hierbei ist allerdings Vorsicht geboten, damit der Bearbeiter sich nicht durch Unkenntnis blamiert. Das Werk muss natürlich thematisch und zeitlich in die Bibliographie passen. Zum Beispiel kann ein nach 1877 erschienenes botanisches Werk nicht in der Bibliographie von Pritzel aufgeführt sein, da diese nur Literatur bis zu diesem Jahr verzeichnet. Später erschienene Nachträge oder Ergänzungen von Bibliographien müssen eventuell berücksichtigt werden.

Die Exemplare in den zitierten Bibliographien können entweder mit dem vorliegenden Exemplar übereinstimmen oder davon etwas abweichen, was dann in Klammern nach der Bibliographie vermerkt wird: [Nouveau dictionnaire d'histoire naturelle … 36 Bde. Paris. 1816–19. Mit 261 Kupfertafeln. – Nissen, ZBI 4615 (gibt nur 250 Tafeln an)].

Von den bibliographischen Referenzwerken im hier gemeinten Sinn sind die Bibliotheks- oder Bücherkataloge zu unterscheiden (z. B. das Gesamtverzeichnis des deutschsprachigen Schrifttums oder die älteren Verzeichnisse). Beiden gemein ist, dass sie zur Überprüfung der Vollständigkeit (Kollation und Bandzahl) sowie der Auflage und ggf. des Erscheinungsjahres eines Werkes dienen. Die Kataloge und Verzeichnisse enthalten darüber hinaus keine Annotationen und werden in den Antiquariatskatalogen selten zitiert. Durch die schnellen und komfortablen Recherchemöglichkeiten über das Internet in den Bestandskatalogen der großen Nationalbibliotheken und den deutschen Bibliotheksverbünden direkt oder über den bereits mehrfach erwähnten Karlsruher Virtuellen Katalog verlieren die gedruckten Formen dieser Kataloge und Verzeichnisse immer mehr an Bedeutung. Nicht so bei den Bibliographien. Sie sind des öfteren mit Kommentaren zu den jeweiligen Büchern versehen, die dem Antiquar bei der Beschreibung und Bewertung eines Werkes helfen können. Teilweise erhält man durch das Fehlen oder Vorhandensein eines Werkes in einer Bibliographie zusätzliche Information. Bibliographien werden meist auch im Kommentar zitiert.

Bibliographien und sonstige Nachschlagewerke, auch die besten und neuesten, haben ihre Schwächen und Fehler. Man muss deshalb lernen, sie zu erkennen und kritisch mit ihnen zu arbeiten. Um das Abschreiben von Fehlern zu vermeiden, sollten Angaben nicht ungeprüft übernommen werden. Besondere Vorsicht ist bei Beschreibungen aus Kollegenkatalogen geboten, da hier unkritisches Abschreiben besonders weit verbreitet ist.

c) Betriebsinterne Angaben

Die Vergabe von Sachgebieten und Schlagwörtern erleichtert es dem Antiquar, seinen Bestand zu untergliedern und hilft ihm bei der Suche nach Titeln zu bestimmten Themen. Je feinmaschiger die Schlagwörter vergeben werden, um so einfacher und schneller ist die Suche. Die Auswahl der Schlagwörter hängt vom vorhandenen Bestand, der Spezialisierung und den Bedürfnissen und Interessen der Kunden ab.

Die meisten Computerprogramme vergeben automatisch zu jeder Beschreibung eine fortlaufende Nummer, die, als Lagernummer verwendet, eine eindeutige und unverwechselbare Verknüpfung zwischen der Beschreibung im Computer und dem Buch im Lager gewährleistet. Da in vielen Lagern oft mehrere Standorte existieren, sind diese zum schnellen Auffinden in der Büchermaske anzugeben. Lagernummer und Standortangabe sind für das schnelle und sichere Auffinden eines Werkes im Lager unabdingbar.

Die Angaben über den Einkaufspreis und das Einkaufsjahr sind wichtige betriebswirtschaftliche Daten, die jederzeit verfügbar sein sollten. Sie sind nicht nur für die individuelle Preisgestaltung notwendig, sondern auch für die Inventur. Moderne Software kann auf Knopfdruck die Einkaufspreise und die Stückzahl, nach Jahren sortiert, aufaddieren und ausdrucken. Die Angaben über Preis und Jahr des Einkaufs sind auf keinen Fall für Kunden oder Kollegen bestimmt, oft nicht einmal für alle Mitarbeiter. Ein abgestufter interner Passwortschutz bei modernen Computerprogrammen hilft, dass jeder nur die Information erhält, die für ihn bestimmt ist.

Im internen Kommentar kann man Angaben über Herkunft, Kollegen- und Auktionspreise, Kataloge, in denen das Werk schon angezeigt wurde, und Ähnliches notieren. Angaben über die Herkunft eines Werkes gestatten es, die Wirtschaftlichkeit eines Einkaufs bzw. die Nachbestellung verkaufter Titel bei kleinen Restauflagen zu überprüfen. Vermerke über die Häufigkeit eines Titels im Handel und die Kollegenpreise erhöhen die Übersichtlichkeit. Darüber hinaus kann man die Kunden notieren, die den Titel bereits gekauft haben oder ihn zumindest angeboten bekamen. Bei modernen Computerprogrammen wird das alles automatisch festgehalten.

3. Sonderformen der Aufnahmetechnik

Oben wurde die Aufnahme von Büchern ab 1501 beschrieben, die auf den weitaus größten Teil der Ware anwendbar ist. Daneben kommen natürlich auch andere «Informationsträger» vor, die mit abweichenden Aufnahmetechniken zu bearbeiten sind: Inkunabeln, Flugschriften, Autographen, Graphik, Bildnisse und Ansichten, Einbände, Exlibris, Musikalien, Comics, Originalfotografien, Firmenschriften.

Inkunabeln

Als Inkunabeln oder Wiegendrucke werden Bücher bezeichnet, die zwischen circa 1445 bis 1500 gedruckt wurden und bei denen sich die Drucker noch stark an der Gestaltung von Handschriften orientierten. Dies wird besonders in der speziellen Typographie und dem fehlenden Titelblatt sichtbar, aber auch in der Übernahme der Schreibgewohnheiten wie z. B. bei Abkürzungen und Buchstabenverbindungen. Die Angaben zum Buch findet man in der Schlussschrift, dem Kolophon bzw. Impressum.

Die Aufnahme einer Inkunabel gliedert sich gewöhnlich in vier Teile:

> a) das bibliographische Gerüst: Verfassername, Sachtitel (eventuell gekürzt), Druckort, Drucker (und Verleger) und Erscheinungsjahr;
> b) die Kollation: Format, Umfang, Signaturen, Kustoden, Blattzählung, Druckanordnung und -ausstattung;
> c) die eigentlichen textlichen Notizen, die aus dem Titel, dem Inzipit (Anfangszeile), dem Kolophon (Schlussschrift) oder anderen wichtigen Textstellen des Drucks gewonnen werden;
> d) die Beschreibung der besonderen, das einzelne Exemplar betreffenden Eigenheiten und Angaben über die literatur- oder wissenschaftsgeschichtliche Bedeutung der Inkunabel.

Der *Verfassername* ist Ordnungswort und wird im Nominativ angegeben. Angaben über Autor, Titel, Druckort und Erscheinungsjahr lassen sich, sofern sie nicht aus dem Anfang eines

Drucks zu ersehen sind, eventuell der Schlussschrift (dem Explicit, Impressum, Kolophon oder Rubrum) entnehmen. Die Titelangabe soll kurz, aber charakteristisch sein (z. B.: Biblia latina, Trithemius, Joh. De cura pastorali u. ä.). Normalerweise steht der Titel auf der Vorderseite (recto) des ersten bedruckten Blattes, manchmal aber auch auf deren Rückseite (verso). Der Druckort wird heute meist in deutscher Sprache angegeben. Auch hier bietet sich zur Übersetzung lateinischer Ortsnamen der von Graesse herausgegebene Orbis latinus an.

Die Namen der *Drucker* werden in der von ihnen gewählten Form angegeben. Ist der Drucker nicht zugleich Verleger, so schreibt man Drucker für Verleger. Das Erscheinungsjahr gibt man in der Form der Vorlage an. Die Angaben findet man meist in der Endschrift (Explicit) eines Werkes. Fehlen diese und sind sie auch nicht zu ermitteln, so schreibt man:

o. O. = ohne Ort (lat. s. l. = sine loco),
o. Dr. = ohne Druckername (lat. s. imp. = sine impressore),
o. J. = ohne Jahr (lat. s. a. = sine anno).

Es sind auch Kombinationen aus den vorhergehenden Abkürzungen möglich. Die deutsche Fassung hat sich heute durchgesetzt. Ergänzungen der fehlenden Angaben werden in eckige Klammern gesetzt.

Die Angaben über die Kollation beginnen mit der Formatbezeichnung. Da die Frühdrucker meist mit sogenannten Einsteckbogen gearbeitet haben und deshalb die Lage eines Drucks nicht mit dem Bogen identisch ist, müssen zur Formatbestimmung andere Hilfsmittel herangezogen werden. Wasserzeichen können dabei gute Dienste leisten. Befindet sich das Wasserzeichen in der Mitte einer Seite, so liegt das Werk in Folio vor. Bei Quart steht es im Falz und bei Oktav am oberen Blattrand. Die Signaturen dienen zur Unterscheidung der einzelnen Druckbogen und befinden sich meist in Form des Normalalphabets unter Ausschaltung der Buchstaben j, v und w am unteren Rande der ersten Bogenhälfte. Besitzt ein Werk Kustoden oder Blattweiser, die dem Leser bzw. Buchbinder als Hilfsmittel dienen sollten, so ist in der Beschreibung darauf hinzuweisen. Kustoden wiederholen das erste Wort oder die Anfangssilbe einer neuen Bogenlage oder Seite am Schluss der vorhergehenden. Ist der Satzspiegel in mehrere Kolumnen oder Spalten eingeteilt, ist dies anzugeben.

Besondere Aufmerksamkeit gilt der Blattzählung unter Berücksichtigung der leeren Blätter. Vom Drucker paginierte Seiten oder Blätter sind entsprechend anzugeben. Die Druckausstattung (Typen, Initialen, Bordüren, Rubriken, Holzschnitte, Miniaturen, Karten, Noten, Drucker- und Verlegermarken usw.) ist oft schwierig anzugeben. Hier kommt man bei einer sorgfältigen Beschreibung nicht ohne eine Reihe von Hilfsmitteln aus. Schließlich ist der Einband und der Erhaltungszustand einer Inkunabel sorgfältig zu beschreiben.

Die *Textbeschreibung* erfolgt in genauer Anlehnung an das Original. Die Schriftform, Abkürzungen, Druckfehler usw. sind ohne Änderungen zu übernehmen. Initialen werden durch runde, Spatien durch eckige Klammern gekennzeichnet. Die Wiedergabe von Leitbuchstaben bzw. Repräsentanten (directores) – das sind für den Illuminator vorgedruckte Initialzeichen – erfolgt nach dem Original (z. B.: (J) Ncipit; [ ] Ncipit; (i) Ncipit). Einen Zeilenabschluss beschreibt man durch zwei vertikale Striche (z. B. Contenta in hoc libello //). Die Vorder- und Rückseite eines Blattes werden mit a und b, die Spalten jeder Seite mit alpha, beta, gamma bezeichnet. In Texten von sehr frühen Drucken befinden sich meist Abbreviaturen (systematische Abkürzungen, zu deren Auflösung das Lexicon abbreviaturarum von Cappelli (siehe Kapitel 16.4.) sehr nützlich sein kann).

Bibliographien sowie Kommentare zur Provenienz der Inkunabel, den Lebensumständen des Verfassers bzw. Druckers usw. werden nach ähnlichen Gesichtspunkten wie bei späteren Werken angegeben und vervollständigen die Beschreibung.

Beispiel einer Inkunabelbeschreibung:

Cyprianus, Caecilius. Opera [Stuttgart, Drucker der Erwählung Maximilians, um 1486]. Folio. Kollation: A–P8 Q R6. 131 (von 132) Bll. nnum., ohne das letzte weiße Blatt. 2 col., 44–47 lin. Type 2:86G. Mit zahlreichen rot eingemalten Initialen und durchgehend rubriziert. Pergamentband mit kalligraphischem Rückentitel.

Einer von nur drei bekannten Drucken der einzigen Stuttgarter Presse des 15. Jahrhunderts. Die Identität des «Druckers der Erwählung Maximilians», des einzigen firmierten Stuttgarter Drucks, ist nicht geklärt. Ursprünglich wurde der Druck aufgrund der Ähnlichkeit der Texttype dem Reutlinger Drucker Michael Greyff zugewiesen. Da jedoch die Auszeichnungstype, eine Initiale und einzelne Bordürenteile der «Erwählung Maximilians» aus dem Besitz von Conrad Fyner in Urach stammten, wurde später vermutet, dass dieser um 1486 in Stuttgart war und der Drucker dieser drei Drucke sei. Am wahrscheinlichsten ist, dass der Drucker Hans Scheffer war, der in Stuttgarter Steuerlisten dieser Jahre als Buchdrucker auftaucht. Er könnte mit Johann Scheffler identisch sein, der später in Ulm, Freising und Konstanz tätig war. Der zuerst 1471 in Rom erschienene Text liegt hier in einer erweiterten, durch den Herausgeber geordneten Fassung vor; der Satz entspricht der bei BMC beschriebenen Variante mit dem Druckfehler «co(n)fossoris» im Kolophon. – Exlibris der Bibliothek Victor von Klemperer auf Vorsatz, Schluss etwas gebräunt und mit Wasserrand außen und unten, sonst gutes und breitrandiges Exemplar. – HC 5895; GW 7887; Goff C-1014; BMC III, 675.

Flugschriften

Flugschriften sind Druckschriften von geringem Umfang, die oft geheftet sind und meist zu wissenschaftlichen, religiösen oder politischen Tagesfragen Stellung nehmen.

Flugschriften aus der Reformationszeit werden in der Schreibweise des Originals aufgenommen und die Zeilenenden durch vertikale Striche angedeutet. Dies ermöglicht den Vergleich der Satzbilder verschiedener Ausgaben und ist um so wichtiger bei bibliographisch nicht nachweisbaren Werken. Bei bibliographisch eindeutig identifizierten Werken wird heute meist auf die Zeilenende-Markierung verzichtet.

Beispiel für die Aufnahme einer Flugschrift:

> Luther, Martin. An den Christlichen Adel deutscher Nation: von des Christlichen standes besserung. Wittenberg, [Melchior Lotter d. J.] 1520. 4to. 48 Bll. nnum., das letzte weiß. Moderner Maroquinband mit Goldtitel in Schuber.
>
> *Erste Ausgabe, selten. Die erste der drei großen Reformationsschriften des Jahres 1520, mit denen Luther sein Programm entwickelte. Luther setzt sich hier mit dem Gedanken der Gründung einer deutschen Nationalkirche auseinander. «Es ist die weltgeschichtliche Bedeutung dieser mit Recht berühmtesten aller Lutherschriften, dass sie der geistlichen Gewalt nur ein seelsorgerisches Amt zuwies, die Überwachung des kirchlichen Volkslebens aber der weltlichen Obrigkeit» (A. E. Berger). – Ranke nannte sie «ein paar Bogen von welthistorischem Inhalt». «Indem Luther den Adel und nicht die Reichsstände anredete, gab er der Adelspartei den Wink, jetzt dem Kaiser und den Fürsten ihren Willen aufzuzwingen. Etwas Wirkliches geschehen konnte nur auf dem Wege der politischen Macht. Sie ist es, die Luther aufruft. Er war jetzt unbestritten die einflußreichste Persönlichkeit der Nation.» (Meißinger). Der Erfolg der Schrift war beispiellos. Innerhalb einer Woche war die erste Auflage von 4000 Stück ausverkauft; sie erschien noch im gleichen Jahr in mehreren Nachdrucken und Neuausgaben. – Kleine Zeichnung auf dem letzten weißen Blatt, zeitgenössischer Kaufvermerk am Unterrand des Titels (leicht angeschnitten), sonst vorzüglich erhalten und überaus breitrandig.*

Einbände

Bei kostbaren Einbänden wird entweder die Einbandart oder, falls bekannt, der Buchbinder bzw. Sammler Ordnungswort.

Wichtig ist, ob die Einbände signiert sind oder nicht. Neben der Beschreibung der Vergoldungen und Prägungen ist anzugeben, ob Schließen, Bindebänder oder Beschläge vorhanden sind. Die Reihenfolge der Aufnahme wird aus den nachfolgenden Beispielen deutlich:

> Fugger-Einband im «Maioli»-Stil: mit Fuggerschem Wappen. Folio. Dunkler Maroquin-Bd. mit reich verschlungenem hellbraunen und roten Bandwerk. Zwischenräume mit reich vergoldetem à fond criblé Mittelstück, großes Fuggersches Wappen in bunter Lederarbeit. – Rückdeckel entsprechend dem Vorderdeckel, gleichfalls mit großem Fuggerschem Wappen als Mittelstück. – Rücken im Stil der Deckel, mit reichem verschlungenem Bandwerk á fond criblé, stark überhöhte Kapitale. Farbig gepunzter Goldschnitt. Schließenbänder fehlen.
>
> *Inhalt: Flavii Josephi Opera (graece). Basel, Froben, 1544 – Titelblatt gestempelt; auf Innendeckel hs. Eintrag «Marcus Fuggerus». Ein Meisterwerk des Binders für Maioli, nach Qualität und Erhaltung sicher das Beste, was an Fuggerschen Wappen-Einbänden je auf den Markt kam.*
>
> Grolier. – [Huttichius (Joh.)]. Imperatorum Romanorum libellus. Straßburg, W. Köpfel, 1526. 8°. Mit hübscher Holzschnittbordüre und 184 Kaiser-Medaillons von H. Weiditz. Braun. Kalbldrbd. mit vergoldeten dreifachen Filetten, Eckfleurons und verschlungenem Mittelstück. Auf Vorderdeckel «RO. IMPP. / IMAGINES», auf Rückdeckel «GROLIER II / ET AMICO RUM». (Moderner Schuber).
>
> *Einer der schönsten Einbände aus der berühmten Bibliothek Jean Groliers, in vorzüglicher Erhaltung. (Rücken restauriert). Dieser von feinstem Geschmack zeugende Einband wird zitiert von Le Roux de Lincy, Jean Grolier (1866) Nr. 135. [2. Aufl. von 1907 Nr. 237] und von Hobson, 30 bindings from the First Edition Club's 17th exhib. (1926) p. 186. (Farb. Abb. Taf. 7). Hobson hat nachgewiesen, dass unser Einband zu einer Gruppe von acht Einbänden gehört, die um 1536 gemacht wurden und die ältesten sind, die den Namen Groliers tragen. Sie stammen zweifellos aus einer*

Pariser Werkstatt; die Ähnlichkeit der Verzierungen mit Einbänden für Franz I. lässt vermuten, dass sie von Etienne Roffet ausgeführt wurden. Unser Einband ist nachweisbar in den Sammlungen Heathcote, Heber, Vernon und Holford.

Firmenschriften

Firmenschriften wie Festschriften, Verkaufskataloge und Prospekte sind stets unter der Firma aufzunehmen, auf die sie sich beziehen. Bei Festschriften empfiehlt es sich, auf die Ausstattung und die Abbildungen zu achten. Teilweise stammt die typografische Gestaltung von bedeutenden Buchkünstlern und die Fotos von bekannten Fotografen. Wenn aus dem Titel nicht ersichtlich ist, in welchen Bereichen die Firma tätig war, so ist dies im Kommentar anzugeben.

Bei *Verkaufskatalogen* und *Prospekten* ist die Datierung meist nicht ganz einfach, da in vielen Fällen das Erscheinungsjahr fehlt. Manchmal kann aus Drucknummern am Ende der Prospekte oder aus versteckten Angaben im Katalog (Abbildung von Gegenständen mit Datum, statistische Daten mit Jahresangaben, abgedruckte Dankesschreiben von Kunden mit Datum) das ungefähre Erscheinungsjahr ermittelt werden. Ist das nicht möglich, bleiben andere Wege der zeitlichen Eingrenzung. Wurde ein Katalog lithographisch gedruckt, so ist die Wahrscheinlichkeit groß, dass er aus dem 19. Jahrhundert stammt, da lithographierte Kataloge aus dem Anfang des 20. Jahrhunderts die Ausnahme sind. Ein oft brauchbares Mittel zur ungefähren Datierung deutscher Kataloge sind die Preise. Da sich in den letzten 130 Jahren die Währung mehrfach geändert hat, lassen die Währungsbezeichnungen Rückschlüsse auf den Erscheinungszeitraum zu (siehe die Tabelle in Kapitel 17.4.).

Sonderformen der Aufnahmetechnik

Musikalien

Musikalien sind oft schwierig zu bearbeiten, da die Bestimmung der Auflage nur mit großer Sachkenntnis möglich ist. Bis ins 19. Jahrhundert wurden Noten in Kupfer- bzw. Stahlplatten gestochen oder geschlagen. Diese Druckplatten sind, teils mit kleinen Korrekturen, oft über Jahre und Jahrzehnte ohne Änderung des Titelblatts verwendet worden. Der Spezialist muss die Auflage also anhand des Plattenzustands und der nachträglich ausgeführten Notenkorrekturen festlegen, was nur mit großer Erfahrung und umfangreicher Handbibliothek möglich ist.

Autographen

Autographen werden unter dem Schreiber mit Angabe seines Berufs bzw. Standes und seinen Lebensdaten aufgenommen. Es folgen die Form des Autographs (Brief, Karte, Billett und ähnlich), das Datum der Niederschrift, das Format und der Umfang. Der Kommentar enthält zusätzliche Beschreibungen des Inhalts und der äußeren Form sowie der Bedeutung und des Erhaltungszustands. Empfehlenswert ist es, das Schreibmittel (Tinte, Bleistift, Kugelschreiber usw.) anzugeben. Wichtig ist auch die Information, ob der Brief maschinenschriftlich, handschriftlich von einem Schreiber oder eigenhändig geschrieben wurde.
Beispiel:

> Gagarin, Juri. Sowjetischer Kosmonaut, (1934–1968). Postkarte m. U. O. O. Circa 1964. 8°.
> *Russische Postkarte mit Abbildung des Moskauer «Ukraina Hotels». Die Unterschrift Gagarins auf der Bildseite oben.*
>
> Zeppelin, Ferdinand Graf von. Erbauer des Starrluftschiffes, (1838–1917). Brief mit Unterschrift. Friedrichshafen 1. April 1914. 4°. 1 $^1/_2$ Seiten.

> *Äußert sich über die Mitführung von flüssigem Wasserstoff im Luftschiff. – Gelocht.*

Comics

Ein eigener und wachsender Markt sind die Bilderfortsetzungsgeschichten mit Sprechblasen, kurz Comics genannt. Entstanden sind sie als Witzspalten amerikanischer Zeitungen und Magazine um 1900. Auch als Werbegeschenk großer Firmen spielten sie eine Rolle. In den frühen 1930er Jahren eroberten sie als eigenständige Comic-Hefte ein Massenpublikum im englisch- und französischsprachigen Gebiet. In Deutschland wurden sie erst nach dem Ende des Zweiten Weltkriegs populär. Gesammelt werden nicht nur bestimmte Auflagen der normalen Hefte, sondern auch gezeichnete Originalvorlagen und limitierte Auflagen. Die Preise richten sich meist nach dem allgemeinen deutschen Comic-Preiskatalog. Besonders wichtig für die Preisgestaltung sind auch hier Zustand und Auflage der jeweiligen Hefte, die in den Aufnahmen möglichst genau anzugeben sind. Reprints sind fast immer als solche gekennzeichnet. Eine Ausnahme stellen die 1951 erschienenen ersten vier Heften von «Micky Maus» dar; die Nachdrucke können nur durch die fehlenden Preisangaben auf den Umschlägen identifiziert werden.

> Asterix und das Atomkraftwerk. O. O. Verlag Plutonium. (um 1980). 30 × 21 cm. 45 S. mit zahlr. Schwarzweiß-Comicstrips. Farbig illustr. OBrosch. (Bd. 239).
>
> *Legendärer Raubdruck mit neuen Texten zu den «geklauten» Originalbildern.*
>
> (Barks, Carl). Walt Disney's Weihnachts-Sonderheft. Stgt. Ehapa. (Dezember 1953). 26 × 18 cm. 30 nn. farbig illustrierte Seiten. Farbig illustr. OBrosch.
>
> *Sehr seltenes Barks-Heft in guter Erhaltung. Enthält die Geschichte: Donald Duck in «Rat Einmal!» sowie Donald Ducks*

Weihnachtsspiel für 2 Personen und «Schweinchen Schlau Haus» zum Ausschneiden und Zusammenkleben.

Graphik

Das weite Gebiet der Graphik lässt sich in Landkarten und Stadtansichten, dekorative Graphik sowie in Künstler- und Altmeistergraphik unterteilen.

Bei *Karten* und *Stadtansichten* werden das dargestellte Land bzw. die abgebildete Stadt Ordnungswort. Es ist ferner die Drucktechnik (Kupferstich, Holzschnitt, Lithographie) anzugeben; außerdem, ob die Karte koloriert ist oder nicht, ob sie eine Kartusche (ornamentale Zierrahmen für Überschriften, Inschriften, etc.) oder am Rande allegorische Figuren, Ansichten, Wappen und Ähnliches zeigt und wer sie gezeichnet bzw. gestochen hat. Der Druckort, das Erscheinungsjahr (eventuell geschätzt) und die Größe (Höhe × Breite) in cm bilden den Schluss der Hauptaufnahme. Gegebenenfalls folgen noch Kommentar, Zustandsbeschreibung und Bibliographien.

> Deutschland. – «Karte von Deutschland nach der gegenwärtigen Eintheilung». Grenzkolor. Kupferkarte von J. Walch. Augsburg. 1823. Mit 2 Schriftkartuschen und Farbenerklärung. Von 4 Platten gedruckt und zusammengesetzt. 98 : 120,5 cm.

> Leipzig. – «Abbildung der Königl. und Churfürstl. Sächs., weltberühmten Kauf und Handelsstadt Leipzig mit der dabeyliegenden Gegend von Süd–Ost anzusehen». Im breiten Unterrand das Staats- und Stadtwappen sowie Zifferneklärung. Von und nach Joh. Christ Müller in Gera gest. 1747. Qu.-Gr.-Fol. In rotbraunem Rahmen mit Messingbeschlägen.

Bildnisse und Ansichten

Dekorative Graphik wird meist unter dem dargestellten Gegenstand aufgenommen, z. B. bei Porträts unter dem Na-

Die Handelsgegenstände und ihre Bearbeitung

men der dargestellten Person oder bei kulturgeschichtlich interessanten Motiven unter der Szene.

> Dürer – «Albrecht Dürer». Porträt in Kupferstich, in der Platte monogr. «FML» (M. Lorch) und datiert «1550». 19 × 14 cm.
> *Eines der wenigen zeitgenössischen Porträts Dürers, selten wie alle Arbeiten von Melchior Lorichs (circa 1527–1583), der seit 1547 in Nürnberg tätig war. – Etwas angestaubt. Bis zur Einfassung beschnitten. Kräftiger Abdruck.*

> Studentica. – Die Studierenden zu Leipzig bei der Einweihung des Augusteums am 3. Aug. 1836 in der Aula. Lithographie, Kolor. Qu.-Fol.

Handzeichnungen und Künstlergraphik werden unter dem Künstler aufgenommen. Dabei steht auf graphischen Blättern (Kupferstichen, Radierungen) der entwerfende Künstler meist unten links [pinx. (pinxit = hat es gemalt), Raffaelo Santi oder del. (delineavit = hat es gezeichnet) Ludwig Richter]. Der Name des Stechers steht meist rechts unten, versehen mit «sc.» (sculpsit = hat es gestochen) oder allgemein «fec.» (fecit = hat es gemacht, angefertigt). Auch er wird in der Aufnahme angegeben.

> Defregger, Franz von.: Brustbild eines bärtigen Mannes. Kohle-Zeichnung. 41,8 × 29,6 cm. Signiert.
> *Ausdrucksvolles Porträt eines älteren Mannes mit zerfurchter Stirn und zusammengekniffenen Augen. Unten links signiert «Defregger».*

> Liebermann, M.: Selbstporträt mit Zeichenblock. Radierung. Um 1923. Circa 15,5 × 12 cm. Signiert.
> *Kräftiger Druck auf Japan mit leichtem Plattenton. Im unteren Rand von fremder Hand mit Bleistift num. 18/20 Exemplaren und mit «von der unverstählten Platte» bezeichnet. – Achenbach 56 (gibt keine Auflagenhöhe an).*

> Richter, L.: Erntezug in der römischen Campagna. Gest. von E. Stölzel. Qu.-Fol.
> *Brillanter Abzug auf chinesischem Papier.*

Sonderformen der Aufnahmetechnik

Exlibris

Exlibris sind in der Regel kleinformatige, graphisch oder typographisch gestaltete und in verschiedenen Drucktechniken (z. B. Lithographie, Kupferstich, Buchdruck) vervielfältigte Bucheignerzeichen, die meist auf den Vorsatz eines Buches geklebt und vor allem im späten 19. und 20. Jahrhundert zu beliebten Objekten für Sammler wurden. In Deutschland gehen sie bis ins 15. Jahrhundert zurück und wurden teilweise von bedeutenden Künstlern wie Dürer, Klinger und Vogeler gestaltet. In Deutschland (seit 1892), Großbritannien (seit 1891) und Österreich (seit 1902) bestehen Exlibris-Gesellschaften mit eigenen Zeitschriften (z. B. «Exlibriskunst und Gebrauchsgraphik»), die sich der Forschung und dem Informationsaustausch widmen.

Bei der Beschreibung kommt an erster Stelle der Künstler, der zum Ordnungswort wird, dann der Auftraggeber und das Motiv (z. B. Wappen, Erotik) bzw. die Berufsgruppe (z. B. Apotheker, Mediziner). Entstehungszeit (meist geschätzt), Drucktechnik und Format gehören gleichfalls zur Hauptaufnahme.

> Lechter, M. Bibliothek des Baurat Carl von Groszheim'schen Hauses. (Circa 1910). Holzschnitt in Schwarz und Rot. 10,7 × 6,7 cm.
>
> Pankok, B.: Exlibris Dr. Karl Franck-Oberaspach. 1904. Radierung. 8,5 × 5,8 cm. Mit Bleistift signiert und datiert.

Neben seinem Status als Sammelobjekt kann das Exlibris dazu dienen, die Provenienz eines Buchs zu bestimmen und damit unter Umständen dessen Wert zu erhöhen.

Die *Buchhändlermarken* (in München Wapperl, in Österreich auch Pickerl genannt), die vor allem im 19. und in der ersten Hälfte des 20. Jahrhunderts von vielen Buchhändlern und Antiquaren als Werbung in die Bücher eingeklebt wurden, stehen mit den Exlibris nicht auf einer Stufe. Da sie aber manchmal von kulturgeschichtlichem Interesse sind und zudem von einer kleinen Gruppe von Sammlern als Spezialsammelgebiet gepflegt werden, seien sie in diesem Abschnitt wenigstens erwähnt.

Originalfotografien

Die Bearbeitung von Originalfotografien ist eine schwierige Angelegenheit. Am Anfang steht die Ermittlung des Fotografen. Manchmal sind die Fotos in der Platte oder im Abzug signiert bzw. vom Fotografen gestempelt. Manchmal ist auch dessen Adresse oder Werbung für sein Atelier auf die Rückseite gedruckt. Man nimmt Fotos unter dem Namen des Fotografen auf; falls nicht zu ermitteln, unter dem Motiv; danach Ort und Datum (sofern festzustellen). Es folgen die fotografische Technik sowie Form und Größe. Die Größen bei Fotografien kann man in Zentimetern (Höhe × Breite) angeben. Oft finden sich allerdings Angaben wie Visit, Cabinett, Mignon oder Royal (eine Tabelle hierzu in Kapitel 20). Das Ende der Hauptaufnahme bildet auch bei den Fotografien der Verkaufspreis. Anschließend kommen Kommentar und Zustandsbeschreibung. Bibliographische Angaben sind in vielen Fällen nicht möglich, da es sich um ein bibliographisch schwer zu erschließendes Gebiet handelt.

Der Markt für Originalfotos teilt sich im Wesentlichen in die drei Bereiche Künstlerfotos, alte Originalfotos und Daguerreotypien.

– Die *Künstlerfotos* werden überwiegend in Galerien gehandelt und von einem speziellen Kundenkreis gekauft. Durch die Möglichkeit der beliebig häufigen Reproduktion ist der Begriff «Vintage-Print» besonders wichtig, der einen zeitgenössischen Abzug bezeichnet, den möglichst der Fotograf selbst angefertigt hat. Diese Fotos können mittlerweile so teuer sein, dass sich Fälschungen lohnen; es ist daher Vorsicht angebracht.

– *Alte Originalfotos* hingegen werden mittlerweile vielfach im Antiquariat gehandelt. Hier ist es wichtig, auf gute Zustände zu achten (nicht vergilbt, unbeschnitten, nicht verblasst). Besonders gefragt sind Fotos nach der Natur. Galeriewerke (d. h. Fotos von Gemälden, Zeichnungen und Graphiken) sind, abgesehen von den ersten Werken dieser Gattung, ein bisher noch wenig erschlossenes Sammelgebiet und deshalb günstig im Preis.

– *Daguerreotypien* sind positive seitenverkehrte Bilder auf Silber- oder versilberten Kupferplatten, die durch fotografische Verfahren hergestellt wurden. Jedes dieser Bilder ist ein Unikat. Das Verfahren wurde 1837 von Daguerre erfunden und 1839 von der französischen Regierung angekauft, um es der Öffentlichkeit zur Verfügung zu stellen. Für den Handel ist auch hier die Zuordnung von Fotograf und Motiv sehr wichtig ebenso wie der Erhaltungszustand. Sie sollten möglichst nicht aufgeschnitten, oxidiert oder verkratzt sein. Als Faustregel kann man sagen, dass große Platten wertvoller als kleine und Außenaufnahmen interessanter als Innenaufnahmen sind.

Angerer, L.: Richard Wagner, ganze Figur, Studioaufnahme, um 1865. Auf Karton gewalzt mit rückseitiger Fotografenadresse «L. Angerer, Wien». 5,7 × 9,4 cm.

Weltausstellung. Paris 1855. 2 Stereofotografien. Albumin montiert auf gelbem Karton. 7,2 × 14,2 cm.
Stereoaufnahmen von der Weltausstellung 1855 sind sehr selten. – Rückseite mit zeitgenössischer Beschriftung.

Sabatier-Blot, J. B.: Junger Herr mit Kinnbart am Tisch sitzend. Paris. Palais Royal um 1840. Daguerreotypie unter Passepartout. Achtelplatte.

Die Handelsgegenstände und ihre Bearbeitung

Auf Passepartout handschriftlich signiert «Sabatier-Blot, Palais Royal 137». – Sabatier-Blot war Schüler Daguerres. Die Aufnahme entstand wohl in seinem Studio. – Schöne Aufnahme, nur gering fleckig.

16. Die Handbibliothek

1. Allgemeine Bibliographien

a) Einführung in die Bibliographie

Allischewski, H.: Bibliographienkunde. 2. neubearb. und erw. Aufl. Wiesbaden 1986

Besterman, T.: A World Bibliography of Bibliographies and Bibliographical Catalogues, Calendars, Abstracts, Digests, Indexes and the like. 4. Aufl. 5 Bde. Lausanne 1965–66. Nachdruck München 1971. Die umfassendste Bibliographie selbständig erschienener Bibliographien aller Art, Personalbibliographien eingeschlossen. 1977 erschienen 2 Bde. für den Zeitraum 1964–74.

Bowers, F.: Principles of Bibliographical Description. Neuausgabe. Winchester 1986.

Breslauer, B. und R. Folter: Bibliography, its History and Development. New York 1984. Kommentierte Auswahl von 169 bedeutenden Bibliographien, von der Antike bis ins 20. Jahrhundert.

Domay, F.: Formenlehre der bibliographischen Ermittlung. Eine Einführung in die Praxis der Literaturerschließung. Stuttgart 1968.

Domay, F.: Bibliographie der nationalen Bibliographien. Stuttgart 1987.

Internationale Bibliographie der Bibliographien. Bearb. von H. Bohatta und F. Hodes. Frankfurt am Main 1950.

Petzholdt, J.: Bibliotheca bibliographica. Kritisches Verzeichnis der das Gesammtgebiet der Bibliographie betreffenden Litteratur des In- und Auslandes in systematischer Ordnung. Leipzig 1866. Nachdruck Nieuwkoop 1972.

Schneider, G.: Handbuch der Bibliographie. Völlig neu bearb. von F. Nestler. 6. Aufl. Stuttgart 1999.

Totok-Weitzel – Handbuch der bibliographischen Nachschlagewerke. Hrsg. W. Totok und R. Weitzel. 6. erw. und völlig neu bearbeitete Auflage hrsg. von H.-J. und D. Kernchen. 2 Bde. Frankfurt am Main 1984–85.

b) Deutsche Allgemeinbibliographien

Heinsius, W.: Allgemeines Bücherlexikon oder vollständiges alphabetisches Verzeichnis aller von 1700 bis Ende 1892 erschienenen Bücher. 19 Bde. Leipzig 1812–94. Nachdruck Graz 1962–63.

Kayser, C. G.: Vollständiges Bücherlexikon, enthaltend alle seit 1750 in Deutschland und in den angrenzenden Ländern gedruckten Bücher. 36 Bde. und 6 Registerbde. Leipzig 1834–1911. Nachdruck Graz 1961–63.

Hinrichs' Bücherkatalog. 13 Bde. Leipzig 1856–1913. Nachdruck der Bde. 1–3 Graz 1964.

Georg, K. und L. Ost: Schlagwort-Katalog. 7 Bde. Hannover 1889–1913. Berichtszeit 1833–1912.

Deutsches Bücherverzeichnis. 90 Bde. Leipzig 1916–1990. Teilweise nachgedruckt in Graz und New York.

Deutsche Bibliographie. Bearbeitet von der Deutschen Bibliothek und herausgegeben von der Buchhändler-Vereinigung. Frankfurt am Main 1954 ff. Detaillierte Beschreibung siehe F. Uhlig und W. Peitz: Der Sortimentsbuchhändler. 19. Aufl. Stuttgart 1992. S. 222 f.

Es gibt, abgesehen von dem unten aufgeführten «Verzeichnis der im deutschen Sprachraum erschienenen Drucke des 16. Jahrhunderts (VD 16)», zwei Gesamtverzeichnisse des deutschsprachigen Schrifttums, welche die erwähnten Werke und noch zahlreiche weitere für den jeweiligen Berichtszeitraum zusammenfassen. Hierzu wurden die Titelaufnahmen fotomechanisch reproduziert und in ein einheitliches Alphabet gebracht. Trotz der nicht nur durch das Quellenmaterial bedingten Fehler, Ungenauigkeiten und Unvollständigkeiten liegen die Vorteile vor allem darin, dass man über 250 zum Teil nur schwer zugängliche bibliographische Nachschlagewerke und Bibliothekskataloge zur Verfügung hat, den großen Platzbedarf für diese Nachschlagewerke z. B. bei der Mikrofiche-Edition auf die Größe von zwei Schuhkartons reduziert und für einen Titel nur an einer Stelle nachschlagen muss.

Gesamtverzeichnis des deutschsprachigen Schrifttums (GV) 1700–1910. 160 Bde. München. 1979–1987. Oder: Mikrofiche-Edition auf 795 Fichen. München 1986.

Gesamtverzeichnis des deutschsprachigen Schrifttums (GV) 1911–1965. 150 Bde. München. 1976–1981. Oder: Mikrofiche-Edition auf 400 Fichen. München 1984.

Auf den Nachweis gedruckter ausländischer Allgemeinbibliographien wird verzichtet; durch die hervorragenden Recherchemöglichkeiten über das Internet ist ihre praktische Bedeutung im Antiquariatsbuchhandel sehr im Abnehmen begriffen.

c) Allgemeinbibliographien und Kataloge für Inkunabeln und alte Drucke

Adams, H. M.: Catalogue of Books Printed on the Continent of Europe, 1501–1600 in Cambridge Libraries. 2 Bde. Cambridge 1967. Besonders hilfreich sind die exakten Kollationen.

Bayerische Staatsbibliothek (Hrsg.): Inkunabelkatalog. 5 Bde. Wiesbaden 1988–2000. Katalog der größten Inkunabelsammlung im deutschsprachigen Gebiet.

British Library (Hrsg.): Catalogue of Books Printed in the XVth Century. 11 Bde. London 1908–85. Teilweise nachgedruckt. In der Bearbeitung heute noch vorbildlich.

British Library (Hrsg.): Short-Title Catalogue of Books Printed in the German-speaking Countries and German Books Printed in Other Countries from 1455 to 1600 now in the British Museum. 2 Bde. London 1962–90.

British Library (Hrsg.): Short-Title Catalogue of Books Printed in France and of French Books Printed in Other Countries from 1470 to 1600 now in the British Museum. 2 Bde. London 1966–87.

British Library (Hrsg.): Short-Title Catalogue of Books Printed in Italy and of Italian Books Printed in Other Countries from 1465 to 1600 now in the British Museum. 2 Bde. London 1986–90.

British Library (Hrsg.): Short-Title Catalogue of Books Printed in the Netherlands and Belgium and of Dutch and Flemish Books Printed in Other Countries from 1470 to 1600 now in the British Museum. London 1965.

Burger, K.: Beiträge zur Inkunabelbibliographie. Nummernconcordanz von Panzers lateinischen und deutschen Annalen und L. Hains Repertorium bibliographicum. Leipzig 1908. Nachdruck Hildesheim 1966.

Copinger, W. A.: Supplement to Hain's Repertorium bibliographicum or collections towards a new edition of that work. – und: Index. The printers and publishers of the XVth century. 2 Tle. in 3 Bdn. London 1895–1902. Nachdruck Mailand 1950.

Corsten, S. und R. W. Fuchs (Hrsg.): Der Buchdruck im 15. Jahrhundert. Eine Bibliographie. 2 Bde. Stuttgart 1988–93. Die zur Zeit wichtigste Einführung in die Inkunabelkunde.

Gesamtkatalog der Wiegendrucke (GW). Bd. 1 ff. Leipzig 1925 ff. Bis heute sind die Bde. 1–10 erschienen. Bde. 1–7 in 2. Aufl. Stuttgart 1968.

Goff, F. R.: Incunabula in American Libraries. New York 1964. Nachdruck Millwood 1973.

Hain, L.: Repertorium bibliographicum. 4 Bde. Stuttgart. 1826–38. Nachdruck Mailand 1966.

Index Aureliensis. Catalogus librorum sedecimo saeculo impressorum. Bd. 1 ff. Baden-Baden 1962 ff. Bisher sind 12 Tle. in 15 Bdn. erschienen.

Oldenbourg, M. C.: Hortulus animae [1494]–1523. Hamburg 1973.

Panzer, G. W.: Annalen der älteren deutschen Litteratur. 2 Bde. Nürnberg 1788–1805. Nachdruck Hildesheim 1961.

Panzer, G.W.: Annales typographici ab artis inventae origine ad annum 1536. 11 Bände. Nürnberg 1793–1803. Nachdruck Hildesheim 1963–64.

Proctor, R.: An Index of German Books 1501–1520 in the British Museum. 2. Aufl. London 1966.

Reichling, D.: Appendices ad Hainii-Copingeri repertorium bibliographicum. 2 Bde. München 1905–14. Nachdruck Mailand 1953.

Verzeichnis der im deutschen Sprachbereich erschienenen Drucke des XVI. Jahrhunderts (VD 16). Bd. 1 ff. Stuttgart 1983 ff. Bisher sind 25 Bände erschienen; Bände 22–25 = Registerbände. Hrsg. Bayerische Staatsbibliothek in München in Verbindung mit der Herzog August Bibliothek Wolfenbüttel.

Walsh – Harvard University Library (Hrsg.): A Catalogue of the Fifteenth-Century Printed Books in the Harvard University Library. Bearb. J. E. Walsh. 5 Bde. Binghamton 1991–97.

Weller, E.: Repertorium typographicum Die deutsche Literatur im ersten Viertel des 16. Jahrhunderts. Nördlingen 1864–85. Nachdruck Hildesheim 1961.

d) Bibliographien zum 17. und 18. Jahrhundert

British Library (Hrsg.): Catalogue of Books Printed in the German-Speaking Countries and of German Books Printed in Other Countries from 1601 to 1700 now in the British Library. 5 Bde. London 1994.

Brunet. J. C.: Manuel du libraire et de l'amateur de livres. 5. Aufl. 6 Bde. und Suppl. In 9 Bdn. Paris 1860–80. Wiederholt nachgedruckt, zuletzt Kopenhagen 1966–68. Enthält vorwiegend ältere bibliophile französische Werke.

Deutsche Drucke des Barock 1600–1720. Katalog der Herzog-August-Bibliothek Wolfenbüttel. Hrsg. M. Bircher und T. Bürger. 46 Bde. München 1977–2000. Und: Alphabetisches Kurztitelverzeichnis. Bearb. von E. Weyrauch. 6 Bde. München 2000.

Dünnhaupt, G.: Personalbibliographien zu den Drucken des Barock. 2., verb. und verm. Aufl. 6 Bde. Stuttgart 1990–93.

Ebert, F. A.: Allgemeines bibliographisches Lexikon. 2 Bde. Leipzig 1821–30. Nachdruck Hildesheim 1965.

Faber du Faur, C. von: German Baroque Literature (Yale University Library). 2 Bde. New Haven 1958–69. Nachdruck Woodbridge 1988.

Graesse, J. G. T.: Trésor de livres rares et précieux ou nouveau dictionnaire bibliographique … 7 Bde. Dresden 1859–69. Mehrfach nachgedruckt. Ähnlich aufgebaut wie das Verzeichnis von Brunet, aber mit mehr deutschen Werken.

Verzeichnis der im deutschen Sprachbereich erschienenen Drucke des 17. Jahrhunderts (VD 17). Im Aufbau. Nur über das Internet verfügbar: www.vd17.de.

e) Anonyme und pseudonyme Literatur

Deutschland

Eymer, W.: Eymers Pseudonymen Lexikon. Realnamen und Pseudonyme in der deutschen Literatur. Bonn 1997.

Holzmann, M. und H. Bohatta: Deutsches Anonymen-Lexikon 1501 bis 1926. 7 Bde. Weimar 1902–1928. Nachdruck Hildesheim 1984.

Holzmann, M. und H. Bohatta: Deutsches Pseudonymen-Lexikon. Wien 1906. Nachdruck Hildesheim 1989.

Weigand, J.: Pseudonyme. Ein Lexikon. 3., verb. Aufl. Baden-Baden 2000.

Weller, E.: Lexicon pseudonymorum. Wörterbuch der Pseudonymen aller Zeiten und Völker. 2., verm. Aufl. Regensburg 1886. Nachdrucke Hildesheim 1963 und 1977.

Weller, E.: Die falschen und fingierten Druckorte. 2., verm. und verb. Aufl. 3 Bde. Leipzig 1864–67. Nachdruck Hildesheim 1960–61.

England

Halkett, S. und J. Laing: Dictionary of Anonymous and Pseudonymous English Literature. Neuausgabe. 9 Bde. Edinburgh 1926–62.

Frankreich

Barbier, A. A.: Dictionnaire des ouvrages anonymes et pseudonymes. 3e éd. 4 Tle. und Suppl. in 4 Bdn. Paris 1872–89. Nachdruck Hildesheim 1963.

Brunet, G.: Supplément aux supercheries littéraires dévolées et au dictionnaire des ouvrages anonymes de J.-M. Quérard et A. E. Barbier. Paris 1964. Nachdruck der Ausgabe Paris 1889 (mit leicht abgewandeltem Titel).

Quérard, J. M.: Les supercheries littéraires dévoilées. 2e éd. 3 Bde. Paris 1869–89. Nachdruck Hildesheim 1965.

Italien

Melzi, G.: Dizionario di opere anonime e pseudonime di scrittori italiani … 4 Bde. Mailand 1848–87. Nachdruck New York 1960–64.

Niederlande

Doorninck, J. J. von: Vermonde en namlooze schryvers, opgespoord op het gebied der Nederlandsche en Vlaamsche letteren. 2. Aufl. 2 Bde. Leiden 1883–85.

f) Fachbibliographien

Unübersehbar groß ist die Zahl der Einzelbibliographien, die zu allen Gebieten der Wissenschaft und Literatur, zu einzelnen Personen, Orten und Landschaften selbständig und in Zeitschriften verstreut erschienen sind. Hier soll deshalb nur eine Auswahl der wichtigsten Fachbibliographien erwähnt werden. Insbesondere bei den Orts- und Personalbibliographien wäre jede Auswahl rein zufällig. Es ist daher für die tägliche Arbeit nahezu unerlässlich, sich eine Kartei mit Werken nach den eigenen Bedürfnissen und Ansprüchen anzulegen und zu versuchen, diese Werke auch zu erwerben.

Personalbibliographien und Werkverzeichnisse

Da wegen der übergroßen Stofffülle und der unterschiedlichen Interessensgebiete und Bedürfnisse jede Auflistung eine willkürliche Auswahl wäre, wird lediglich auf die weiterführenden Standardwerke für Personalbibliographien und Werkverzeichnisse hingewiesen.

Arnim – Internationale Personalbibliographie. Begründet von M. Arnim, fortgeführt von F. Hodes. 2. Aufl. 5 Bde. Stuttgart 1952–87. Verzeichnet sind diejenigen Stellen, an denen die Werke eines Wissenschaftlers, Schriftstellers oder Künstlers vollständig oder annähernd vollständig aufgelistet sind. Berücksichtigt werden dabei Bibliographien in selbständiger und unselbständiger Form.

Die beiden nachfolgenden Werke enthalten Werkverzeichnisse von Künstlern:

Arntz – Werkkataloge zur Kunst des 20. Jahrhunderts. Hrsg. W. F. Arntz. 2 Bde. Den Haag 1975–84.

Riggs, T. A.: The Print Council Index to Œuvres-Catalogues of Prints by European and American Artists. Millwood 1983.

g) Antiquariats- und Versteigerungskataloge

Die Kataloge der Kollegen dienen nicht nur zum Bestellen von Büchern, sondern sind auch für die Marktbeobachtung wichtig. Zu sehen, wer welche Bücher zu welchen Preisen anbietet, ist ein wichtiges Element der eigenen Preis- und Einkaufspolitik. Darüber hinaus bilden Spezial- oder Sammlungskataloge bedeutender Firmen dem Antiquar wertvolle Hilfe bei der Einarbeitung in die jeweiligen Gebiete. Sie sind oft sehr sorgfältig bearbeitet und geben durch die Auswahl der Titel und die umfangreichen Kommentare einen guten Einblick. Einige bedeutende Kataloge sind unter die jeweiligen Sachgebiete eingeordnet, zu denen sie als Spezialbibliographie gehören.

Die Kataloge der führenden Auktionshäuser sind hilfreich, weil die Titelaufnahmen teilweise gut kommentiert und mit den entsprechenden bibliographischen Angaben versehen sind und so die Jahr- oder Taschenbücher der Auktionspreise notwendig ergänzen. Zu einem Auktionsergebnis, das man in den Preisverzeichnissen findet, sollte man sich immer die entsprechende Beschreibung im Auktionskatalog ansehen, da nur hier die preisbildenden Eigenschaften eines Exemplars (Erhaltungszustand, Vollständigkeit, Widmung oder bedeutende Provenienz) beschrieben werden.

h) Zeitschriftenbibliographien

Diesch, C.: Bibliographie der germanistischen Zeitschriften. Leipzig 1927. Nachdruck Stuttgart 1970.

Dietzel, T. und H.-O. Hügel: Deutsche literarische Zeitschriften. 1880–1945. Hrsg. Deutsches Literaturarchiv Marbach. 5 Bde. München 1988.

Estermann, A. A.: Die deutschen Literatur-Zeitschriften 1815–1850. 2., verb. und erw. Aufl. 11 Bde. München 1991.

Estermann, A. A.: Die deutschen Literatur-Zeitschriften 1850–1880. 5 Bde. München 1988–89.

Fischer, B. und T. Dietzel: Deutsche literarische Zeitschriften 1945–1970. Hrsg. Deutsches Literaturarchiv Marbach. 4 Bde. München 1992.

Kirchner – Bibliographie der Zeitschriften des deutschen Sprachgebietes bis 1900. Hrsg. J. Kirchner. 3 Bde. und Reg.-Bd. Stuttgart 1966–89.

Kuhles, D.: Deutsche literarische Zeitschriften von der Aufklärung bis zur Romantik. Bibliographie der kritischen Literatur von den Anfängen bis 1990. Hrsg. Stiftung Weimarer Klassik. 2 Bde. München 1993.

Maas, L.: Handbuch der deutschen Exilpresse 1933–1945. 4 Bde. München 1976–90. Bestandsverzeichnis der Deutschen Bücherei in Leipzig.

Raabe, P.: Die Zeitschriften und Sammlungen des literarischen Expressionismus. Stuttgart 1964.

2. Enzyklopädische und biographische Nachschlagewerke

a) Enzyklopädien

Ältere Lexika haben den Vorteil, dass sie neben den Lebensdaten bedeutender Persönlichkeiten auch Kurzbiographien von Personen enthalten, die zu ihrer Zeit relative Bedeutung hatten, heute aber nicht mehr erwähnt werden.

Peche, M.: Bibliotheca lexicorum. Kommentiertes Verzeichnis der Sammlung Otmar Seemann. Hrsg. H. Wetscherek. Wien 2001.

Zischka, G. A.: Index lexicorum. Bibliographie der lexikalischen Nachschlagewerke. Wien 1959.

b) Deutsche biographische Nachschlagewerke

Allgemeine Deutsche Biographie. (ADB). 56 Bde. Leipzig 1875–1912. Nachdruck Berlin 1967–72.

Deutsche Biographische Enzyklopädie. (DBE). Hrsg. Walther Killy und Rudolf Vierhaus. 12 Bde. München u. a. 1995–2000.

Deutscher Biographischer Index. (DBI). 2., erw. Aufl. 8 Bde. München u. a. 1998. Kumuliert als Register zu DBA I und II die biographischen Kurzinformationen von circa 480 000 Artikeln.

Deutsches Biographisches Archiv. (DBA I). 1447 Mikrofiche. München u. a. 1982–85. Kumulation aus 264 der wichtigsten biographischen Nachschlagewerke für den deutschen Bereich bis zum Ausgang des 19. Jahrhunderts.

Deutsches Biographisches Archiv. Neue Folge (DBA II). 1457 Mikrofiche. München u. a. 1989–93. Kumulation aus 284 biographischen und bis zur Mitte des 20. Jahrhunderts erschienenen Lexika. – DBA III (Zeitraum 1960 bis 1999) im Erscheinen.

Jöcher, C. G.: Allgemeines Gelehrten-Lexicon. 4 Bde. [Nebst] Fortsetzung 7 Bde. in zus. 11 Bdn. Leipzig u. a. 1750–1897. Nachdruck Hildesheim 1960–61. Mikrofiche-Edition in 134 Fichen. Hildesheim 1998.

Neue Deutsche Biographie. (NDB). Bd. 1 ff. Berlin 1953 ff. Bisher Bde. 1–20 erschienen.

c) Allgemeine nichtdeutsche biographische Nachschlagewerke

Dictionary of American Biography. (DAB). Hrsg. A. Johnson. 23 Bde. New York 1928–73.

Dictionary of National Biography. (DNB). Hrsg. L. Stephan. 63 Bde., 3 Suppl. und Index. London 1885–1927. Compact Edition of the DNB. 2 Bde. London 1975.

Dictionnaire de biographie française. Bd. 1 ff. Paris 1933. Bisher 13 Bde. erschienen.

Dizionario biografico degli Italiani. Bd. 1 ff. Rom 1960 ff. Bisher 55 Bde. erschienen.

Historisch-Biographisches Lexikon der Schweiz. Deutsche Ausgabe von H. Tribolet. 7 Bde. und Suppl.-Bd. in 8 Bdn. Neuenburg 1921–34.

Nouvelle biographie générale. (NBG). Publiée sous la direction de Hoefer. 46 Tle. in 23 Bdn. Paris 1856–66. Nachdruck Kopenhagen 1963.

Österreichisches biographisches Lexikon. 1815–1920 (ÖBL). Hrsg. Akademie der Wissenschaften. Bd. 1 ff. Graz 1957 ff. Bisher 11 Bände erschienen.

Vapereau, G.: Dictionnaire universel des contemporains. 6. Aufl. [nebst:] Suppl. Paris 1893–95.

Wurzbach, C. von: Biographisches Lexikon des Kaiserthums Österreich. 60 Bde. Wien 1856–91. Nachdruck New York 1966–73.

Für die wichtigsten Länder und geographischen Gebiete existieren mittlerweile Biographische Archive analog dem Deutschen Biographischen Archiv. Derzeit sind 29 Archive abgeschlossen oder in Vorbereitung. In ihnen wurden über 6200 biographische Nachschlagewerke mit zusammen circa 12 000 Bänden kumuliert. Trotz der immensen Datenfülle gibt es natürlich Lücken und Fehler, was aber für die praktische Arbeit im Antiquariat meist unerheblich ist.

3. Bibliographische und sonstige Hilfsmittel nach Sachgebieten

a) Fächerübergreifende Bibliographien

Borst, H.: Bücher, die die große und kleine Welt bewegten. Stuttgart 1969.

Krieg, M. O.: Mehr nicht erschienen. Ein Verzeichnis unvollendet gebliebener Druckwerke. 2 Bde. Bad Bocklet u. a. 1954–58. Nachtrag von O. Seemann. Wien 1991.

Printing and the Mind of Man. (PMM). Hrsg. J. Carter und P. H. Muir. 2., bearb. und erw. Aufl. München 1983. Deutsche Übersetzung: Bücher, die die Welt verändern. München 1976.

Zwinsch, F.: Libri non inveniendi. 3 Bde. Stuttgart 1985–92.

b) Theologie

Biographisch-bibliographisches Kirchenlexikon (BBKL). Hamm/Westfalen bzw. Herzberg 1975 ff. Bislang 20 Bde. erschienen. (Online-Adresse: www.bautz.de/bbkl/)

Bohatta, H.: Bibliographie der Breviere 1501–1850. Leipzig 1937. Nachdruck Stuttgart 1963.

The Catholic Encyclopedia. (Online-Adresse: www.newadvent.org/cathen/)

De Backer/Sommervogel – Bibliothèque de la compagnie de Jésus. A. de Backer. 3. Aufl. C. Sommervogel. 12 Bde. Brüssel 1890–1932. Nachdruck Louvain 1960.

Evangelisches Kirchenlexikon (EKL). 3. Aufl. 5 Bde. Göttingen 1986–97.

Jackson, W.: Bibliotheca theologica. Leipzig 1910. Nachdruck Nieuwkoop 1962.

Kirchliches Handlexikon. 2 Bde. Hrsg. M. Buchberger. Freiburg im Breisgau 1907–12.

Knaake – Bibliothek Knaake. Katalog der Sammlung von Reformationsschriften. 6 Bde. Leipzig 1906–1908. Nachdruck Nieuwkoop 1960. Auktionskataloge der Firma Weigel.

Kuczynski, A.: Thesaurus libellorum historiam reformationis illustrantium. 2 Tle. in 1 Bd. Leipzig 1870–74. Nachdruck Nieuwkoop 1969.

Lexikon für Theologie und Kirche (LThK). Begründet von M. Buchberger. 3., völlig neu bearb. Auflage. 10 Bde. Freiburg im Breisgau 1993–2000.

Religion in Geschichte und Gegenwart. (RGG). 3. Aufl. Hrsg. K. Galling. 7 Bde. Tübingen 1956–65. Auch als CD-Rom. Berlin 2000. Neubearb. 4. Aufl. im Erscheinen (bisher 3 Bde.).

Schottenloher, K.: Bibliographie zur deutschen Geschichte im Zeitalter der Glaubensspaltung 1517–1585. 7 Bde. Stuttgart 1956–66.

Streit, R.: Bibliotheca missionum. 30 Bde. Aachen bzw. München 1916–74.

Theologische Realenzyklopädie (TRE). Bd. 1 ff. Berlin/New York 1976 ff. Bisher 34 Bde. erschienen.

Weale, W. H. J. und H. Bohatta: Bibliographia Liturgica. Catalogus Missalium ritus latini ab anno 1474 impressorum. London/Leipzig 1928. Nachdruck Stuttgart 1990. Suppl. von R. Amiet. Paris 1990.

Wetzer und Welte's Kirchenlexikon oder Encyklopädie der katholischen Theologie und ihrer Hülfswissenschaften. 2., neubearb. Aufl. 12 Bde. und Reg.-Bd. Freiburg im Breisgau 1882–1903.

Württembergische Landesbibliothek (Hrsg.): Die Bibelsammlung der Württembergischen Landesbibliothek. Bd. 1 ff. Stuttgart 1984 ff.

c) Philosophie

Totok, W.: Handbuch der Geschichte der Philosophie. 6 Bde. Frankfurt am Main 1964–90.
Ueberweg – Grundriß der Geschichte der Philosophie. Begründet von F. Ueberweg. Völlig neu bearb Aufl. 4 Tle. in 11 Bdn. Basel 1983–98.
Volpi – Großes Werklexikon der Philosophie. Hrsg. F. Volpi. 2 Bde. Stuttgart 1999.
Ziegenfuß, W. und G. Jung (Hrsg.): Philosophen-Lexikon. 2 Bde. Berlin 1949–50. Nachdruck Berlin 1978.

d) Wirtschafts- und Sozialwissenschaften

Einaudi – Franceschi Spinazzola, D.: Catalogo della biblioteca di Luigi Einaudi. Opere economiche e politiche dei secoli XVI–XIX. 3 Bde. Turin 1981.
Goldsmith – Catalogue of the Goldsmiths' Library of Economic Literature. Hrsg. M. Canney und D. Knott. 5 Bde. Cambridge 1970 ff. Nachdruck London 1982 ff.
Handwörterbuch der Sozialwissenschaften. 14 Bde. Stuttgart 1956–66.
Handwörterbuch der Staatswissenschaften. 4. Aufl. Jena 1921 ff.
Hoock, J.: Ars mercatoria. Eine analytische Bibliographie in 6 Bänden. Handbücher und Traktate für den Gebrauch des Kaufmanns 1470–1820. Paderborn 1991 ff. Bisher 3 Bde. erschienen.
Humpert, M.: Bibliographie der Kameralwissenschaften. Köln 1937. Nachdruck Hildesheim 1972.
The Kress Library of Business and Economics. 4 Bde. Boston 1957–67.
Stammhammer, J.: Bibliographie der Finanzwissenschaft. Jena 1903.
Stammhammer, J.: Bibliographie des Socialismus und Communismus. 3 Bde. Jena 1893–1909. Nachdruck Aalen 1963.
Stammhammer, J.: Bibliographie der Socialpolitik. 2 Bde. Jena 1896–1912. Nachdruck Nendeln 1968.

e) Literatur und Literaturwissenschaft

Fromm, H.: Bibliographie deutscher Übersetzungen aus dem Französischen. 1700–1948. 6 Bde. Baden-Baden 1950–53.
Goedeke, K.: Grundriß zur Geschichte der Deutschen Dichtung aus den Quellen. 15 Bde. und Index. Dresden 1884–1912. Nachdruck Nendeln 1964–79. Fortgesetzt als: Deutsches Schriftstellerlexikon 1830–1880. Berlin 1995 ff.

Hagen, W.: Handbuch der Editionen. Deutschsprachige Schriftsteller vom Ausgang des 15. Jahrhunderts bis zur Gegenwart. 2. Aufl. Berlin 1981.

Hirschberg, L.: Der Taschengoedeke. Verb. Aufl. Stuttgart 1961. Nachdruck München 1990.

Kindlers Neues Literatur-Lexikon. Hrsg. W. Jens. 20 Bde. München 1988–92. Auch als CD-ROM München 1999.

Koehring, H.: Bibliographie der Almanache, Kalender und Taschenbücher. Hamburg 1929. Nachdruck Bad Karlshafen 1987.

Kosch, W.: Deutsches Literatur-Lexikon. Hrsg. H. Herkommer und K. L. Lang. 3., völlig neubearb. Aufl. 19 Bde. München 1968–99. Eine Reihe der Autorinnen und Autoren des 20. Jahrhunderts erscheint seit 2000 (angelegt auf 12 Bde.).

Raabe, P.: Die Autoren und Bücher des literarischen Expressionismus. 2., verb. Aufl. Stuttgart 1992.

Rodenberg, J.: Deutsche Pressen. Mit Nachtrag. Wien und Berlin 1925–31. Nachdruck München 1972.

Sarkowski, H.: Der Insel-Verlag. Eine Bibliographie 1899–1969. 2. überarb. und erg. Aufl. Frankfurt am Main und Leipzig 1999.

Schulte-Strathaus, Ernst: Bibliographie der Originalausgaben deutscher Dichtungen im Zeitalter Goethes. Bd. 1,1. München und Leipzig 1913.

Schweiger, F. L. A.: Handbuch der classischen Bibliographie. Griechische und lateinische Schriftsteller. 2 Tle. in 3 Bdn. Leipzig 1830–32. Nachdruck Pennsylvania 1993.

Stammler/Langosch – Die deutsche Literatur des Mittelalters. Verfasserlexikon. Begründet von W. Stammler, fortgeführt von K. Langosch. 2., völlig neu bearb. Aufl. Hrsg. K. Ruh. Bd. 1 ff. Berlin 1978 ff. Bisher bis Bd. 9 (Lieferung 1) erschienen.

Sternfeld, W. und E. Tiedemann: Deutsche Exilliteratur 1933–1945. 2., verb. Aufl. Heidelberg 1970.

Taschenbibliographie für Büchersammler. 5 Bde. 1924–27. Nachdruck Stuttgart 1988. Enthält: M. Sander: Die illustrierten französischen Bücher des 18. Jahrhunderts (und des) 19. Jahrhunderts. A. Rümann: Die illustrierten Bücher des 18. Jahrhunderts (und des) 19. Jahrhunderts. L. Brieger: Ein Jahrhundert deutscher Erstausgaben.

Tusculum-Lexikon griechischer und lateinischer Autoren des Altertums und des Mittelalters. 3., neubearb. und erw. Aufl. München 1982.

Vicaire, G.: Manuel de l'amateur de livres du XIXe siècle 1801–1893. 8 Bde. Paris 1894–1920. Nachdruck Paris 1974–75.

Wilpert, G. von und A. Gühring: Erstausgaben deutscher Dichtung. 2. Aufl. Stuttgart 1992.

Anzeige

HIERSEMANN  STUTTGART

Weitere wichtige Nachschlagewerke für den Antiquar:

DER ROMANFÜHRER

Der Inhalt der Romane und Novellen der Weltliteratur. Von den Anfängen bis 2000. Leinen. Je Band ca. 320 Seiten. ISBN 3-7772-5001-5. Bisher erschienen Band 1 (1950) bis Band 39 (2003). Von Band 40 an als Jahresbände.

Der «Romanführer» ist seit über einem halben Jahrhundert das einzige literaturwissenschaftliche Periodikum, in welchem die Inhalte bedeutender und im Antiquariat gehandelter Prosawerke beschrieben werden. Mit bisher über 15 000 Titel-Beschreibungen, Nennung des Jahres und Ortes der Erstausgabe, Lebensdaten der meisten Autoren.

DER SCHAUSPIELFÜHRER

Der Inhalt der wichtigsten Theaterstücke aus aller Welt. Herausgegeben von Professor Dr. Wolfgang Greisenegger mit Unterstützung des Instituts für Theaterwissenschaft an der Universität Wien. Leinen. Je Band ca. 320 Seiten. ISBN 3-7772-5305-7. Bisher erschienen 19 Bände.

Dieses von Professor Dr. Joseph Gregor begründete Werk ist ein Führer durch das Schauspiel aller Zeiten und Länder. In einer vom Herausgeber wohl erwogenen Auswahl beschreibt es den Inhalt von rund 3000 literarisch bedeutsamen Stücke der Vergangenheit und Gegenwart. Mit Daten des Erstdrucks und der Uraufführung.

REALLEXIKON FÜR ANTIKE UND CHRISTENTUM (RAC)

Sachwörterbuch zur Auseinandersetzung des Christentums mit der antiken Welt. Halbleder. Je Band etwa 650 Seiten. ISBN 3-7772-5006-6. Erscheint lieferungsweise. Zuletzt erschien Band 19 (2001): «Itinarium» bis «Kannibalismus».

Fortsetzung rechte Seite

REALLEXIKON ZUR BYZANTINISCHEN KUNST (RbK)

Das RbK hat sich zum Ziel gesetzt, das reiche, vielfältige, aber weit verstreute Material der künstlerischen Hinterlassenschaft des byzantinischen Reiches zu sammeln und zugänglich zu machen. Halbleder. Je Band ca. 650 Seiten mit zahlreichen Abbildungen.
ISBN 3-7772-6340-0. Erscheint lieferungsweise. Zuletzt erschien Band 6 (2003): «Mandorla» bis M (Ende).

INGRID FAUST
ZOOLOGISCHE EINBLATTDRUCKE UND FLUG-
SCHRIFTEN VOR 1800

Die hier behandelten Flugschriften, ein bedeutendes Sammelgebiet, sind zwischen dem 15. und 18. Jahrhundert aus Anlass eines tierbezogenen Ereignisses erschienen. Quartbände (34 cm). Leinen.
5 Bände mit zusammen 837 Katalogisaten und ca. 750 Abbildungen. ISBN 3-7772-9811-5. Band 5 (2003): VII, 383 Seiten mit dem Gesamtregister zu den Bänden 1 bis 5.

KLAUS STOPP
DIE HANDWERKSKUNDSCHAFTEN
MIT ORTSANSICHTEN. BESCHREIBENDER KATALOG

17 Quartbände (Leinen) mit über 5500 Abbildungen von Städteansichten / Veduten, die zur Zeit als Einzelblätter dekorativer Graphik bei Sammlern hohe Preise erzielen. Der Sammler und Wissenschaftler Professor Dr. Klaus Stopp/Mainz publizierte hier ein Corpus wichtiger Zeugnisse für Ortstopographie, Heraldik, Sphragistik, Symbolik und Ornamentik.
Alle Bände und Epochen auch einzeln beziehbar.

ANTON HIERSEMANN, VERLAG · STUTTGART

Postfach 14 01 55 · D-70071 Stuttgart
Tel.: 0711-549971-11 · Fax: 0711-549971-21
www.hiersemann.de · info@hiersemann.de

Wilson, K. M.: An Encyclopedia of Continental Women Writers. 2 Bde. Chicago 1991.

Zaunmüller, W.: Bibliographisches Handbuch der Sprachwörterbücher. Stuttgart 1958.

f) Kunst und Architektur

Allgemeines Künstlerlexikon. München u. a. 1992 ff. Bisher sind 27 Bde erschienen.

Arntzen, E. und R. Rainwater: Guide to the Literature of Art History. Chicago 1980.

Chamberlin, M. W.: Guide to Art Reference Books. 2. Druck. Chicago 1969.

Cicognara, L.: Catalogo ragionato dei libri d'arte e d'antichità. Pisa 1821. Nachdruck Bologna 1998.

Early Printed Books 1478–1840. Catalogue of the British Architectural Library. Bearb. N. Savage u. a. Bd. 1 ff. London 1994. Bisher sind 3 Bde erschienen.

The Fowler Architectural Collection of the John (!) Hopkins University. Catalogue compiled by L. H. Fowler. Baltimore 1961. Nachdruck San Francisco 1991.

Freitag, W. M.: Art Books. A Basic Bibliography of Monographs on Artists. 2. Aufl. New York 1997.

Katalog der Ornamentstich-Sammlung der Staatlichen Kunstbibliothek Berlin. 2. Aufl. Berlin 1939. Nachdruck Utrecht 1986.

Koschatzky, W.: Die Kunst der Zeichnung. 9. Aufl. München 1999.

Koschatzky, W.: Die Kunst der Graphik. 13. Aufl. München 1999.

Koschatzky, W.: Die Kunst vom Stein. Wien 1985.

Koschatzky, W.: Die Kunst des Aquarells. 5. Aufl. München 1999.

Kruft, H.-W.: Geschichte der Architekturtheorie. 4. Aufl. München 1995.

Nagler, G. K.: Neues allgemeines Künstler-Lexikon. 25 Bde. München 1835–52. Nachdruck Leipzig 1924.

Schlosser, J.: Die Kunstliteratur. Ein Handbuch zur Quellenkunde der neueren Kunstgeschichte. Wien 1924. Nachdruck Wien 1985.

Stark, K. B.: Handbuch der Archäologie der Kunst. Leipzig 1880. Nachdruck München 1969.

Thieme-Becker – Allgemeines Lexikon der bildenden Künstler von der Antike bis zur Gegenwart. Hrsg. U. Thieme und F. Becker. 37 Bde. Leipzig 1907–50. Nachdruck 1967–70. München 1992. Zeitlich fortgeführt durch:

Vollmer – Allgemeines Lexikon der bildenden Künstler des 20. Jahrhunderts. Hrsg. H. Vollmer. 6 Bde. Leipzig 1953–62. Nachdruck Leipzig 1999.

Wilhelmi, C.: Künstlergruppen in Deutschland, Österreich und der Schweiz seit 1900. Ein Handbuch. Stuttgart 1996.

Wilhelmi, C.: Künstlergruppen im östlichen und südlichen Europa seit 1900. Ein Handbuch. Stuttgart 2001.

g) Musik

Bayerische Staatsbibliothek (Hrsg.): Katalog der Musikdrucke. 17 Bde. München 1988–90 (BSB-Musik). CD-ROM-Edition: München 1999.

British Library (Hrsg.): The Catalogue of Printed Music in the British Library to 1980. 62 Bde. London 1981–87.

Eitner, R.: Biographisch-bibliographisches Quellenlexikon der Musiker und Musikgelehrten christlicher Zeitrechnung bis zur Mitte des 19. Jahrhunderts. 2., verb. Aufl. 11 Bde. Graz 1959–60.

Fétis, F. J.: Bibliographie Universelle des Musiciens. 2. Aufl. 8 Bde. und 2 Suppl.-Bde. Paris 1860–81.

Gregory, J.: Catalogue of early books on music (before 1800). Washington 1913–44. Nachdruck New York 1969.

Hirsch – Katalog der Musikbibliothek Paul Hirsch. 3 Bde. Berlin/Frankfurt am Main 1928–36. Nachdruck Morsum/Sylt 1993.

Die Musik in Geschichte und Gegenwart (MGG). Allgemein. Enzyklopädie der Musik. Hrsg. F. Blume. 17 Bde. Kassel und Basel 1949–86. Nachdruck München 1989. Seit 1994 erscheint eine auf 21 Bde. angelegte 2., neubearb. Aufl.

Répertoire international des sources musicales (RISM). Internationales Quellenlexikon der Musik. Bde. 1–13 ff. Kassel 1971 ff.

Riemann, H.: Musik-Lexikon. 12. völlig neubearb. Aufl. Hrsg. L. Gurlitt. 3 Bde. und 2 Erg.-Bde. Mainz. 1959–75.

Wackernagel, P.: Das deutsche Kirchenlied von der ältesten Zeit bis zum Anfang des XVII. Jahrhunderts. 5 Bde. Leipzig 1864–77. Nachdruck Hildesheim 1990.

Wolffheim – Musikbibliothek Dr. Werner Wolffheim. Versteigerungskatalog der Firmen Martin Breslauer & Leo Liepmannssohn. 2 Tle. Berlin 1928–29.

h) Fotografie

Auer, M. und M.: Encyclopédie internationale des photographes de 1839 à nos jours 2 Bde. Genf 1985.

Baier, W.: Quellendarstellung zur Geschichte der Fotografie. Halle 1965.

Boni, A.: Photographic Literature. 2 Bde. New York 1962–72.

Gernsheim, H.: Geschichte der Photographie. Die ersten hundert Jahre. Frankfurt am Main 1983.

Goldschmidt, L. und W. J. Naef: The Truthful Lens. A survey of the photographically illustrated book 1844–1914. New York 1980.

Heidtmann, F.: Bibliographie der Photographie. Deutschsprachige Publikationen der Jahre 1839–1984. 2., verb. und erw. Aufl. 2 Bde. München u. a. 1989.

Heidtmann, F.: Wie das Photo ins Buch kam. Berlin 1984.

Koschatzky, W.: Die Kunst der Photographie. München 1989.

Krichbaum, J.: Lexikon der Fotografen. Frankfurt am Main 1981.

Library Catalogue of the International Museum of Photography at Georg Eastman House. 4 Bde. Boston 1982. Als Mikrofichedition in 66 Fichen. Boston 1987.

Photographie des 20. Jahrhunderts. Museum Ludwig Köln. Hrsg. R. Mißelbeck. Neuaufl. Köln 2000.

Roosens, L. und L. Salu: History of Photography. A bibliography of books. London und New York 1989.

i) Geschichte, Rechtsgeschichte und Numismatik

Ackermann, K.: Bibliotheca Hassiaca. 10 Bde. Kassel 1884–99.

Badische Bibliothek. Systematische Zusammenstellung selbständiger Druckschriften über … Baden. 2 Bde. Karlsruhe 1897–1901. Nachdruck München 1979.

Dahlmann-Waitz.: Quellenkunde zur deutschen Geschichte. 10. Aufl. 12 Bde. Stuttgart 1965 – 1999.

Heyd, W.: Bibliographie der Württembergischen Geschichte. 11 Bde. Stuttgart 1895 – 1974. Nachdruck Stuttgart 1967–76.

Jähns, M.: Geschichte der Kriegswissenschaften. 3 Bde. München 1889–91. Nachdruck Hildesheim 1966.

Lipsius-Leitzmann – Lipsius, J. G.: A bibliography of numismatic books printed before 1800. Suppl. to 1866 by J. Leitzmann. 1867. Nachdruck Colchester 1977.

Loewe, V.: Bibliographie der Hannoverschen und Braunschweigischen Geschichte. Posen 1908. Nachdruck Hannover-Döhren 1978.

Monglond, A.: La France revolutionnaire et impériale. 10 Bde. Grenoble 1929–78. Nachdruck Genf 1976–78. Erfassungszeitraum 1789 bis 1812.

Pauly – Der kleine Pauly. Lexikon der Antike auf der Grundlage von Paulys Realencyclopädie der classischen Altertumswissenschaften bearb. und hrsg. von K. Ziegler. 6 Bde. Stuttgart 1964–75.

Pfister – Theasaurus librorum Philippi Pfister, Monacensis. (Bavarica) Hrsg. H. Hayn. München 1888.

Richter, P. E.: Literatur der Landes- und Volkskunde des Königreichs Sachsen. 5 Bde. Dresden 1889–1903.

Stintzing, R. und E. Landsberg: Geschichte der deutschen Rechtswissenschaft. 3 Abteilungen in 4 Bdn. 1880–1910. Nachdruck 1957.

j) Judaica

Freimann, A.: Katalog der Judaica und Hebraica. Stadtbibliothek Frankfurt am Main. Frankfurt am Main 1932. Nachdruck Graz 1968.

Fürst, J.: Bibliotheca judaica. Bibliographisches Handbuch der gesammten jüdischen Literatur … 3 Bde. Leipzig 1849–63. Nachdruck Hildesheim 1960.

Juden im deutschen Kulturbereich. Ein Sammelwerk. Hrsg. S. Kaznelson. 3. Aufl. mit Ergänzungen. Berlin 1962.

Lexikon deutsch-jüdischer Autoren. Red. R. Heuer. Bd. 1 ff. München 1992 ff. Bisher sind 9 Bde. erschienen.

Philo-Lexikon. Handbuch des jüdischen Wissens. 3., verm. und verb. Aufl. Berlin 1936. Nachdruck Frankfurt am Main 1992.

k) Geographie und Reisebeschreibungen

Abbey, J. R.: Travel in Aquatint and Lithography 1770–1860. London 1956–57. Nachdruck Folkestone 1972.

Arctic bibliography. 16 Bde. Washington 1953–75. Nachdruck Amsterdam o. J.

Bibliothek der National Geographic Society. (Online-Adresse: www.nationalgeographic.com/library/.)

Brasilien-Bibliothek der Robert Bosch GmbH. 2 Bde. Stuttgart 1986. Auch als Mikroficheausgabe. Stuttgart 1996.

Chavanne, J.: Die Literatur über die Polarregionen der Erde bis 1875. Wien 1875. Nachdruck Osnabrück 1985.

Cordier, H.: Bibliotheca Japonica. Paris 1912. Nachdruck Hildesheim 1969.

Cordier, H.: Bibliotheca Indosinica. 4 Bde. Paris 1912–32. Nachdruck Hildesheim 1972.

Cordier, H.: Bibliotheca Sinica. 2. Aufl. 5 Bde. Paris 1904–22. Mehrfach nachgedruckt, u. a. Hildesheim 1971.

Cox, E. G.: A Reference Guide to the Literature of Travels. 3 Bde. Seattle 1935–39. Nachdruck New York 1969.

Du Rietz, R.: Bibliotheca Polynesiana. Oslo 1969.

Embacher, F.: Lexikon der Reisen und Entdeckungen. Leipzig 1882. Nachdruck Amsterdam 1968.

Engelmann, W. (Hrsg.): Bibliotheca geographica. Leipzig 1858. Nachdruck in 2 Bdn. Amsterdam 1965.

Ferguson, J. A.: Bibliography of Australia 1784–1900. 7 Bde. Sydney 1941–69. Nachdruck Canberra 1975–77. Addenda 1784–1850 (Bde. 1–4). Canberra 1986.

Gay, J.: Bibliographie des ouvrage relatifs a l'Afrique et a l'Arabie. San Remo 1875. Nachdrucke Amsterdam 1961 und 1971.

Hennig, R.: Terrae incognitae: eine Zusammenstellung und kritische Bewertung der wichtigsten vorcolumbianischen Entdeckungsreisen ... 2., verb. Aufl. 4 Bde. Leiden 1944–56.

Henze, D.: Enzyklopädie der Entdecker und Erforscher der Erde. Graz 1978 ff. Das Werk ist auf 5 Bde. projektiert, von denen bisher 4 erschienen sind.

Hinrichsen, A. W.: Baedekers Reisehandbücher 1828–1990. 2. Aufl. Bevern 1991.

Howes, W.: U. S.iana (1650–1950). Verb. und erw. Aufl. New York 1962.

Kapitza, P.: Japan in Europa. Texte und Bilddokumente zur europäischen Japankenntnis von Marco Polo bis Wilhelm von Humboldt. 3 Bde. München 1990 ff.

Lada-Mocarski, V.: Bibliography of books on Alaska published before 1868. New Haven 1969.

Luber, S. und W. Griep: Reiseliteratur und Geographica in der Eutiner Landesbibliothek. Heide 1990. (Katalog der Eutiner Landesbibliothek. Bd. 2).

Mendelssohn, S.: South African Bibliography. 2 Bde. London 1910. Nachdrucke London 1957 und 1968.

Pleticha, H. und H. Schreiber: Lexikon der Entdeckungsreisen. 2 Bde. Stuttgart 1999.

Röhricht, R.: Bibliotheca Geographica Palaestina. Chronologisches Verzeichnis der auf die Geographie des Hl. Landes bezügl. Literatur von 333 bis 1878. Berlin 1890. Mehrere Nachdrucke.

Sabin, J.: Bibliotheca Americana. A Dictionary of Books Relating to America. 29 Bde. New York 1868–1936. Nachdruck Amsterdam 1961–62.

Schmitt, M.: Die illustrierten Rhein-Beschreibungen. Dokumentation der Werke und Ansichten von der Romantik bis zum Ende des 19. Jahrhunderts. Köln u. a. 1996.

Schudt, L.: Italienreisen im 17. und 18. Jahrhundert. Wien/München (1959).

Waldmann, K. und A. Waxler.: Who Was Who in World Exploration. New York 1992.

Yakushi, Y.: Catalogue of the Himalayan Literature. Tokio 1984.

l) Kulturgeschichte (Tabak, Kaufrufe, Embleme, Freimaurer, Jagd, Sport, Studenten)

Arents – Tobacco. Its History Illustrated by the Books, Manuscripts and Engravings in the Library of G. Arents. 5 Bde. New York 1937–52. 2 Suppl.-Bde. New York 1961–69.

Beall, Karen F.: Kaufrufe und Straßenhändler. Cries and Itinerant Trades. Hamburg 1975.

Black, G. F.: Gypsy bibliography. 2. Aufl. London 1914. Nachdrucke Folcroft, Pa. 1974 und Norwood, Pa. 1977

Böning, H. und R. Siegert: Volksaufklärung. Biobibliographisches Handbuch zur Popularisierung aufklärerischen Denkens im deutschen Sprachraum ... Bd. 1 ff. Stuttgart-Bad Cannstatt 1990 ff. Auf 4 Bde. angelegt.

Colas, R.: Bibliographie général du costume et de la mode. 2 Bde. Paris 1933. Nachdruck New York 1963.

Emblemata. Handbuch der Sinnbildkunst des XVI. und XVII. Jahrhunderts. Hrsg. A. Henkel. Erg. Neuausgabe. Stuttgart 1976. Taschenausgabe: Stuttgart 1996.

Erman, W. und E. Horn: Bibliographie der deutschen Universitäten. 2 Bde. in 3 Tln. Leipzig und Berlin 1904–05. Nachdruck 1965.

Hohenemser – Flugschriftensammlung Gustav Freytag. Hrsg. P. Hohenemser. Frankfurt am Main 1925. Nachdruck Amsterdam 1966. Vollständige Wiedergabe der Flugschriften auf 746 Mikrofichen: München 1980.

Hayn, H. und A. N. Gotendorf (Hrsg.): Bibliotheca Germanorum Erotica & Curiosa. 8 Bde. und Suppl.-Bd. München 1912–14. Nachdruck Hanau 1968. Registerband von H. Hansen. Osnabrück 1990.

Immensack, R.: Bibliographie als Geschichte der deutschsprachigen Tabakliteratur von 1579–1995. Braunschweig 1996.

Landwehr, J.: Dutch Emblem Books. Utrecht 1962.

Landwehr, J.: French, Italien, Spanish and Portuguese Books of Devices and Emblems 1534–1827. Utrecht 1976.

Landwehr, J.: German Emblem Books 1531–1888. Utrecht 1972.

Lindner, K.: Bibliographie der deutschen und der niederländischen Jagdliteratur von 1840 bis 1850. Berlin 1976.

Lipperheide – Katalog der Lipperheideschen Kostümbibliothek. 2., neubearb. und verm. Aufl. 2 Bde. Berlin 1965.

Praz, M.: Studies in Seventeenth-Century Imagery. 2. Aufl. Rom 1964. Nachdruck Rom 1975.

Schwenk, S.: Bibliographie der deutschsprachigen Jagdliteratur von 1851 bis 1945. Bd. 1, Berlin/New York 1997.

Schwerdt, C. F. G. R.: Hunting. Hawking. Shooting. 4 Bde. London 1928–37. Nachdruck Hildesheim 1985.

Thimm, C. A.: A Complete Bibliography of Fencing & Duelling. London 1896. Nachdruck New York 1968.

Wolfstieg, A.: Bibliographie der freimaurerischen Literatur. 4 Bde. Leipzig 1911–26. Nachdruck Hildesheim 1992.

m) Kinderbücher

Brüggemann, T.: Handbuch zur Kinder- und Jugendliteratur. 4 Bde. Stuttgart 1987–91.

Doderer/Müller – Das Bilderbuch. Geschichte und Entwicklung des Bilderbuchs in Deutschland von den Anfängen bis zur Gegenwart. Hrsg. K. Doderer und H. Müller. 2. Aufl. Weinheim 1975.

Gumuchian: Les livres de l'enfance du 15 au 19 siècle. Paris 1930. Nachdruck London 1967.

Hürlimann – Die Kinderbuchsammlung Bettina Hürlimann: Gesamtkatalog. Bearb. R. Fassbind-Eigenheer. Zürich 1992.

Klotz, A.: Kinder- und Jugendliteratur in Deutschland: 1840–1950. Gesamtverzeichnis. 6 Tle. in 7 Bdn. Stuttgart 1992–2000.

Lexikon der Kinder- und Jugendliteratur (LKJ). Hrsg. K. Doderer. 4 Bde. Weinheim und Basel 1975–82.

Pressler, C.: Schöne alte Kinderbücher. 2. Aufl. München 1984.

Rammensee, D.: Bibliographie der Nürnberger Kinder- und Jugendbücher: 1522–1914. Bamberg 1961.

Ries, H.: Illustration und Illustratoren des Kinder- und Jugendbuchs im deutschsprachigen Raum: 1871–1914. Osnabrück 1992.

Rümann, A.: Alte deutsche Kinderbücher. Wien 1937.

Seebaß, A.: Alte Kinderbücher und Jugendschriften. 2 Bde. Basel 1954–83. Haus der Bücher Kataloge 636 und 818.

Shavit, Z. und H.-H. Ewers.: Deutsch-jüdische Kinder- und Jugendliteratur von der Haskala bis 1945. 2 Bde. Stuttgart 1996.
Stuck-Villa I – Illustrierte Kinderbücher aus 3 Jahrhunderten. Bearb. von A. Ziersch. München 1970. Ausstellungskatalog.
Stuck-Villa II – Bilderbuch – Begleiter der Kindheit. Bearb. von A. Ziersch. München 1986. Ausstellungskatalog.
Wegehaupt, H.: Alte deutsche Kinderbücher. 4 Bde. Stuttgart 1979–2003.

n) Comics

Allgemeiner Deutscher Comic-Preiskatalog 2001. Schönau 2001. Erscheint jährlich neu. Standardwerk für Comicsammler.
Platthaus, A.: Im Comic vereint. Eine Geschichte der Bildgeschichte. Berlin 1998.
Skodzik, P.: Deutsche Comic-Bibliographie. Frankfurt am Main 1985.

o) Kochbücher und Gastronomie

Engelmann – Bibliotheca Oeconomica. Hrsg. W. Engelmann. 2. Aufl. Leipzig 1841.
Hartung & Hartung (Hrsg.): Gastronomische Bibliothek Alfred Walterspiel. München. 1984. Auktion 47.
Hartung & Hartung (Hrsg.): Gastronomie. Kochbuchsammlung Peter Alicke. München 1993. Auktion 72.
Horn, E. und J. Arndt: Schöne alte Kochbücher. Katalog der Kochbuchsammlung E. Horn und J. Arndt. München 1982.
Henry Notaker's Old Cookbooks and Food History Cookbook Bibliographies and Catalogues. (Online-Adresse: www.notaker.com/bibliogr/biblbibl.htm.)
Oberlé, G.: Les fastes de Bacchus et de Comus. Paris 1989.
Schoellhorn, F.: Bibliographie des Brauwesens. Berlin 1928.
Schoene, R.: Bibliographie zur Geschichte des Weines. 2. Aufl. München 1988.
Schraemli, H.: Zweitausend Jahre gastronomische Literatur. Zürich 1942.
Simon, A.: Bibliotheca Bacchia. Paris 1927. Nachdruck London 1972.
Simon, A.: Bibliotheca vinaria. London 1913. Nachdruck London 1979.
Vicaire, G.: Bibliographie gastronomique. Paris 1890. Nachdruck London 1978.
Weiss, H. U.: Gastronomia: eine Bibliographie der deutschsprachigen Gastronomie 1485–1914. Zürich. 1996.

p) Geheimwissenschaften und Okkultismus

Ackermann, T. (Hrsg.): Geheime Wissenschaften. München 1926–28. Nachdruck mit Register München 1974. Antiquariatskataloge 594–597 und 599.

Caillet, A. L.: Manuel bibliographique des sciences psychiques ou occultes. 3 Bde. Paris 1912. Nachdruck Nieuwkoop 1964.

Handwörterbuch des deutschen Aberglaubens. Hrsg. H. Bächtold-Stäubli. 10 Bde. Berlin 1927–42. Nachdruck Berlin 1987.

Mellon – Alchemy and the Occult. A Catalogue of Books and Manuscripts from the Collection of Paul and Mary Mellon, given to Yale University Library. 4 Bde. New Haven 1968–77.

Rosenthal, J. (Hrsg.): Bibliotheca magica et pneumatica. München circa 1903. (Antiquariatskataloge 31–35.)

Thorndike, L.: A History of Magic and Experimental Science. 8 Bde. New York 1923–58. Nachdruck circa 1980.

q) Medizin und Pharmazie

Adelung, A. und G. Urdang: Grundriß der Geschichte der deutschen Pharmazie. Berlin 1935.

Blake, J. B.: A Short Title Catalogue of Eighteenth Century Printed Books in the National Library of Medicine. Bethesda, Maryland 1979.

Durling, R. J.: A Catalogue of Sixteenth Century Printed Books in the National Library of Medicine. Bethesda, Maryland 1967.

Garrison & Morton: Morton's Medical Bibliography. 5. Aufl. Hrsg. J. M. Norman. Hants 1991.

Haeser, H.: Lehrbuch der Geschichte der Medicin und der epidemischen Krankheiten. 3 Bde. Jena. 1875–82. Nachdruck Hildesheim 1971.

Hein/Schwarz – Deutsche Apotheker-Biographie. Hrsg. W.-H. Hein und H.-D. Schwarz. 2 Bde. und 2 Erg.-Bde. Stuttgart 1975–97.

Hirsch/Hübotter – Biographisches Lexikon der hervorragendsten Ärzte aller Zeiten und Völker. Hrsg. A. Hirsch und F. Hübotter. 2. Aufl. 6 Bde. und 2 Erg.-Bde. in 8 Bdn. Berlin 1929 ff. Die 3. Aufl. München 1962 ist ein unveränderter Nachdruck der 2. Aufl.

Krivatsy, P.: A Catalogue of Seventeenth Century Printed Books in the National Library of Medicine. Bethesda, Maryland 1989.

Osler, W.: Bibliotheca Osleriana. Oxford 1929.

Schelenz, H.: Geschichte der Pharmazie. Berlin 1904. Nachdruck Hildesheim 1962.

Tischner, R.: Geschichte der Homöopathie. Leipzig 1939. Nachdruck Wien 1998.

Waller – Bibliotheca Walleriana. Compiled by H. Sallander. 2 Bde. Stockholm 1955.

Wellcome – A Catalogue of Printed Books in the Wellcome Historical Medical Library. Bde. 1–4. London 1962–95. (Bde. 1: 2. Aufl. New York 1996.)

r) Naturwissenschaften

Bierens de Haan, D.: Bibliographie Néerlandaise historique-scientifique. Rom 1883. Nachdruck Nieuwkoop 1960.

Cantor, M.: Vorlesungen über Geschichte der Mathematik. 1.–3. Aufl. 4 Bde. Leipzig 1907–08. Nachdruck New York 1965.

Darmstaedter, L.: Handbuch zur Geschichte der Naturwissenschaften und der Technik. 2., umgearb. und verm. Aufl. Berlin 1908. Nachdruck Millwood 1978.

Dictionary of Scientific Biography. Hrsg. C. C. Gillispie. 16 Bde. und 2 Suppl.-Bde. New York 1970–90.

Horblit, H. D.: One Hundred Books Famous in Science. New York 1964.

Junk, W.: Rara historico-naturalia et mathematica. 3 Tle. in 1 Bd. Berlin 1900–13. Nachdruck Amsterdam 1979.

Norman – The Haskell F. Norman Library of Science and Medicine. Bearb. D. H. Hook und J. M. Norman. 2 Bde. San Francisco 1991.

Poggendorff, J. C.: Biographisch-literarisches Handwörterbuch zur Geschichte der exakten Wissenschaften. Bde. 1 ff. Leipzig 1863 ff. Diverse Nachdrucke.

Riccardi, P.: Biblioteca Matematica Italiana. 2 Bde. Modena 1870–93. Nachdruck Bologna 1985.

Rosenberg, F.: Die Geschichte der Physik. 3 Tle. in 2 Bdn. Braunschweig 1887–90. Nachdruck Hildesheim 1965.

Sparrow, R. A.: Milestones of Science. Buffalo 1972.

Zittel, K. A. von: Geschichte der Geologie und Paläontologie bis Ende des 19. Jahrhunderts. München und Leipzig 1899.

s) Astronomie

Brüning, V. F.: Bibliographie der Kometenliteratur. Stuttgart 2000.

Houzeau, J. C. und A. Lancaster: Bibliographie générale de l'Astronomie jusqu'en 1880. 2 Tle. in 3 Bdn. Brüssel 1880–89. Nachdruck London 1964.

Wolf, R.: Handbuch der Astronomie, ihrer Geschichte und Literatur. 2 Bde. Zürich. 1892. Nachdruck Hildesheim 1974.

Wolf, R.: Geschichte der Astronomie. München 1877. Mehrere Nachdrucke.

Zinner, E.: Geschichte und Bibliographie der astronomischen Literatur in Deutschland zur Zeit der Renaissance. Leipzig 1941. Nachdruck Stuttgart 1964.

t) Chemie

Duveen – Bibliotheca Alchemica et Chemica. An Annotated Catalogue of Printed Books ... in the Library of D. I. Duveen. London 1949. Nachdruck Utrecht 1986.

Ferchl, F.: Chemisch-pharmazeutisches Bio- und Bibliographikon. Mittenwald 1937. Nachdruck Vaduz 1984.

Ferguson, B.: Bibliotheca Chemica. 2 Bde. Glasgow 1906. Nachdruck Hildesheim 1974.

Kopp, H.: Geschichte der Chemie. 4 Bde. Braunschweig 1843–47. Nachdruck Hildesheim 1966.

Partington, J. R.: A History of Chemistry. 4 Bde. London 1961–70.

u) Botanik und Zoologie

Anker, J.: Bird Books and Bird Art. Kopenhagen 1938.

Jahn, I. (Hrsg.): Geschichte der Biologie. 3., neubearb. und erw. Aufl. Berlin 2000.

Nissen, C.: Schöne Fischbücher. Stuttgart 1951.

Nissen, C.: Die illustrierten Vogelbücher. Stuttgart 1953.

Nissen, C.: Die botanische Buchillustration. 2. Aufl. 3 Tle. in 1 Bd. Stuttgart 1966.

Nissen, C.: Die zoologische Buchillustration. 2 Bde. Stuttgart 1966 bis 1978.

Pritzel, G. A.: Thesaurus Literaturae Botanicae. Ed. nov. ref. Leipzig 1871–77. Nachdruck Königstein im Taunus 1972.

Stafleu, F. A. und R. S. Cowan: Taxonomic Literature. 2. Aufl. 7 Bde. Utrecht 1976–88. Suppl. von F. A. Stafleu und E. A. Mennega. 1992 ff. Bisher 6 Bde. erschienen (2000).

Stopp, K.: Botanische Einblattdrucke und Flugschriften vor 1800. 2 Bde. Stuttgart 2001.

v) Technik und Verkehr

Brockett, P.: Bibliography of Aeronautics. 2 Bde. Washington 1910–21. Nachdruck Detroit 1966 (Bd. 1).

Deutsches Museum (Hrsg.): Katalog der ballonhistorischen Sammlung Oberst von Brug in der Bibliothek des Deutschen Museums. München 1985.

Duncan, G. S.: Bibliography of Glass. London 1960.

Engelmann – Bibliotheca mechanico-technologica. (Und) Supplement-Heft. Hrsg. W. Engelmann. 2 Bde. Leipzig 1844–49. Nachdruck 2 Tle. in 1 Bd. Hildesheim 1970.

Ewald, K.: 20 000 Schriftquellen zur Eisenbahnkunde. Kassel und Berlin 1941. Nachdrucke Mainz 1978 und Berlin 1995.

Hoover – Rizzo, T.: Bibliotheca de re metallica: the Herbert Carl Hoover collection of mining & metallurgy. Claremont 1980.

Karmarsch, K.: Geschichte der Technologie seit der Mitte des 18. Jahrhunderts. München 1872. Nachdruck New York 1965.

Liebmann, L. und G. Wahl: Katalog der historischen Abteilung der Ersten Internationalen Luftschiffahrts-Ausstellung (ILA) zu Frankfurt a. M. 1909. Frankfurt am Main 1912.

Matschoss, C.: Männer der Technik. Berlin 1925. Nachdruck Düsseldorf 1985.

Metzeltin, G. H.: Die Bahn. Literaturverzeichnis zum Schienenverkehr aus einer großen Privatbibliothek. Karlsruhe 1977.

Philip, C.: A Bibliography of Firework Books. Winchester 1985.

Singer – A History of Technology. Hrsg. C. Singer. 8 Bde. Oxford 1954–84. Mehrfach aufgelegt.

Wheeler Gift – Catalogue of the Wheeler Gift of Books, Pamphlets and Periodicals in the Library of the American Institute of Electrical Engineers. Hrsg. W. D. Weaver. 2 Bde. New York 1909. Nachdruck O. O. u. J. (circa 1950).

w) Städteansichten und Karten

Bachmann, F.: Die alten Städtebilder. Ein Verzeichnis der graphischen Ortsansichten von Schedel bis Merian. 2. Aufl. Stuttgart 1965.

Bagrow, L.: Die Geschichte der Kartographie. Berlin 1951.

Bagrow, L. und R. A. Skelton: Meister der Kartographie. 6. Aufl. Berlin 1994.

Fauser, A.: Repertorium älterer Topographie. Druckgraphik von 1486 – 1750. 2 Bde. Wiesbaden 1978.

Koeman, C.: Atlantes Neerlandici. 6 Bde. Amsterdam 1967 – 85. Neubearbeitung im Erscheinen.

Lexikon zur Geschichte der Kartographie. Bearbeitet von I. Kretschmer u. a. 2 Bde. Wien 1986.

Mickwitz, A.-M.: The A. E. Nordenskiöld Collection in the Helsinki University Library. Annoteted Catalogue of Maps made up to 1800. 5 Tle. in 6 Bdn. Stockholm 1979 – 95.

Pastoureau, M.: Les atlas français XVIe – XVIIe siecles. Paris 1984.

Shirley, R.W.: The Mapping of the World. Early Printed World Maps 1472 – 1700. London 1993.

Stopp, K.: Die Handwerkskundschaften mit Ortsansichten. 17 Bde. Stuttgart 1982 – 92.

Tooley, R. V.: Dictionary of Mapmakers New York 1979. Revised edition. Tring 1999 ff. Bisher 1 Bd. erschienen.

x) Altmeistergraphik

Hollstein, F. W. H.: Dutch and Flemish Etchings, Engravings and Woodcuts 1450 – 1700. Bd. 1 ff. Amsterdam bzw. Rotterdam 1949 ff. Bisher 55 Bde erschienen.

Hollstein, F. W. H.: German Engravings, Etchings and Woodcuts ca. 1400 – 1700. Bd. 1 ff. Amsterdam bzw. Rotterdam 1954 ff. Bisher 49 Bde erschienen. Beide Reihen werden fortgeführt durch:

The New Hollstein: Dutch and Flemish Etchings, Engravings and Woodcuts 1450 – 1700. Bd. 1 ff. Roosendaal 1993 ff. Bisher 10 Bde erschienen.

The New Hollstein: German Engravings, Etchings and Woodcuts ca. 1400 – 1700. Bd. 1 ff. Rotterdam 1996 ff. Bisher 4 Bde erschienen.

4. Bücher über Bücher

Die im vorigen Abschnitt aufgeführten Werke dienen hauptsächlich dem Nachweis eines bestimmten Buches bzw. der Beurteilung seiner Bedeutung sowie zur Information über den Verfasser. Die nachfolgend genannten Publikationen stellen hingegen das Buch an sich in den Mittelpunkt und beschäftigen sich mit seiner Herstellung und Gestaltung sowie mit dem Buchhandel und seiner Geschichte.

a) Zeitschriften und Jahrbücher

Aus dem Antiquariat. Zeitschrift für Antiquare und Büchersammler. Frankfurt am Main 1948 ff. Erscheint zweimonatlich (bis Ende 2002 monatlich).

Archiv für Geschichte des Buchwesens (AGB). Hrsg. Historische Kommission des Börsenvereins des Deutschen Buchhandels e.V. Frankfurt am Main 1958 ff. Bisher (2001) bis Bd. 55 erschienen.

Beiträge zur Geschichte des Buchwesens. Hrsg. Historische Kommission des Börsenvereins der Deutschen Buchhändler zu Leipzig. 9 Bde. Leipzig. 1965–86.

Börsenblatt. Wochenmagazin für den Deutschen Buchhandel. Frankfurt am Main.

The Book Collector. Jg. 1 ff. London 1952 ff. Teilweise Nachdruck Nendeln o. J.

Exlibriskunst und Gebrauchsgraphik. Jg. 1 ff. Berlin 1950 ff.

Gutenberg-Jahrbuch. Hrsg. Gutenberg-Gesellschaft Mainz. Mainz 1926 ff. Erscheint jährlich. Nachdruck Nendeln o. J.

Imprimatur. Jahrbuch für Bücherfreunde. Für die Gesellschaft der Bibliophilen, später für die Maximilian-Gesellschaft herausgegeben. Bde. 1–12. Frankfurt am Main 1930–55. Neue Folge 1956 ff. Hrsg. von der Gesellschaft der Bibliophilen. Erscheint jährlich.

Leipziger Jahrbuch zur Buchgeschichte. Jg. 1 ff. Wiesbaden 1991 ff.

Librarium. Zeitschrift der Schweizerischen Bibliophilen-Gesellschaft. Zürich 1958 ff.

Marginalien. Zeitschrift für Buchkunst und Bibliophilie. Hrsg. Pirckheimer-Gesellschaft. Wiesbaden bzw. Berlin 1957 ff. Erscheint vierteljährlich.

Philobiblon. Zeitschrift für Bücherfreunde. Jgg. 1–12. Leipzig 1928–40. Nachdruck Nendeln o. J. Fortgesetzt als: Mitteilungen des Buch- und Kunstantiquariats Ernst Hauswedell. Jgg. 1–3. Hamburg 1952ff. Fortgesetzt als: Vierteljahrsschrift für Buch- und Graphiksammler. Im Auftrag der Maximilian-Gesellschaft. Hamburg (später Stuttgart) 1957ff. Erschien vierteljährlich. (Erscheinen eingestellt mit Jg. 45, 2001).

Wandelhalle der Bücherfreunde. Nachrichtenblatt der Gesellschaft der Bibliophilen e.V. Jgg. 1–5. Berlin 1937–41. Neue Folge Jg. 1, 1959. Erscheint vierteljährlich.

Wolfenbütteler Notizen zur Buchgeschichte. Wiesbaden. Erscheint halbjährlich.

Zeitschrift für Bibliothekswesen und Bibliographie, vereinigt mit Zentralblatt für Bibliothekswesen. Frankfurt am Main 1954ff.

b) Bibliophilie und Buchwesen

Antiquarian Books. A Companion for Booksellers, Librarians and Collectors. Compiled and edited by P. Bernard u. a. Aldershot 1994.

Bibliographie der Buch- und Bibliotheksgeschichte (BBB). Bearb. H. Meyer. Bd. 1 ff. Bad Iburg 1982 ff. Bisher bis Bd. 19 (1999) erschienen.

Bogeng, G. A. E.: Die großen Bibliophilen. 3 Tle. in 2 Bdn. Leipzig 1922. Nachdruck Hildesheim 1984.

Carter, J.: ABC for Book Collectors. 7. Aufl. Bearb. N. Barker. New Castle, Del. 1995.

Füssel, S. und H. Hiller (Hrsg.): Wörterbuch des Buches. 6., vollst. überarb. Aufl. Frankfurt am Main 2002.

Herzberg, M.: Dictionnaire a l'usage de la libraire ancien. Paris 1956.

Kersting, M.: Alte Bücher sammeln. Ein praktischer Leitfaden durch die Buchgeschichte und die Welt der Antiquariate. 2., neubearb. und erw. Auflage. München 2001.

Lanckorońska, M. und A. Rümann: Geschichte der deutschen Taschenbücher und Almanache aus der klassisch-romantischen Zeit. München 1954. Nachdruck Osnabrück 1985.

Lexikon der Buchkunst und Bibliophilie. Hrsg. K. K. Walter. München 1988. Nachdruck Augsburg 1995.

Lexikon des gesamten Buchwesens. 2., völlig neu bearb. Aufl. Stuttgart 1987 ff. Bisher erschienen Bde. 1–6, Lieferung 47 (2003).

Lucius, W. D. von: Bücherlust. Vom Sammeln. 2. Aufl. Köln 2000.

Rosenthal, B. M.: A Dictionary of Abbreviations Commonly used by German and Italian Antiquarian Booksellers and Auctioneers. Hilversum 1993.

Rust, W.: Lateinisch-griechische Fachwörter des Buch- und Schriftwesens. 2. erg. Aufl. Wiesbaden 1977.
Schauer, G. K.: Deutsche Buchkunst 1890 bis 1960. 2 Bde. Hamburg 1963.
Schlemminger, J.: Fachwörterbuch des Buchwesens. Deutsch-Englisch-Französisch. 2., erw. Aufl. Darmstadt 1954.
Schottenloher, K.: Bücher bewegten die Welt. Eine Kulturgeschichte des Buches. 2. Aufl. 2 Bde. Stuttgart 1968.
Wolfenbütteler Bibliographie zur Geschichte des Buchwesens im deutschen Sprachgebiet 1840–1980 (WBB). Bearb. E. Weyrauch. 12 Bde. München 1990–99.

c) Buchdruck

Ascarelli, F.: La tipografia cinquecentina italiana. Florenz 1996. Der «italienische Benzing».
Aventur und Kunst. Eine Chronik des Buchdruckgewerbes von der Erfindung der beweglichen Letter bis zur Gegenwart. Hrsg. K. F. Bauer. Frankfurt am Main 1940.
Barge, H.: Geschichte der Buchdruckerkunst von ihren Anfängen bis zur Gegenwart. Leipzig 1940.
Benzing, J.: Die Buchdrucker des 16. und 17. Jahrhunderts im deutschen Sprachgebiet. 2. verb. Aufl. Wiesbaden 1982. Als Ergänzung dazu: Druckorte des 16. und 19. Jahrhunderts. Ansetzungs- und Verweisungsformen, erarbeitet von der Bayerischen Staatsbibliothek. Wiesbaden 1991.
Bogeng, G. A. E.: Geschichte der Buchdruckerkunst. 2 Bde. Leipzig 1930–41. Nachdruck Hildesheim 1973 (mit Tafelband).
Claudin, A.: Histoire de l'imprimerie en France au XVe et au XVIe siècle. Paris 1915. Nachdruck Nendeln 1971.
Geldner, F.: Die deutschen Inkunabeldrucker. 2 Bde. Stuttgart 1968–70.
Gerhardt, C. W.: Geschichte der Druckverfahren. Teil I: Prägedruck und Siebdruck. Stuttgart 1974 (mit Bibliographie).
Gerhardt, C. W.: Geschichte der Druckverfahren. Teil II: Der Buchdruck. Stuttgart 1975 (mit Bibliographie).
Götze, A.: Die hochdeutschen Drucker der Reformationszeit. 2. unveränd. Aufl. Berlin 1963.
Grimm, H.: Deutsche Buchdruckersignete des 16. Jahrhunderts. Wiesbaden 1965.
Haebler, K.: Die deutschen Buchdrucker des 15. Jahrhunderts im Auslande. München 1924.
Haebler, K.: Handbuch der Inkunabelkunde. 2. Aufl. Stuttgart 1966. Nachdruck Stuttgart 1979.

Haebler, K.: Typenrepertorium der Wiegendrucke. 5 Teile in 3 Bdn. Halle und Leipzig 1905–24. Nachdruck Nendeln 1968. Grundlegende Veröffentlichung zur Ursprungsbestimmung unterschriftsloser Wiegendrucke: Anonyma typographica.

Imiela, H. J.: Geschichte der Druckverfahren. Teil IV: Stein- und Offsetdruck. Stuttgart 1993 (mit Bibliographie).

Lang, H.W.: Die Buchdrucker des 15. bis 17. Jahrhunderts in Österreich. Baden-Baden 1972.

Lilien, O. M. und C.W. Gerhardt: Geschichte der Druckverfahren. Teil III: Der Tiefdruck und die kleineren Druckverfahren. Stuttgart 1978 (mit Bibliographie).

Müller, J. und E. Róth: Außereuropäische Druckereien im 16. Jahrhundert. Bibliographie der Drucke. Baden-Baden 1969.

Müller, J.: Dictionnaire abrégé des imprimeurs-éditeurs français du 16e siècle. Baden- Baden 1970.

Voulliéme, D. E.: Die deutschen Drucker des fünfzehnten Jahrhunderts. 2. Aufl. Berlin 1922.

Wehmer, C.: Deutsche Buchdrucker des 15. Jahrhunderts. Wiesbaden 1971.

Wendland, H.: Signete. Deutsche Drucker- und Verlegerzeichen 1457–1600. Hannover 1984.

Widmann, H. (Hrsg.): Der gegenwärtige Stand der Gutenberg-Forschung. Stuttgart 1972.

Widmann, H. (Hrsg.): Vom Nutzen und Nachteil der Erfindung des Buchdrucks aus der Sicht der Zeitgenossen des Erfinders. Mainz 1973.

d) Typografie

Faulmann, K.: Illustrirte Geschichte der Schrift. Wien 1880. Nachdrucke Nördlingen 1989 und Augsburg 1990.

Tschichold, J.: Geschichte der Schrift in Bildern. 4., erw. und veränderte Aufl. Hamburg 1961.

e) Buchillustration

Babendererde, P.: Dekorative Graphik. 2., verm. und verb. Aufl. Braunschweig 1975.

Butsch, A. F.: Die Bücher-Ornamentik der Renaissance. 2 Bde. Leipzig 1878–81. Nachdruck München 1921.

Coupe W. A.: The German Illustrated Broadsheet in the Seventeenth Century. 2 Bde. Baden-Baden 1966–67.

Kristeller, P.: Kupferstich und Holzschnitt in vier Jahrhunderten. 4. Aufl. Berlin 1922.

Kunze, H.: Geschichte der Buchillustration in Deutschland. Das 15. Jahrhundert. 2 Bde. Leipzig 1975.

Kunze, H.: Geschichte der Buchillustration in Deutschland. Das 16. und 17. Jahrhundert. 2 Bde. Frankfurt am Main 1993.

Lanckorońska, M. und R. Oehler: Die Buchillustration des XVIII. Jahrhunderts in Deutschland, Österreich und der Schweiz. 3 Bde. Leipzig 1932–34.

Lang, L.: Von Hegenbarth zu Altenbourg. Buchillustration und Künstlerbuch in der DDR. Stuttgart 2000.

Lang, L.: Expressionismus und Buchkunst in Deutschland 1907–1927. 2., verb. Aufl. Leipzig 1993.

Lang, L.: Impressionismus und Buchkunst in Frankreich und Deutschland. Leipzig 1998.

Loubier, H.: Die neue deutsche Buchkunst. Stuttgart 1921.

Musper, H. T.: Der Holzschnitt in fünf Jahrhunderten. Stuttgart 1965.

Muther, R.: Die deutsche Bücherillustration der Gothik und Frührenaissance. 2 Bde. München 1884. Nachdruck München 1922.

Nagler, G. K.: Die Monogrammisten. Fortgesetzt von A. Andresen und C. Clauss. 5 Bde. und Index in 6 Bdn. München 1858–1920. Nachdruck Nieuwkoop 1991.

Rümann, A.: Das illustrierte Buch des XIX. Jahrhunderts. England, Frankreich und Deutschland 1790–1860. Leipzig 1930. Nachdruck Osnabrück 1975.

Sander, M.: Le livre à figures Italien depuis 1497 jusqu'à 1530. 6 Bde. Mailand 1942. Nachdruck Nendeln 1969.

Schramm, A.: Der Bilderschmuck der Frühdrucke. Bde. 1–23. Leipzig 1920–43. Nachdruck Stuttgart 1981–90.

Schreiber, W. L.: Handbuch der Holz- und Metallschnitte des XV. Jahrhunderts. 3. Aufl. 11 Bde. Stuttgart 1969–76.

Singer, H. W.: Allgemeiner Bildniskatalog. 14 Bde. Leipzig 1930–36. Nachdruck Stuttgart 1967.

Singer, H. W.: Neuer Bildniskatalog. 5 Bde. Leipzig 1937–38. Nachdruck Stuttgart 1967.

Thiessen – Die Buchillustration in Deutschland, Österreich und der Schweiz seit 1945. Hrsg. W. Tiessen. 6 Bde. Neu-Isenburg 1968–1989.

Winkler, R. A.: Die Frühzeit der deutschen Lithographie. München 1975.

f) Papierkunde

Briquet, C. M.: Les filigranes. Dictionnaire historique des marques du papier dès leur apparition vers 1282 jusqu'en 1600. 2. Aufl. 4 Bde. Leipzig 1923. Nachdruck Hildesheim 1984.

Churchill, W. A.: Watermarks in Paper. Amsterdam 1935. Nachdruck Nieuwkoop 1990.

Heawood, E.: Watermarks mainly of the 17th and 18th Centuries. Hilversum 1950. Nachdruck Hilversum 1981.

Hoyer, F.: Einführung in die Papierkunde. Leipzig 1941.

Piccard – Hauptstaatsarchiv Stuttgart (Hrsg.): Findbuch. Die Wasserzeichenkartei Piccard im Hauptstaatsarchiv Stuttgart. 16 Tle. in 24 Bdn. Stuttgart 1961–96.

Renker, A.: Das Buch vom Papier. 4., neu bearb. Ausg. Wiesbaden 1951.

Tschudin, P. F.: Grundzüge der Papiergeschichte. Stuttgart 2002.

g) Einbandkunde

Haebler, K. und I. Schunke: Rollen- und Plattenstempel des XVI. Jahrhunderts. 2 Bde. Leipzig 1928–29. Nachdruck Wiesbaden 1968.

Helwig, H.: Handbuch der Einbandkunde. 3 Bde. Hamburg 1953–55.

Helwig, H.: Das deutsche Buchbinderhandwerk. Handwerks- und Kulturgeschichte. 2 Bde. Stuttgart 1962–65.

Helwig, H.: Einführung in die Einbandkunde. Stuttgart 1970.

Henningsen, T.: Das Handbuch für den Buchbinder. 2. Ausg. St. Gallen und Stuttgart 1969.

Loubier, H.: Der Bucheinband von seinen Anfängen bis zum Ende des 18. Jahrhunderts. 2. umgearb. und verm. Aufl. Leipzig 1926.

Schmidt-Künsemüller, F. A.: Corpus der gotischen Lederschnitteinbände aus dem deutschen Sprachgebiet. Stuttgart 1980.

Schmidt-Künsemüller, F. A.: Die abendländischen romanischen Blindstempeleinbände. Stuttgart 1985.

Schmidt-Künsemüller, F. A.: Bibliographie zur Geschichte der Einbandkunst von den Anfängen bis 1985. Wiesbaden 1987.

Schunke, I.: Einführung in die Einbandbestimmung. 2. Aufl. Dresden 1978.

Wiese, F.: Der Bucheinband. 6. Aufl. Hannover 1983.

h) Handschriftenkunde und Autographen

Album von Handschriften berühmter Persönlichkeiten vom Mittelalter bis zur Neuzeit. Hrsg. K. Geigy-Hagenbach. Basel 1925.

Cappelli, A.: Lexicon abbreviaturarum. Wörterbuch der lateinischen und italienischen Abkürzungen. 6. Aufl. Mailand 1961. Nachdruck Mailand 1998. Das Werk ist für die Bearbeitung von Inkunabeln sehr nützlich.

Jung, H.: Ullstein-Autographenbuch. Vom Sammeln handschriftlicher Kostbarkeiten. Frankfurt am Main 1971 (mit Faksimile-Sammlung).

Löffler, K.: Einführung in die Handschriftenkunde. Neu bearb. von W. Milde. Stuttgart 1997.

Mazal, O.: Lehrbuch der Handschriftenkunde. Wiesbaden 1986.

Mecklenburg, G.: Vom Autographensammeln. Marburg 1963.

Wattenbach, W.: Das Schriftwesen im Mittelalter. 3. Aufl. Leipzig 1896. Nachdruck Graz 1958.

i) Buchhandel

Geschichte des deutschen Buchhandels im 19. und 20. Jahrhundert. Bd. 1,1. Frankfurt am Main 2001. Insgesamt auf 5 Bde. angelegt, die bis 2006 erscheinen sollen.

Handbuch des Buchhandels. Hrsg. P. Meyer-Dohm und W. Strauß. 4 Bde. Hamburg 1974–77.

Kapp, F. und J. Goldfriedrich: Geschichte des Deutschen Buchhandels. 4 Bde. mit Register- und Tafelbd. In 6 Bdn. Leipzig 1886–1923. Nachdruck in 4 Bdn. Leipzig und Aalen 1970.

Kerlen, D.: Lehrbuch der Buchverlagswirtschaft. Stuttgart 2003.

Lehmstedt, Mark (Hrsg.): Geschichte des deutschen Buchwesens. Berlin 2000. CD-ROM mit den Standardwerken von F. Kapp und J. Goldfriedrich, F. Schulze, R. Schmidt und R. Wittmann. Enthält eine umfangreiche Sammlung von Abbildungen.

Schulz, G.: Buchhandels-Ploetz. Abriß der Geschichte des deutschsprachigen Buchhandels von Gutenberg bis zur Gegenwart. 5., aktualisierte Aufl. Freiburg 1990.

Uhlig, F. und W. Peitz: Der Sortiments-Buchhändler. Ein Lehrbuch für junge Buchhändler. 19. Aufl. Stuttgart 1992.

Wittmann, R.: Geschichte des deutschen Buchhandels. 2., durchgesehene und erw. Aufl. München 1999.

j) Jahrbücher: Auktionspreise

American Book-Prices Current. New York 1895 ff. (Auch auf CD-ROM erhältlich mit Berichtszeitraum von 25 Jahren und jährlicher Aktualisierung). Enthält auch Ergebnisse von Graphik.

Annuaire des Ventes de Livres. Paris 1920 ff.

Book Auction Records. London 1903 ff.

Jahrbuch der Auktionspreise für Bücher, Handschriften und Autographen (JAP). Bde. 1–53 (Berichtszeitraum 1950–2002) nebst 7 Registern in 8 Bdn. (soweit erschienen). Hamburg bzw. Stuttgart 1951–2002. Der Zeitraum 1990–2002 ist auch auf CD-ROM verfügbar.

Jahrbuch der Bücherpreise. Jahrgänge I–XXXIV (Berichtszeit 1907–39). Mit Register für die Bde. 19–30. Leipzig 1907–40.

Taschenbuch der Auktionspreise Alter Bücher. Bde. 1–24 (Berichtszeitraum bis 1998; soweit erschienen). Aachen 1975–2001. Günstige Alternative zum «Jahrbuch der Auktionspreise», allerdings mit mehr Fehlern und Ungenauigkeiten. Keine untere Preisgrenze bei der Aufnahme.

k) Bibliothekskunde

Bibliotheks-Glossar (Deutsch-englisches Wörterbuch mit circa 50 000 Fachbegriffen; Online-Adresse: www.cyboerg.de/glossar)

Hacker, R.: Bibliothekarisches Grundwissen. 7., neu bearb. Aufl. München 2000.

Haller, K. und H. Propst: Katalogisierung nach den RAK-WB. 5., überarb. Aufl. München 1996.

Krieg, W.: Einführung in die Bibliothekskunde. 2. Aufl., besorgt von R. Jung. Darmstadt 1990.

Milkau, F.: Handbuch der Bibliothekswissenschaft. 2. Aufl. 3 Bde. und Register. Wiesbaden 1952–65.

Regeln zur alphabetischen Katalogisierung (Online-Adresse: bib-bvb.de/fachbereich/RAKWWW.htm).

17. Tabellen

1. Latinisierte Orts- und Ländernamen

Die aufgeführten Namen stellen eine Auswahl dar. Zu weiteren lateinischen Orts- und Ländernamen vergleiche: Orbis latinum. Graesse. Bebedict. Plechl. 4. Aufl. in Großausgabe. 3 Bde. Braunschweig 1972. Das Werk enthält 120 000 Namen der ganzen Welt. Ebenfalls 1972 erschien eine 15 000 Stichwörter umfassende Handausgabe. Inzwischen ist das Werk teilweise auch über das Internet zugänglich.

Aarhusium / Arhus
Agara / Eger
Alcimoennis / Ulm
Aldenburgum / Altenburg
Alta villa / Eltville
Amstelodamum / Amsterdam
Antwerpium / Antwerpen
Aquisgranum / Aachen
Argentoratum / Straßburg
   im Elsass
Augusta Nemetum / Speyer
Augusta Vindelicorum / Augsburg
Avenio / Avignon

Bamberga / Bamberg
Basilea (Rauracorum) / Basel
Bergamum / Bergamo
Berna / Bern
Berolinum / Berlin
Bipontium / Zweibrücken
Bonna / Bonn

Bononia / Bologna
Brugae / Brügge
Brunna / Brünn
Bruxellae / Brüssel
Burdigala / Bordeaux
Byzantium / Konstantinopel

Cantabrigia / Cambridge
Cantuaria / Canterbury
Casella / Kassel
Chilonium / Kiel
Claromontium /
   Clermond-Ferrand
Clipiacum / Clichy
Colonia / Köln
Colonia Allobrogum / Genf
Cracovia / Krakau

Delfi / Delft
Dordracum / Dordrecht
Dresda / Dresden

Tabellen

Erfordia/Erfurt

Fanum S. Galli/St. Gallen
Florentia/Florenz
Franciscopolis/Le Havre
Francofortum ad Moenum/
   Frankfurt am Main
Frisinga/Freising

Gantum/Gent
Genava/Genf
Gratianopolis/Grenoble
Grenovicum/Greenwich
Gripeswolda/Gryphiswalda/
   Greifswald

Hafnia/Kopenhagen
Haga Comitis/Haag
Hammonia/Hamburg
Herbipolis/Würzburg
Holmia/Stockholm

Ingolstadium/Ingolstadt

Juvavum/Salzburg

Lipsia/Leipzig
Londinium/London
Lovania/Löwen
Lubeca/Lübeck
Lugdunum/Lyon
Lugdunum Batavorum/Leyden
Lutetia Parisiorum/Paris

Madritum/Madrid
Mediolanum/Mailand
Megalopolitanus ducatus/
   Mecklenburg
Mellicum/Melk
Merona/Merano
Misna/Meißen
Moguntia/Mainz

Monachium/München
Monasterium/Münster
Moscovia/Moskau

Norimberga/Nürnberg

Oenipons/Innsbruck
Olysipo/Lissabon
Oxonia/Oxford

Paderbronna/Paderborn
Papia/Pavia
Passavium/Passau
Patavium/Padua
Pessulanus/Montpellier
Petropolis/Petersburg
Praga/Prag

Ratisbona/Regensburg
Regiomontum/Königsberg
Roma/Rom

Sedinum/Stettin
Stargardia/Stargard
Stutgardia/Stuttgart

Taurinum/Turin
Thiotmelli/Detmold
Tigurum/Zürich
Tolosatium civ./Toulouse
Trajectum ad Rhenum/Utrecht
Tridentum/Trient
Tubinga/Tübingen
Tuliphordium/Göttingen
Turoni/Tours

Ulma/Ulm
Upsalia/Upsala

Varsovia/Warschau
Vedinum/Udine

Venetia/Venedig
Vindobona/Wien
Visbada/Wiesbaden
Vormatia/Worms
Vratislavia/Breslau

Wandesburgum/Wandsbek
Wessofontanum coenobium/
 Wessobrunn

Westmonasterium/Westminster
Wetzl aria/Wetzlar
Wirceburgum/Würzburg
Witte(n)bergia/Albiorium/
 Wittenberg

Xantae/Xanten

Zwickowa/Zwickau

2. Alphabete

a) Hebräisch, Seite 170

Abdruck mit freundlicher Genehmigung des Helmut Buske Verlages, Hamburg, aus: Johannes Kramer und Sabine Kowallik: Einführung in die hebräische Schrift. Hamburg 1994.

b) Russisch, Seite 171

Abdrucke des griechischen und russischen Alphabets mit freundlicher Genehmigung des Dudenverlages, Mannheim, aus: Duden – Die deutsche Rechtschreibung. 22., völlig neu bearbeitete und erweiterte Auflage. Herausgegeben von der Dudenredaktion. Mannheim (Dudenverlag) 2000.

c) Griechisch, Seite 172

Tabellen

a) Hebräisch

Buchstaben-name	Buchstabe (Druckform)	Buchstabe (Schreibform)	Geltung als Zahl	Umschrift (bibelhebr.)	Lautwert (israelhebr.)
Aleph	א	lc	1	ʼ	ʔ
Beth	ב	ב	2	ב=b̲ ב=b	ב=v ב=b
Gimmel	ג	ג	3	ג=ḡ ג=g	g
Daleth	ד	?	4	ד=d̲ ד=d	d
He	ה	ה	5	h	h
Waw	ו	/	6	w	v
				וֹ=ō וּ=ū	וֹ=o וּ=u
Sajin	ז	ς	7	z	z
Cheth	ח	n	8	ḥ	x
Teth	ט	6	9	ṭ	t
Jud	י	'	10	j	j
Kaph	כ (ך-)	כך	20	כ=k̲ כ=k	כ=x כ=k
Lamed	ל	ל	30	l	l
Mem	מ (ם-)	מם	40	m	m
Nun	נ (ן-)	נן	50	n	n
Samech	ס	o	60	s	s
Ajin	ע	ɤ	70	ʻ	ʕ
Pe	פ (ף-)	פף	80	פ=p̄ פ=p	פ=f פ=p
Zade	צ (ץ-)	צץ	90	ṣ	ts
Quph	ק	ק	100	q	k
Resch	ר	ר	200	r	r
Schin	שׁ	e	300	שׂ=ś שׁ=š	שׂ=s שׁ=š
Taw	ת	ת	400	ת=t̲ ת=t	t

b) Russisch

Kyrillischer Buchstabe
Aussprachenahe Transkription
I Transliteration nach DIN 1460

I	II	III
А, а	a	a
Б, б	b	b
В, в	w	v
Г, г	g	g
Д, д	d	d
Е, е	e, je[1]	e
Ё, ё	jo	ë
Ж, ж	sch	ž
З, з	s	z
И, и	i	i
Й, й	i	j

I	II	III
К, к	k	k
Л, л	l	l
М, м	m	m
Н, н	n	n
О, о	o	o
П, п	p	p
Р, р	r	r
С, с	s	s
Т, т	t	t
У, у	u	u
Ф, ф	f	f

I	II	III
Х, х	ch	ch
Ц, ц	z	c
Ч, ч	tsch	č
Ш, ш	sch	š
Щ, щ	schtsch	šč
Ы, ы	y	y
Ь, ь	Weichheitszeichen	'
Э, э	e	ė
Ю, ю	ju	ju
Я, я	ja	ja

[1] steht am Wortanfang, nach russischem Vokalbuchstaben und nach dem Weichheitszeichen.

Tabellen

c) Griechisch

Buchstabe	Name
A, α	Alpha
B, β	Beta
Γ, γ	Gamma
Δ, δ	Delta
E, ε	Epsilon
Z, ζ	Zeta
H, η	Eta
Θ, θ	Theta

Buchstabe	Name
I, ι	Jota
K, κ	Kappa
Λ, λ	Lambda
M, μ	My
N, ν	Ny
Ξ, ξ	Xi
O, o	Omikron
Π, π	Pi

Buchstabe	Name
P, ρ	Rho
Σ, σ, ς	Sigma
T, τ	Tau
Y, υ	Ypsilon
Φ, φ	Phi
X, χ	Chi
Ψ, ψ	Psi
Ω, ω	Omega

Transkription und Transliteration griechischer Buchstaben

I Griechischer Buchstabe
II ISO-Transkription[1]
III ISO-Transliteration[1]

I	II	III
α	a	a
αι	ai	ai
αυ[2]	av	au
αυ[3]	af	au
β[4]	v	v
γ	g	g
γγ	ng	gg
γκ	gk	gk
γχ[5]	nch	gh
δ	d	d
ε	e	e
ει	ei	ei

I	II	III
ευ[2]	ev	eu
ευ[3]	ef	eu
ζ	z	z
η[6]	i	ī, i⁻
θ	th	th
ι	i	i
κ	k	k
λ	l	l
μ	m	m
ν	n	n
ξ	x	x
o	o	o

I	II	III
οι	oi	oi
ου	ou	ou
π	p	p
ρ	r	r
σ, ς[7]	s	s
τ	t	t
υ	y	y
φ[8]	f	f
χ	ch	ch
ψ	ps	ps
ω	o	ō, o⁻

[1] Nach ISO 843: 1997 (E); weitere Angaben s. dort.
[2] Vor β, γ, δ, ζ, λ, μ, ν, ρ und Vokalen.
[3] Vor θ, κ, ξ, π, σ, τ, φ, χ, ψ und am Wortende.
[4] In klassischen Texten und traditionell meist als b wiedergegeben.
[5] In klassischen Texten und traditionell als gch wiedergegeben.
[6] In klassischen Texten und traditionell meist als ē wiedergegeben.
[7] σ steht am Wortanfang und im Wortinnern, ς steht am Wortende.
[8] In klassischen Texten und traditionell als ph wiedergegeben.

3. Zeitangaben

a) Römische Zahlen und ihre Varianten

Die nachfolgenden Zahlen finden nicht nur bei Jahreszahlen und Zeitangaben, sondern auch bei Blatt- und Seitenzählungen Anwendung.

I, i = 1
II, ii, Z = 2
III, iii = 3
IIII, iiii, IV = 4
V, v = 5
VI, vi = 6
VII, vii = 7
VIII, viii, IIX = 8 = (10 − 2)
VIIII, IX = 9 = (10 − 1)
X, x = 10
XX, xx = 20
XXX, xxx = 30
XXXX, xxxx, XL, xl = 40
  = (50 − 10)
L = 50
LX, lx = 60
LXX, lxx = 70
LXXX, lxxx, XXC, xxc = 80
  = (100 − 20)
LXXXX, XC = 90 = (100 − 10)
C, c = 100
CC, IIc = 200
CCC, IIIc = 300

CCCC, IVc, CD = 400
  = (500 − 100)
D, Vc, IƆ = 500
DC, VIc, IƆC = 600
DCC, VIIc, IƆCC = 700
DCCC, VIIIc, IƆCCC, CCM
  = 800 = (1000 − 200)
DCCC, IXc, IƆCCCC, CM
  = 900 = (1000 − 100)
M, CIƆ, ∞, x = 1000

Beispiele:
MDCCCXVII = 1917
MDCDXVII = 1917
MCMXVII = 1917
MCCCCLXXZ = 1472
∞CCCCXXC = 1480
MIIID = 1497
MID = 1499
MD, MIƆ, CIƆIƆ = 1500
MDCCC, MIƆCCC, MCCM
  = 1800
MCCCCLxxiii = 1473

b) Chronogramm

Ein Chronogramm ist ein verschachtelter Satz, in dem bestimmte, mit römischen Zahlen übereinstimmende Buchstaben eine Jahreszahl ergeben. Beliebt ist die Versform, zum Beispiel:

ForMa CeCas CLaVIs. HInC bona sVrget aVIs.
Enthält ein M = 1000, vier C = 400, ein L = 50, drei V = 15, drei I = 3; das entspricht der Jahreszahl 1468.
BezahL DV MJCh nVn Jtzt fVr baar = 1667.

c) Jüdische Zeitrechnung

Die jüdische Zeitrechnung beginnt 3761 Jahre *vor* der christlichen Zeitrechnung. Um jüdische Jahreszahlen in die christliche Zeit umzurechnen, sind jeweils 3761 Jahre abzuziehen.

d) Islamische Zeitrechnung

Die islamische Zeitrechnung beginnt mit der «Hedschra», der Flucht Mohammeds von Mekka nach Medina, im September 622 *nach* Christus; d.h. bei der Umrechnung sind jeweils 622 Jahre zu addieren.

e) Zeitrechnung der ersten französischen Republik

Mit dem Stiftungstag der französischen Republik am 22. September 1792 beginnt in Frankreich eine neue Zeitrechnung, die wie folgt umzurechnen ist:

an I = 1792/93	an IX = 1800/1801
an II = 1793/94	an X = 1801/1802
an III = 1794/95	an XI = 1802/1803
an IV = 1795/96	an XII = 1803/1804
an V = 1796/97	an XIII = 1804/1805
an VI = 1797/98	an XIV = die Zeit vom
an VII = 1798/99	23. September bis
an VIII = 1799/1800	1. Dezember 1805

Zum 1. Januar 1806 führte Napoleon den Gregorianischen Kalender wieder ein.

Mit historischer und technischer Chronologie beschäftigen sich eingehend die folgenden beiden Werke:

Grotefend, H.: Zeitrechnung des deutschen Mittelalters und der Neuzeit. 2 Bde. Hannover 1892–98. Nachdrucke Aalen 1970 und 1984.

Grotefend, H.: Taschenbuch der Zeitrechnung des deutschen Mittelalters und der Neuzeit. Für den praktischen Gebrauch und zu Lehrzwecken entworfen. 13. Aufl. Hannover 1991 (zuerst 1898).

4. Daten der Währungseinführungen in Deutschland

Vor 1871 hatten die einzelnen Staaten jeweils ihre eigenen Währungen.
Am 04. 12. 1871 wurde gemeinsam die Mark (M oder Mk),
am 13. 10. 1923 die Rentenmark (RM),
am 30. 08. 1924 die Reichsmark (RM)
und am 20. 06. 1948 die Deutsche Mark (DM) eingeführt.
Am 01. 01. 2000 erfolgte die Einführung des EURO, der seit 01. 01. 2002 auch als Bargeld im Umlauf ist.

18. Abkürzungen

Die angeführten Beispiele stellen ausdrücklich *keine* Arbeitsvorschläge dar, sondern dienen lediglich als Hilfestellung beim Lesen älterer Kataloge. Um die Lesbarkeit der Beschreibungen zu verbessern, sind Abkürzungen *möglichst* zu *vermeiden.*

A. und a. = Ausschnitt oder anno (im Jahre)
a. a. O. = am angegebenen oder angezeigten Ort (Verwendung bei Verweisen)
à comp. = à compartiments (franz.), symmetrische Einbandverzierungen auf den Deckeln nach Art der Grolierbände
admodum = nach Art von (Verfasser)
A. D. = Anno Domini (lat.), im Jahr des Herrn, also im Jahr ... nach Christi Geburt
a. d. j. = aus dem Jahr ...
A. L. oder a. l. = avant la lettre (franz.) bezeichnet bei Kunstblättern den Zustand «vor der Schrift», wobei zu beachten ist, dass man avant durch «a.» abgekürzt hat, während «av.» für avec (= mit) gilt; dies kann bei Unachtsamkeit zu Missverständnissen führen
a. n. = absque nota (lat.), ohne Kennzeichnung, in England oft für Bücher ohne Orts-, Jahres- und Verlegerangabe verwendet
a. o. = and others (englisch), und andere (bei mehreren Verfassern)
A. T. = Altes Testament
a. t. l. = avant toute lettre, bezeichnet bei Kunstblättern der Zustand «vor aller Schrift»
a. u. d. T. = auch unter dem Titel
Abbr. = Abbreviatur(en), Abkürzung(en)
acc. = accedit (lat.), es kommt hinzu, ist angefügt
anc. rel. = ancienne reliure (franz.), alter Einband
ann. = annotavit (lat.), mit Anmerkungen versehen

Abkürzungen

ant. = antiqué, zu ergänzen ist sur tranche (franz.), mit ziseliertem Goldschnitt

antip. = antiporta (ital.), Schmutztitel

Ao. D. = Anno Domini (lat.), im Jahre des Herrn

App. = Appendix, appendice (franz.), Anhang

appressus = gedruckt von …

apud = (verlegt oder gedruckt) bei …

arr. = arranged (engl.), angeordnet

auctus = erweitert

aug. = augmenté, vermehrt, erweitert von …

av. = avec (franz.), mit

av.l. = avec la lettre (franz.), bei Kunstblättern: «mit der Schrift»

av. t. l. = avec toute lettre (franz.), bei Kunstblättern: «mit voller Schrift»

b. = bleu (franz.), blau (nicht zu verwechseln mit bl., dieses wird für blanc verwendet)

b. = born (engl.), geboren

B. C. = before Christ (engl.), vor Christi Geburt

B. M. = British Museum (bei Besitzangaben üblich)

bas. = basane (franz.), Schafleder

bas. gran. = basane granitée (franz.), granitartig gefärbtes Schafleder

baz. = bazzana (ital.), Schafleder

bds. = boards (engl.), Einbanddeckel

bibliopola = Buchhändler

bl. = black (engl.), schwarz, aber auch = blank, weiß, leer, zur Bezeichnung von unbedruckten Blättern

bl. = blanc (franz.), weiß, leer, unbedruckt

Bl. = Blatt

blas. = blason (franz.), Wappenschild

Bll. = Blätter; die Verdopplung eines Buchstabens bezeichnet die Mehrzahl, etwa Exx. = Exemplare, KK. = Karten, SS. = Seiten, wird aber immer weniger verwendet)

Blz. = Blattzahl(en)

br. = broché (franz.), broschiert

br. = brun (franz.), brown (engl.), braun

br. n. r. = broché non rogné (franz.), broschiert und unbeschnitten

Br. = Brothers (engl.), Gebrüder (bei Firmenangaben)

Bros. = Brothers (engl.), Gebrüder

c. = chiffré (franz.), beziffert, gezählt, numeriert; z. B. ff. c. = feuillets chiffrés, gezählte (nummerierte) Blätter

c. = coins (franz.), (Leder- oder Metall-)Ecken des Einbandes

Abkürzungen

c. = cuir (franz.), Leder
c. d. R. = cuir de Russie, Juchtenleder
c. = cum (lat.), con (ital.), mit
c. = custos (lat.), Kustode, Blattweiser
c. et ferm. = coins et fermoirs (franz.) Ecken und Schließen
c. f. (c. fig., c. figg.) = cum figuris (lat.), mit Abbildungen
c. ff. n. (c. foll-num.) = cum foliis numeratis, cum foliorum numeris, cum foliorum numeratione (lat.), mit gezählten Blättern (mit Blattzählung)
c. sign. = cum signaturis (lat.), mit Lagen- und Bogensignaturen
ca. = carta (ital.), Papier
ca. azz. = carta azzura, blaues Papier
ca. gr. = carta grande, Großpapier usw.
cael. = caelavit, gestochen von …
calcographia = Atelier für Kupferstich
calcographus = Kupferstecher
cap. = caput (lat.), Kapitel
caps. = capitals (engl.), große Buchstaben, Majuskeln
car. = caractère(s) (franz.), Schrift; in Zusammensetzungen: car. elz. = elzéviriens, Elzevier-Schrift
car. goth. = caractères gothiques, gotische Schrift
car. ital. = caractères italiques, Kursivschrift
car. micr. = caractères microscopiques, mikroskopische Schrift
car. rom. = caractères romains, Antiqua
cart. = kartoniert, cartonné (franz.), cartonato (ital.), cartonnage (franz.)
cart. Brad. = cartonnage Bradel (franz.), Kartonage Bradel, nach einem französischen Buchbinder so genannt; eine Art vorläufiger (nicht endgültiger) Einband mit Leinwandrücken und -ecken, der obere Schnitt vergoldet, im Übrigen mit unbeschnittenen Blättern
cart. n. r. = cartonné non rogné (franz.), kartoniert und unbeschnitten
cat. = catalogus (lat.), catalogue (engl., franz.), catalogo (ital.), Katalog
cent. = century (engl.), Jahrhundert
cf. = confer (lat.), vergleiche
cf. = calf (engl.), Kalbleder(einband)
ch. = characteres (lat.), Schriftzeichen, Schrift
ch. = chiffré (franz.), beziffert, gezählt, nummeriert
ch. = chine (franz.), Chinapapier
chag., chagr. = chagrin (franz.), Chagrinleder(einband)
char. = characteres (lat.), characters (engl.), Schriftzeichen, Schrift
char. maj. = characteres majores (lat.), Majuskeln
char. min. = characteres minores (lat.), Minuskeln
chez = bei …

Abkürzungen

chi. = chine (franz.), Chinapapier
chiff. = chiffré (franz.), beziffert, gezählt, nummeriert
cl. = cloth (engl.), Leineneinband
cld. pl. = coloured plates (engl.), farbige Tafeln
Col. = colophon (lat., a. d. Griechischen), Kolophon, Schlusstitel
Col. = columna (lat.), Spalte, Kolumne
col. = colorié (franz.), coloured (engl.), koloriert
coll. = collegit (lat.), hat gesammelt (gesammelt von ...)
coll. = collected (engl.), gesammelt
comp. = composuit (lat.), hat zusammengestellt (zusammengestellt von ...)
comp. = compiled (engl.), zusammengestellt, zusammengetragen; compiler, Zusammensteller.
comp. = compartiments (franz.), symmetrisch angeordnete Verzierungen auf den Deckeln und dem Rücken
cont. = continuavit (lat.), hat fortgesetzt
cont. = contenant (franz.), enthaltend
contemp. = contemporary (engl.), contemporain (franz.), gleichzeitig, zeitgenössisch
contraf. = contraffazione (ital.), Nachahmung, Fälschung, Nachdruck
cop. = copertina, copertura (ital.), Umschlag, Einbanddeckel
corr. = correctus (lat.), corrected (engl.), corrigé (franz.), korrigiert, berichtigt
coul. = couleur (franz.), Farbe
cour. = couronné (franz.), preisgekrönt
couv. = couverture (franz.), Umschlag
couv. Conservée. = Umschlag erhalten (miteingebunden)
couv. orig. = couverture originale (franz.), Originalumschlag
c.p. = cum priv(ilegio), mit Druckerlaubnis und Urheberschutz
C. P. S. C. M. = Cum Privilegio Sacrae Caesareae Maiestatis
C. P. S. C. R. A. M. = Cum Privilegio Sanctae Caesareae Regalis Apostolicae Maiestatis
cplt. = komplett, vollständig
cr.-8° = crown-8° (engl.), Kronen-Oktav, engl. Buchformat, nach der früheren Papiersorte (Kronenpapier) so genannt
ct. = kartoniert
cur. = curavit (lat.), hat besorgt (besorgt von ...)
Cust. = Kustode

d. = date (franz.), Datum, Jahresangabe (s. d. = sans date, ohne Jahr)
d. = demi (franz.), halb (bei Einbandbeschreibungen)

Abkürzungen

d. = died (engl.), gestorben
D.-A. = Diamantausgabe
d.-b. = demi-basane (franz.), Halbschaflederband
d.-ch. = demi-chagrin (franz.), Halbchagrinband
d.-m. = demi-maroquin (franz.), Halbmaroquinband
d.-r. = demi-reliure (franz.), Halbband
d.-t. = demi-toile (franz.), Halbleinenband
d.-v. = demi-veau (franz.), Halbkalblederband
Ded. = Dedikation, Widmung
déd. = dédicace (franz.), Widmung
déd. aut. = dédicace autographe (franz.), handschriftliche Widmung
déd. impr. = dédicace imprimée (franz.), gedruckte Widmung, Widmungsblatt
del. = delineavit (lat.), hat gezeichnet (gezeichnet von …)
dent. = dentelles (franz.), Verzierung von Einbänden im Spitzenmusterstil
dent. int. = dentelles intérieures (franz.), innere Spitzenverzierung von Einbänden
dépt. = département (franz.), Departement, Abteilung
des. = designavit, gezeichnet von …
descr. = descripsit, beschrieben von …
dess. = dessiné, gezeichnet von …
dor. s. t. = doré sur tranches (franz.), mit Goldschnitt
doubl. = doublé, doublure (franz.), verdoppelt, Verdoppelung (Einbanddeckel außen und innen mit Leder überzogen)
dressé = gezeichnet von …

e. = edges (engl.), Buchschnitt
e. f. = eau-forte (franz.), Radierung
e. f. p. = eau-forte pure (franz.), reiner Ätzdruck
ea. = each (engl.), jeder, jede, jedes, je
éb. = ébarbé (franz.), gering beschnitten (nur die rauhen Ränder des Büttenpapiers sind entfernt)
ec. = écaille (franz.), Schildpatteinband
ed. = edidit (lat.), hat herausgegeben (hrsg. von …); editio (lat.), edizione (ital.), Ausgabe
éd. = édition (franz.), Ausgabe
éd. augm. = édition augmentée (franz.), vermehrte Ausgabe
éd. corr. = édition corrigée (franz.), verbesserte Ausgabe
ed. maj. = editio major (lat.), größere Ausgabe
ed. min. = editio minor (lat.), kleinere Ausgabe
ed. princ. = editio princeps (lat.), erste Ausgabe

Abkürzungen

ed. ster. (éd stér.) = editio stereotypa (lat.), édition stéréotype (franz.), Stereotypausgabe
ed. ult. = editio ultima (lat.), letzte Ausgabe, Ausgabe letzter Hand
édit. = éditeur (franz.), Herausgeber, Verleger
eff. = effigies (lat.), Bildnis
elaboratus = ausgearbeitet von ...
elucubratus = ausgearbeitet von ...
em. = emendavit (lat.), hat verbessert (verbessert von ...)
encad. = encadré (franz.), eingefasst, mit Randleisten
engr. = engraved, engravings (engl.), gestochen, Stiche
engr. t.-p. = engraved titlepage (engl.), gestochenes Titelblatt; oder auch = engraved tailpieces, gestochene Schlussstücke, Vignetten
enl. = enlarged (engl.), vermehrt
ent. = entrelacs, entrelacement (franz.), Bandgeflecht als Einbandverzierung
env. d'aut. = envoi d'auteur (franz.), Widmung des Verfassers
ép. = épuisé (franz.), vergriffen
épr. = épreuve (franz.), Abdruck, Abzug eines Kunstblattes. (Auch in Verbindung mit den Abkürzungen: a. l., a. t. l., av. rem., av. t. l.)
épr. d'art. = épreuve d'artiste (franz.), Künstlerabzug
Erl., erl. = Erläuterung, erläutert, erläuternd
err. = errata (lat.), Druckfehler, Fehlerverzeichnis
ersch. = erschienen
erw. = erweitert
es. = esaurito (ital.), vergriffen
es. = esemplare (ital.), Exemplar
est. = estampe (franz.), Stich
est. = estampé (franz.), Blindprägung
estr. = estratto (ital.), Sonderabdruck
ét. = état (franz.), Plattenzustand
et a. = et autres (franz.), und andere
Ex., ex. = Exemplar, exemplaire (franz.)
ex. num. = exemplaire numéroté (franz.), nummeriertes Exemplar
ex. rec. = ex recensione (lat.), kritisch bearbeitet von ...
exc. = excud(-it, -ebat), gestaltet von ...
expl. = explicit (lat.), (das Buch ist zu) Ende
Expl. = das Explizit, Schlussschrift
ex(s)tat = erschienen bei ...
extr. = extrait (franz.), Ausschnitt, Sonderabdruck
exusum = gedruckt bei ...

Abkürzungen

f. = fasciculus (lat.), fascicule (franz.), Faszikel, Lieferung
f. = feuille, feuillet (franz.), Bogen, Blatt
f. = folgend
F. = folium (lat.), Blatt (z. B. F. 1 a = Vorderseite von Blatt 1, F. 250 b = Rückseite von Blatt 250, ebenso: F. 1 r°, F. 250 v°)
f. = figura (lat.), Abbildung
f., fe., fec. = fecit, gemacht, gestochen, geschnitten von ...
f. vol. = feuille volante (franz.) fliegendes Blatt
fasc., Fasc. = fascicule (franz.), Faszikel, Lieferung
fat. = fatigué (franz.), abgenutzt (ex. fat. = abgenutztes Exemplar; rel. fat. = abgenutzter Einband)
fec. = fecit (lat.), hat angefertigt, angefertigt / gezeichnet von ... (für Kunstblätter gebräuchlich)
ferm. = fermoirs (franz.), Schließen (an alten Einbänden)
ff. = folgende
ff. = folia (lat.), feuillets (franz.), Blätter
ff. c., f. ch. (ffc. ffch.) = feuillets chiffrés (franz.), gezählte, nummerierte Blätter
ff. n. c., ff. n. ch. (ffnc., ffnch.) = feuillets non chiffrés (franz.), nicht gezählte, nicht nummerierte Blätter
ff. non num. = folia non numerata (lat.), nicht gezählte Blätter
fig. = figura, figurae (lat.), figure(s) (franz.), Abbildung(en)
fig. xyl. = figura(e) xylographica(e) (lat.), Holzschnitt(e)
figg. s. b. = figures sur bois (franz.), Holzschnitte
fil. = filets (franz.), Filete, Buchbinderwerkzeuge zum Verzieren von Einbänden oder auch die Einbandverzierungen selbst
fil. à comp. = filets à compartiments (franz.), symmetrisch angeordnete Verzierungen
fil. à fr. = filets à froid (franz.), blindgeprägte Verzierungen
fil. comp. = filets composés (franz.), zusammengesetzte Verzierungen
fil. dor. (s. l. p.) = filets dorés (sur les plats) (franz.), vergoldete Verzierungen (auf den Einbanddeckeln)
fl. d. l. = fleurs de lis (franz.), Lilien (Wappen der französischen Könige), zur Bezeichnung von Einbänden mit Lilienmuster (daher auch: reliures fleur de lisées)
Flli. = fratelli (ital.), Gebrüder
flor. = floreated, florished (engl.), geblümt, mit Blumenornamenten
fol., foll. = folium, folia (lit.), Blatt, Blätter
Fol. = Folio (Format)
foolsc.-8° = fool'scap (engl.), Narrenkappen-Oktav, englisches Buchformat, ursprünglich nach dem Papier mit dem Wasserzeichen einer Narrenkappe benannt

183

Abkürzungen

form. = formis, Platte, Druckform von ...
Fr. = Frères (franz.), Gebrüder
Frat. = Fratelli (ital.), Gebrüder
front. = frontispiece (engl.), frontispice (franz.), Titelkupfer, eingedeutscht: Frontispiz
Frzbd. = Franzband
fx. tit. = faux titre (franz.), Schutztitel, Vortitel

g. = gaufré (franz.), mit Blindprägungen
g. ch. = gothici characteres (lat.), gotische Schrift
g. e. = gilt edges (engl.), Goldschnitt
g. s. b. = gravé sur bois (franz.), in Holz geschnitten
g. t. (e.) = gilt top (edge) (engl.), Kopfgoldschnitt
gauf. = gaufré (franz.), mit Blindprägungen
geb. = geboren
geb. = gebunden
gebr. = gebrochen (Karten, Tafeln)
geh. = geheftet
gepr. = geprägt, gepresst (bes. Einbände)
ges. = gesammelt
gest. = gestochen
gest. = gestorben
gez. = gezählt, gezeichnet, gezähnt
gf. = gaufré (franz.), mit Blindprägungen
Goldschn. = Goldschnitt
got. (goth.) char. = gothici characteres (lat.), gothic characters (engl.), gotische Schrift
Gov. Print. Off. = Government Printing Office (engl.), die amerikanische Staatsdruckerei in Washington
gr. = great (engl.), grand (franz.), groß
gr. = gravé (franz.), gestochen
gr. in-8 = (4° usw.) = grand inoctavo (franz.), Großoktav
gr. marg. = grandes marges (franz.), breiter Rand
gr. p. (pap.) = grand papier (franz.), großes (besseres) Papier
gr. qu. Fol. = groß quer Folio
gr. s. a. = gravé sur acier (franz.), in Stahl gestochen
gr. s. b. = gravé sur bois (franz.), in Holz geschnitten
gravé = gestochen von ...
gravura = (Kupfer-)Stich von ...

Abkürzungen

H. = Heft

H. M. Stat. Off. = His (oder Her) Majesty's Stationery Office (engl.), das englische Material-Beschaffungsamt, das den Druck und Verlag der amtlichen Veröffentlichungen zu vergeben hat

hf. bd. = half bound (engl.), Halbband

hf. cf. = half calf (engl.), Halbkalblederband

hf. cl. = half cloth (engl.), Halbleinwandband

hf. mor. = half morocco (engl.), Halbmaroquinband

hf. russ. = half russia (engl.), Halbjuchtenband

Hfz. (Hfzbd.) = Halbfranzband

hist. = historiated (engl.), historié (franz.), mit Bildern geschmückt – zur Beschreibung von alten Handschriften, z. B. (Bible historiée) oder auch von einzelnen Buchstaben, Initialen (lettre historiée)

Hldbd. = Halblederband

Hlwdbd. = Halbleinwandband

Hpergbd. = Halbpergamentband

Hs., hs. = Handschrift, handschriftlich

J. = Jahr

i. e. = id est (lat.), das ist

i. J. = im Jahre

jans. = janséniste (franz.), jansenistisch; reliure janséniste, Einband des 17. Jahrhunderts, aus der Zeit des Jansenismus

jap. = japon (franz.)

Jap. = Japanpapier

ib. = ibidem (lat.), ebendaselbst

id. = idem (lat.), derselbe, dasselbe

Jg. = Jahrgang (bei Zeitschriften oder Jahrbüchern)

Jh. = Jahrhundert

Ill., ill. = illustration(s) (engl., franz.), illustrated (engl.), illustré (franz.), Illustration, Abbildung, illustriert

ill., illum. = illuminatus (lat.), illuminated (engl.), illuminé (franz.), geschmückt, ausgemalt, mit Miniaturen

Imp.-Fol. = Imperial-Folio

imp. = impensis (lat.), auf Kosten von ... (Verlegerangabe in alten Drucken)

impr., Impr. = imprimatur (lat.), es werde gedruckt; Druckerlaubnis des Verfassers oder Verlegers, insbesondere der Kirche: das Imprimatur

Impr. impr. = Impressum (nach dem Lat.), imprint (engl.), Angabe des Druckortes, Druckjahres und des Verlegers auf Büchertiteln

impr. = imprimeur, imprimerie, imprimé (franz.), Buchdrucker, Buchdruckerei, gedruckt, Druckschrift impr.-ed. = imprimeuréditeur (franz.), Drucker und Verleger (in einer Person)

Impr. Nat. (früher Impr. Roy., Impr. Impér.) (franz.), die französische National-Druckerei (früher Königliche bzw. Kaiserliche Druckerei)

in lucem = erschienen, veröffentlicht von ...

inc. = incipit (lat.), es beginnt (Einleitungsformel alter Drucke)

inc. = incisus (lat.), geschnitten, graviert von ...

inc. = incomplet (franz.), unvollständig

inc. = incunable (franz.), Inkunabel

incl. = inklusive, einschließlich; including (engl.)

Ind., ind. = index (lat.), Index, Register, Verzeichnis

ind. expurg = index expurgatorius (lat.), Verzeichnis der im Auftrage der kirchlichen Zensur von anstößigen Stellen zu reinigenden und gereinigten Bücher

ind. lect. = index lectionum (lat.), Vorlesungsverzeichnis

ind. libr. prohib. = index librorum prohibitorum (lat.), Verzeichnis der verbotenen Bücher, der «Index»

ind. nom. = index nominum (lat.), Namenverzeichnis

ind. rer. = index rerum (lat.), Sachregister

Init., init. = Initiale (Anfangsbuchstabe); initialis (näml. litera) (lat.), initial (engl., franz.), iniziale (ital.)

ins. typ. = insigne (insignia) typographi (lat.), Druckerzeichen

int. = intonso (ital.), unbeschnitten

intag. = intaglio (ital.), Stich

inv. = invenit (lat.), erfunden von ... (auf Kunstblättern)

it., ital. = italics (engl.), die (in Italien erfundene) Kursivschrift

Jung., iungere = (Einzelblätter) verbinden, zusammenfügen

juv. = juvenile (engl.), für die Jugend, Jugendschrift

K. = Kustoden
K. B. = Königliche Bibliothek
kl. = klein
Klbldbd. = Kalblederband
kol. = koloriert
Kol. = Kolophon
Komm., komm. = Kommentar, kommentiert
Komp., komp. = Komponist, komponiert
Kopft. = Kopftitel
Kpfr., Kpfrst., Kpfrt. = Kupfer, Kupferstich, Kupfertitel
kplt. = komplett
Kust. = Kustoden

l. = lavé (franz.), gewaschen
l. = leaf (engl.), Blatt
l. = ligne (franz.), Zeile
l. = linea (lat.), Zeile
l. = lieu (franz.), Ort
l. g. = literae gothicae (lat.), gotische Schrift
l. p. = large paper (engl.), Großpapier, wertvolles, breitrandiges Papier für bibliophile Drucke und Vorzugsausgaben
leg. = legatura (ital.), Einband
leg. bod. = legatura bodoniana (ital.), Bodoni-Einband, ein vorläufiger einfacher Pappband für unaufgeschnittene und unbeschnittene Bücher, wie ihn Bodoni seinen Luxusdrucken gab
leg. m. (oder $^1/2$) baz. = legatura mezza bazzana, Halbschaflederband
leg. m. pel. = legatura mezza pelle, Halblederband
leg. m. perg. = legatura mezza pergamena; Halbpergamentband
leg. m. tela = legatura mezza tela, Halbleinwandband
leg. m. vitel. = legatura mezzo vitellino, Halbkalblederband
leg. orig. = legatura originale, Originaleinband
leg. t. bazz. = legatura tuttà bazzana, Ganz-Schaflederband – und dieselben Zusammensetzungen wie oben: leg. t. pel., leg. t. perg. usw.
levé, levez = gestochen von …
Lex.-8° = Lexikon-Oktav
Lfg., Lfgn. = Lieferung(en)
libr. = library (engl.), Bibliothek
libr. = libraire, librairie (franz.), libreria (ital.), Buchhändler, Buchhandlung
libr. ed. = library edition (engl.), Bibliotheksausgabe
libr.-éd. = libraire-éditeur (franz.), Verleger
libr. ed. = libreria editrice (ital.), Verlagsbuchhandlung
Lig. = Ligatur (Zusammenziehung von Buchstaben)
lim. = liminaire (franz.), am Eingange befindlich (ff. lim. = feuillets liminaires, Vorstücke)
lin. = linea (lat.), Zeile
lit., litt. = litera, literae (lat.), Buchstabe(n)
Lith(ographus) = Steindrucker
litt. cap. = literae capitales (lat.), Initialen, Anfangsbuchstaben
litt. flor. = literae florentes (lat.), wörtlich geblümte Buchstaben, Initialen mit Blumenverzierungen
litt. init. = literae initiales (lat.), Initialen
litt. xyl. = literae xylographicae (lat.), in Holz geschnittene Buchstaben
livr. = livraison (franz.), Lieferung

Abkürzungen

ll. = lineae (lat.), Zeilen
ll. = leaves (engl.), Blätter
lt. = laut
Lwdbd. = Leinwandband

m. = mit
m. = maroquin (franz.), Marokkoleder-, Maroquineinband
M.-A. = Miniaturausgabe
m. b. = maroquin bleu, blauer Maroquin
m. bl. = maroquin blanc, weißer Maroquin
m. citr. = maroquin citron, zitronenfarbiger Maroquin
m. du L. = maroquin du Levant, Maroquin aus der Levante
m. d. m. = maroquin doublé de maroquin, die Buchdeckel innen und außen mit Maroquin überzogen, mit Maroquinspiegel
m. d. t. = maroquin doublé de tabis, mit Moiréspiegel
m. e. = marbled edges (engl), marmorierter Schnitt
m. j. = maroquin jaune, gelber Maroquin
m. jans. = maroquin janséniste, Maroquineinband im Stil des Jansenismus
m.l. = maroquin lilas, lila Maroquin
m. n. = maroquin noir, schwarzer Maroquin
m. o. = maroquin olive, olivenfarbiger Maroquin
m. pl. = maroquin plein, Ganzmaroquin
m. r. = maroquin rouge, roter Maroquin
m. v. = maroquin vert, grüner Maroquin
m. viol. = maroquin violet, veilchenfarbiger Maroquin
maj. Maj. = majuscule (franz.), Majuskel
mar. = maroquin (franz.), Marokkoleder, Maroquin(-Einband)
marg. = margins (engl.), marges (franz.), Ränder (eines Buches)
marg. unc. = margins uncut (engl.), unbeschnitten
marg. not. = marginal notes (engl.), Randbemerkungen
mem. (mém.) = memoirs (engl.), mémoires (franz.), Denkwürdigkeiten, Denkschriften, Abhandlungen
mém. cour. = mémoirées couronnés (franz.), preisgekrönte Abhandlungen
micr., mikro. = microscopique (franz.), mikroskopisch
min., Min. = miniature (engl., franz.), Miniatur
min., Min. = minuscule (franz.), Minuskel
Mitt. = Mitteilung(en)
mor. = morocco (engl.), Marokkoleder, Maroquineinband
mos. = mosaiqué (franz.), (Einbände) mit eingelegten Verzierungen aus farbigem Leder

Abkürzungen

mouill. = mouillures (franz.), Stockflecke
ms., mss. = manuscript(s) (engl.), manuscrit(s) (franz.), Handschrift(en)
Mus. = Museum

n. = neu
n. = non (lat., franz.), not (engl.), nicht
n. = numeratus (lat.), numérote' (franz.), gezählt, nummeriert
n. ch. = non chiffré (franz.), nicht gezählt
n. d. = no date (engl.), ohne Datum, ohne Jahr
N. F. = Neue Folge (bei Periodika)
n. i. H. = nicht im Handel
n. n. (n. num.) = non numeratus (lat.), non numéroté (franz.), nicht gezählt
n. o. = not out (engl.), nicht (noch nicht) erschienen
n. p. = no place (engl.) ohne Ort
N. R. = Neue Reihe
n. r. = non rogné (franz.), unbeschnitten
N. S. = Neue Serie, New Series (engl.), Nouvelle Série (franz.)
N. T. = Neues Testament
n. T. = neuer Titel
n. v. = ne varietur (lat.), es möge nicht verändert werden
ed. n. v. = editio ne varietur, endgültige Ausgabe
ng. = nicht gezählt
not. mss. = notes manuscrites (franz.), handschriftliche Bemerkungen
num. = numeratus, numeratio (lat.), numéroté, numérotage (franz.), gezählt, Zählung
numb. = numbered (engl.), gezählt
nuo. = nuovo (ital.), neu

O. = Original
o. Dr. = ohne Drucker
o. J. = ohne Jahr
o. O. = ohne Ort
o. p. = out of print (engl.), vergriffen
obl. = oblong.
obss. = observationes (lat.), observations (engl., franz.), Bemerkungen, Anmerkungen
op. = opus (lat.), Werk
Or., or., Orig., orig. = Original, original (franz.)
ouvr., cour = ouvrage couronné (franz.), gekrönte Preisschrift

Abkürzungen

p. = pagina (lat., ital.), page (engl., franz.), Seite
P, p. = papier (franz.), Papier
P, p. = Pars (lat.), part (engl.), partie (franz.), Teil
p. = pièce (franz.), Stück, Theaterstück; Broschüre
p. = publié (franz.), herausgegeben von ...
P.d. S. M. I. = Privilège de Sa Majesté Impériale
p. d. tr. = peau de truie (franz.), Schweinsledereinband
p. f. = petis fers (franz.), «kleine Stempel» der Buchbinder zur Handvergoldung von Einbänden bzw. die Einbandverzierungen selbst
p. fug. = pièce fugitive (franz.), Flugschrift
p. l. = preliminary leaves (engl.), Vorstücke
p. n. = paginae numeratae (lat.), pages numérotées (franz.), gezählte Seiten
p. p. = publié par (franz.), herausgegeben von ...
pag. = pagina (lat., ital.), Seite
Pap., pap. = Papier, papier (franz.)
pap. = paper (engl.), für: paper covers, broschiert
pap. d. Ch. = papier de Chine (franz.), chinesisches Papier
pap. de Holl. = papier de Hollande (franz.), holländisches Papier
pap. du jap. = papier du Japon (franz.), Japanpapier
pap. méd. = papier médium (franz.), Medianpapier
pap. v. = papier vergé (franz.), geripptes Papier
pap. vél. = papier vélin (franz.), Velinpapier
pap. vol. = papier volant (franz.), fliegendes Blatt
pap. Wh. = papier Whatman (franz.), Whatman-Papier, engl. Büttenpapier
parch. = parchemin (franz.), Pergament
Pbd. = Pappband
per = durch, bei ...
perc. = percaline (franz.), beschichtetes Leinen, Kaliko
pet. = petit (franz.), klein
pet. in-8° = petit inoctavo (franz.), Kleinoktav
pet. fr. = petits fers (franz.), s. o. unter p. f.
pg. = pagina (lat.), Seite
Pgt. = Pergament
picc. = piccolo (ital.), klein
pinx. = pinxit (lat.), gemalt von ...
piq., piq. d. v. = piqûres, – de vers (franz.) wurmstichig
Pl. = Plan
pl. = plate (engl.), planche (franz.), plan (franz.), Tafel, Plan
pl. col. = planche coloriée (franz.), farbige Tafel

pl. enl. = planche enluminée (franz.), ausgemalte, farbige Tafel
pl. n. = planche noire (franz.), schwarze Tafel
plaq. = plaquette (franz.), Flugschrift von wenigen Seiten
point. = pointillé (franz.), punktiert (von Einbänden, in deren Verzierungen die Linien in feine Punktreihen aufgelöst sind)
pointe s. = pointe sèche (franz.), Kaltnadelradierung
Portf. = Portfolio
pp. = paginae (lat.), pages (engl., franz.), Seiten
pp. n. (num.) = paginae numeratae, paginarum numeratio (lat.), pages numérotées (franz.), gezählte Seiten, Seitenzählung
Pr. = Preis
praef. = praefatio (lat.), Vorrede
Praenum. = Pränumeration, Vorausbezahlung
Praes. = Präses
praes. = praesidente (lat.), unter dem Vorsitz
préc. = précéde de (franz.), vorangeht ...
pref., préf. = preface (engl.), préface (franz.), Vorrede
prél. = préliminaire (franz.), einleitend
prés. = présenté (franz.), vorgelegt, überreicht von ...
presso = (verlegt oder gedruckt) bei ...
priv. pr. = privately printed (engl.), Privatdruck
Proc. = Proceedings (engl.), Verhandlungen
Proc. verb. = Procès-verbaux (franz.), Verhandlungen
Proleg. = Prolegomena (lat.), Vorwort, Einleitung
Propag. = «Propaganda» (lat.), abgekürzte Bezeichnung der Druckerei der Congregatio De propaganda fide in Rom
prostat(ant) = stehen zum Verkauf bei ...
pt. = part (engl.), Teil
ptie. = partie (franz.), Teil
pts. = parts (engl.), Teile
pub. = published (engl.), publié (franz.), herausgegeben
pubbl. = pubblicato (ital.), herausgegeben
publ. = published (engl.), publié (franz.), herausgegeben
publ. intégr. = publication intégrale (franz.), ungekürzte Veröffentlichung
pubs. = publications (engl.), Veröffentlichungen

qm. = quondam, vormals ... (bei Firmen)
Qu. = quer
quad. = quaderno (ital.), Heft, Lieferung
qq. = quelques (franz.), einige (qq. mouill.)

Abkürzungen

r. = recto (folio) (lat.), auf der Vorderseite
r. = rogné (franz.), beschnitten
r. = rouge (franz.), rot
r. ch. = romani characteres (lat.), Antiqua
r. e. = red edges (engl.), Rotschnitt
r. et n. = rouge et noir (franz.), rot und schwarz (gedruckt)
racc. = raccolta (ital.), Sammlung; raccolto, gesammelt
rec. = recensuit (lat.), hat durchgesehen, kritisch bearbeitet / durchgesehen von ...
rech. = recherché (franz.), gesucht
recogn. = recognovit (lat.), hat von neuem durchgesehen / von neuem bearbeitet von ...
red. = redigiert
Red. = Redakteur, Redaktion
Reg. = Register
reg. ch. = registrum chartarum (lat.), Lagenregister (besonders am Schluss alter Drucke zur Erleichterung der Vollständigkeitsprüfung)
Reichsdr. = Reichsdruckerei
réimpr. = réimpression (franz.), Neudruck; réimprimé, neu gedruckt
rel. = reliure (franz.), Einband
rel. à comp. = siehe à comp
rel. à n. = reliure à nerfs (nervures) (franz.), Einbandrücken mit erhabenen Bünden
rel. anc. = reliure ancienne (franz.), alter Einband
rel. angl. = reliure anglaise (franz.), englischer Einband (entweder englischer Verleger-Leinwandband oder weicher englischer Lederband)
rel. de l'éd. = reliure de l'éditeur (franz.), Verlegereinband bzw. Originaleinband
rel. en b. = reliure en bois (franz.), Holzdeckeleinband
rel. en ch. = reliure en chagrin (franz.), Chagrinlederband
rel. hist. = reliure historique (franz.), historischer Einband aus bekanntem und berühmtem Vorbesitz, meist mit Wappen
rel. jans. = reliure janséniste siehe janséniste
rel. monast. = reliure monastique (franz.), Mönchseinband
rel. or(ig). = reliure originale (franz.), Originaleinband
rel. p. d. tr. = reliure peau de truie (franz.), Schweinslederband
rel. pl. = reliure pleine (franz.), Ganzlederband
rem. = remarque(s) (franz.), Randeinfall(fälle), bei Stichen
rép. = répétition (franz.), Originalkopie eines Kunstblattes
repr. = reprint (engl.), Neudruck
reprod. = reproduction (franz.)

Reprod. = Reproduktion
rept. = report (engl.), Bericht
Resp. = Respondens (lat.), der Respondent (in alten Dissertationen der Verteidiger einer aufgestellten These)
rev. = revised (engl.), revu (franz.), revidiert, durchgesehen
rit. = ritratto (ital.), Bildnis
r°. = recto (lat.), siehe oben unter r
rom. char. = romani characteres (lat.), roman characters (engl.), lateinische Schrift
Roxb. = Roxburghe (engl.), Roxburghe-Einband (Einband nach den Veröffentlichungen des englischen Roxburghe-Klubs: Lederrücken, Leinwanddeckel, oben Goldschnitt, sonst unbeschnitten)
Roy. = 8° = Royal octavo (engl.), englische Formatbezeichnung nach der Größe des früheren Regalpapiers

S. = Seite
s. = siehe
s. = sine (lat.), ohne
s. = signatura (lat.), signature (engl., franz.), segnatura (ital.), Signatur, Lagen- oder Bogenbezeichnung
s. = sans (franz.), ohne
s. = siécle (franz.), Jahrhundert
s., sc., sculp. = sculpsit, gestochen, geschnitten von ...
S.-A. = Sonderabdruck
s. a. = sine anno (lat.), ohne Jahr
s. b. = sur bois (franz.), in Holz geschnitten
s. c. = sine custodibus (lat.), ohne Kustoden
s. c. et ff. num. = sine custodibus et foliorum numeratione (lat.), ohne Kustoden und Blattzählung
s. c. et pp. num = sine custodibus et paginarum numeratione (lat.), ohne Kustoden und Seitenzählung
S. C. M. G. = Sacrae Caesarea Maiestatis Geographus
s. ch. = sur chine (franz.), auf Chinapapier
s. d. = siehe dort
s. d. = sans date (franz.), ohne Datum, ohne Jahr
S.-J. = Societas Jesu (lat.), Jesuitenorden
s. impr. = sine impressore (lat.), ohne Druckerangabe
s. l. = sine loco (lat.), sans lieu (franz.), ohne Ort
s. l. a. et t(yp). n. = sine loco, anno et typographi nomine (lat.), ohne Ort, Jahr und Drucker
s. l. n. d. = sans lieu ni date (franz.), ohne Ort und Jahr

Abkürzungen

s. l. n. d. n. t(yp)., s. l. n. d. n. libr. = sans lieu ni date ni typographe, ni libraire (franz.), ohne Ort, Jahr und Drucker

s. o. = siehe oben

s. parch. = sur parchemin (franz.), auf Pergament

S. R. I. = Sancti Romani Imperii

s. s. c. et (ff.) pp. n(um). = sine signaturis, custodibus et (foliorum) paginarum numeratione (lat.), ohne Signaturen, Kustoden und Seitenzählung

s. t. (s. t. n.; s. typ. n.) = sine typographo (sine typographi nomine) (lat.), sans typographe (franz.), ohne Drucker

s. u. = siehe unten

Sars. = Sarsenetteinband, Leinenband

sc. = sculpsit (lat.), hat geschnitten, gestochen von ...

sc. = scarce (engl.), selten

schw. = schwarz

Schwldbd. = Schweinslederband

scr. = scrip (scripsit), geschrieben von ... (Stecher der Schrift)

sculptor = Stecher, Graveur

sd. = sewed (engl.), geheftet

sec. hd. = second hand (engl.), aus zweiter Hand

Ser. = series (engl.), série (franz.), Serie

sh. = sheep (engl.), Schaflederband

sig. = signatura (lat.), signature (engl., franz.), Signatur, Lagen- oder Bogenbezeichnung

silogr. = silografia, silografico (ital.), Holzschnitt

Sk. = Skytogeneinband (Buntpapiereinband mit tierhautartig geprägter Narbung)

sm. = small (engl.), klein

Soc., Socy. = societas (lat.), society (engl.), société (franz.), società (ital.), Gesellschaft

souscr. = souscription (franz.), Schlusstitel, Kolophon

Sp. = Spalte

sq., sqq. = sequens, sequentes (lat.), das folgende, die folgenden (Blätter, Seiten usw.)

sq. = square (engl.), quer

SS. = Seiten

ss. = siècles (franz.), Jahrhunderte

St. = Stich

Stab. tip. = Stabilimento tipografico (ital.), Druckerei

Stat. Off. = siehe: H. M. Stat. Off.

ster. = stereotypiert

Ster.-Aufl. = Stereotyp-Auflage
subscr. = subscriptio (lat.), Schlusstitel, Kolophon
Subskr., Subskr.-Pr. = Subskription, Subskriptionspreis
sumpt. = sum(p)tibus, auf Kosten von ...
Sz. = Seitenzahl

T. = Teil(e)
T. = tomus (lat.), tome (franz.), tomo (ital.), Band
t. d. = tête dorée (franz.), Kopfgoldschnitt
t.-d. = tailledouce (franz.), Kupferstich
t.-p. = tailpiece (engl.), Schlussstück, Vignette
t.-p. = title page (engl.), Titelblatt
t. p. w. = title page wanting (engl.), Titelblatt fehlt
Tab. = Tabelle
Tab. = tabula (lat.), Tafel
tab., tabs = table(s) (engl.), Tabelle(n)
tag. = taglio (ital.), Buchschnitt
tag. d. = taglio dorato (ital.), Goldschnitt
tag. marmor. = taglio marmorato (ital.), marmorierter Schnitt
tag. r. = taglio rosso (ital.), Rotschnitt
tarl. = tarlato (ital.), wurmstichig
tav. = tavola (ital.), Tafel
tém. = témoins (franz.), (Rand-)Zeugen, unbeschnittene Blätter mit Büttenrändern
term. = terminatur (lat.), endigt; für Inkunabelbeschreibungen gebräuchlich
term. F. 266 v. = endigt auf der Rückseite des Blattes 266
Tl. = Teil.
ti. = tomi (lat.), Bände
tip. = tipografia (ital.), Buchdruckerei
tip. ed. = tipografia editrice (ital.), Verlagsdruckerei
tir. = tirage (franz.), Abzug
Tit., tit. = titre (franz.), Titel
Tit. gr. = titre gravé (franz.), gestochener Titel
tit. r. et n. = titre rouge et noir (franz.), Titel in rot und schwarz
Tl., Tle. = Teil(e)
tr. = translated (engl.), übersetzt
tr. = tranche(s) (franz.), Buchschnitt
tr. ant. = tranche antiquée (franz.), ziselierter Schnitt
tr. cis. – tr. d. = tranche dorée, Goldschnitt
tr. j. = tranche jaspée, marmorierter Schnitt

Abkürzungen

tr. marb. = tranche marbrée, marmorierter Schnitt
tr. p. = tranche peigne, Kammschnitt
tr. r. = tranche rouge, Rotschnitt
tr. s. d. = tranche supérieure dorée, Kopfgoldschnitt
Transa. = Transactions (engl.), Verhandlungen
typ. = typographus (lat.), typographe (franz.), Drucker
typ. = typographice (lat.), auf dem Wege des Drucks

u. a. = und andere
u. d. T. = unter dem Titel
u. ff. = und folgende
ungez. Bll. = ungezählte Blätter
unpag. = unpaginiert
unver. = unverändert

v. = verso (folio) (lat.), auf der Rückseite
v. = volumen (lat.), volme (engl., franz.), Band
v. = veau (franz.), Kalblederband
v. ant. = veau antiqué, Kalblederband mit ziseliertem Schnitt
v. b. = veau bleu, blauer Kalblederband
v. br. = veau brun, brauner Kalblederband
v. éc. = veau écaille, scharlachroter Kalblederband
v. est. = veau estampé, Kalblederband mit Blindprägung
v. f. = veau fauve, fahlroter Kalblederband
v. fil. = veau avec filets, Kalblederband mit Filetenverzierung
v. j. = veau jaspé, marmorierter Kalblederband
v. marb. = veau marbré, marmorierter Kalblederband
v. p. = veau porphyré, Kalblederband mit roten Flecken, porphyrartig
v. r. = veau raciné, Kalblederband mit holzähnlicher Marmorierung
v. v. = veau vert, grüner Kalblederband
v.viol. = veau violet, veilchenfarbiger Kalblederband
var. lectt. = variae lectiones (lat.), verschiedene Lesarten
vél. = vélin (franz.), Velinpapier
Velp. = Velinpapier
vél. de Holl. = vélin de Hollande, holländisches Velinpapier
verb. = verbessert
verm. = vermehrt
vers. = versehen
vers. = versio (lat.), Übersetzung
Verz. = Verzeichnis
vgl. = vergleiche

Vicar. Imperii = Reichsvikariat
Vign., vign. = Vignette, vignette (franz.)
v° = verso (folio) (lat.), auf der Rückseite
vol. voll. = volumen, volumina (lat.), Band, Bände
vol., vols. = volume, volumes (engl., franz.), Band, Bände
vollst. = vollständig
vollst. umg. = vollständig umgearbeitet
Vorr. = Vorrede
Vorst. = Vorstücke
Vort. = Vortitel
vs. = versus (lat.), gegen
Vulg. = Vulgata
vulg. lect. = vulgata lectio (lat.), allgemein anerkannte Lesart
Vve. = veuve (franz.), Witwe (in Firmenbezeichnungen)

w. = with (engl.), mit
w. a. f. = with all faults (engl.), mit allen Fehlern (ohne Garantie der Vollständigkeit)
Wh. = Whatman (engl.), Whatmanpapier
wh. = white (engl.), weiß
woodc. = woodcut (engl.), Holzschnitt
Wwe. = Witwe

xyl. = xylographicus (lat.), Holzschnitt

Z. = Zeile
z. T. = zum Teil
z. Z. = zur Zeit
Zl. = Zeile
zsgest. = zusammengestellt von ...

1. Englische und französische Übersetzungen der gängigsten deutschen Abkürzungen

	Deutsch	Englisch	Französisch
Abb.	Abbildung(en)	illustration(s)	illustration(s)
angeb.	angebunden	bound with	relié avec
aufgez.	aufgezogen	laid down	eincollé
Aufl.	Auflage	edition	tirage
Ausg.	Ausgabe	edition, issue	édition
ausgeb.	ausgebessert	repaired	réparé
Bd(e)	Band, Bände	volum(s)	tome(s), volume(s)
bearb.	bearbeitet	edited/revised	rédiger/adapter
beigeb.	beigebunden	bound with	relié avec
ber.	berieben	worn, rubbed	usé, frotté
besch.	beschädigt	damaged	endommagé
beschn.	beschnitten	trimmed, cut	rogné, coupé
Bez.	Bezeichnung	inscription	inscription
bez.	bezeichnet	inscribed	marqué
Bibl.	Bibliothek	library	bibliothèque
Bl(l).	Blatt, Blätter	leaf, leaves; print(s)	feuillet(s), épreuve(s)
Blattgr.	Blattgröße	sheet-size	dimensions de la feuille
blgr.	blattgroß	full page	à pleine page
blindgepr.	blindgeprägt,	blind stamped	à froid
bräunl.	bräunlich	brownish	brunâtre
Br. m. U.	Brief mit Unterschrift	signed letter	lettre signée
brosch.	broschiert	ewed	broché
D.	Deckel	side	plat(rel.)
Darst.	Darstellung	image	image
Deckelverg.	Deckelvergoldung	gilt on sides	doré sur les plats
def.	defekt	damaged	endommagé
ders.	derselbe	the same	le même
d.i.	das ist	that is	c'est-à dire
div.	diverse	various, miscellaneous	divers

Englische und französische Übersetzungen

	Deutsch	**Englisch**	**Französisch**
Dok.	Dokumentation(s)	documentation / documentary	documentation / documentaire
Dr.	Drucker	printer	imprimeur
dt.	deutsch	German	allemand
d. Zt.	zeitgenössisch, der Zeit	contemporary	contemporain, de l'epoque
e./eigh.	eigenhändig	autograph	autographe
EA	Erstausgabe	first edition	édition originale
eingel.	eingeleitet	prefaced	préfacé
einger.	eingerissen	torn	déchiré
Epr. d'art.	Epreuve d'artiste	artist's proof	épreuve d'artiste
ersch.	erschienen	published	publié
etw.	etwas	a few, slight(ly)	un peu
Ex.	Exemplar(e)	copy, copies	exemplaire(s)
farb.	farbig	colour, in colour(s)	en couleurs
Feucht.	Feuchtigkeit	stained by damp	mouillé
fig.	figürlich	figurative	figuratif
flex.	flexibel	limp, flexible	flexible
Fol.	Folio	folio	in-folio
franz.	französisch	French	français
Front.	Frontispiz	frontispiece	frontispice
geb.	gebunden	bound	relié
gebr.	gebräunt	time-stained,	stained taché
gedr.	gedruckt	printed	imprimé, tiré
gefalt.	gefaltet	folded	replié
gelbl.	gelblich	cream	chamois
gepr.	geprägt	tooled/stamped	frappé
Ges.	Gesellschaft	society	société
gest.	gestochen	engraved	gravé
gestemp.	gestempelt	stamped	timbré
Goldschn.	Ganzgoldschnitt	gilt edges	tranches dorées
goldgepr.	goldgeprägt	gilt-stamped / gilt-tooled doré	
got.	gotisch	gothic	gothique
Gr.	Größe	size	dimension
Gr.-	groß-8°, -4°, -folio	large 8vo, 4to, folio	grand in 8°, 4°, folio

Abkürzungen

	Deutsch	Englisch	Französisch
H	Halb-	half-	demi-
handkolor.	handkoloriert	hand-coloured	colorié
Heliogr.	Heliogravüre	heliograph (photoengraving)	héliogravure
Hldr.	Halbleder	half calf	demi-veau
HLn.	Halbleinen		
Hlwd.,	Halbleinwand,	half cloth	demi-toile
HMaroquin	Halbmaroquin	half morocco	demi-maroquin
Holzschn.	Holzschnitt(e)	woodcut(s)	bois gravé
Hpgt.	Halbpergament	half vellum	demi-vélin
Hrsg.	Herausgeber	editor	éditeur
hrsg.	herausgegeben	published, edited	édité, publié
hs.	handschriftlich	handwritten	manuscrit(e)
Illustr.	Illustration(en)	illustration(s)	illustration(s)
Jg./Jgg.	Jahrgang/Jahrgänge	year(s)	année(s)
Jh./Jahrh.	Jahrhundert	century	siècle
kaiserl.	kaiserlich	imperial	impérial
kart./Ka.	kartoniert	boards	plats de carton
Kat.	Katalog	catalogue	catalogue
kl.	klein	small, minor	petit
kolor.	koloriert	coloured	colorié
Kpf.	Kupferstich	copper-engraving	gravure sur cuivre
kplt.	komplett	complete	complet
Kte.	Karte	map	carte (de géographie)
l.	leicht	slight	peu
läd.	lädiert	damaged	endommagé
lat.	lateinisch	Latin	latin
Ldr.	Leder	calf	veau
Lit.	Literatur	literature	littérature
Lith.	Lithographie(n)	lithograph(s)	lithographie(s)
lithogr.	lithographiert	lithographic	lithographique
Lwd./Ln.	Leinwand/Leinen	canvas/cloth	toile

Englische und französische Übersetzungen

	Deutsch	**Englisch**	**Französisch**
marmor.	marmoriert	marbled	marbré
min.	minimal	minimal, very slight	minimal
mod.	modern	modern	moderne
monogr.	monogrammiert	(with) monogram	monogrammé
Ms.	Manuskript	manuscript	manuscrit
n.	nach	after	après
nachgeb.	nachgebunden	bound in at back/end	reliés ensemble (à la fin), mis à la fin du livre
nn.	nicht nummeriert	unnumbered	sans chiffre, non numéroté
num.	numeriert	numbered	numéroté, justifié à
O./Orig.	Original-	original	original, de l'époque
o. J.	ohne Jahr	no date	sans date
o. O.	ohne Ort	no place	sans lieu
pag.	paginiert	paginated	paginé
Pgt.	Pergament	vellum	vélin
Plattenrand	Plattenrand	plate mark	cuvette, trait du cuivre
Portr.	Porträt	portrait	portrait
Pp.	Pappband	cased binding	cartonnage
Privatdr.	Privatdruck	privately printed	hors commerce
R.	Rücken	spine, back	dos
Rad.	Radierung	etching	eau-forte
Rand	Rand	edge, margin	marge(s), tranche(s)
restaur.	restauriert	restored	restauré
röm.	römisch	Roman	romain
Rs.	Rückenschild	label (on spine)	étiquette
Rt.	Rückentitel	title on spine	pièce titre
rücks.	rückseitig	verso, on the reverse	verso
Rv.	Rückenvergoldung	gilt spine, back	dos doré (orné)

Abkürzungen

	Deutsch	**Englisch**	**Französisch**
S./SS.	Seite/Seiten	page(s)	page(s)
S.	siehe	see	voir
sämtl.	sämtlich	all, each	chaque(s), tous (toutes)
schw.	schwach	sliglitly (weak-)	légèrement (faible)
sign.	signiert	signed	signé
Sign.	Signatur	signature	signature
Slg	Sammlung	collection	collection
Sp.	Spalte(n)	column(s)	colonne(s)
St./Stemp.	Stempel	Stamp	timbre, marque, cachet
stellenw.	stellenweise	partly	par place
stockfl.	stockfleckig	foxed, foxing	rousseurs
t.	teilweise/teils	partially	en partie
Tab.	Tabelle	table	tableau
Taf.	Tafel(n)	plate(s)	planche(s) hors text
Textbl. (-bll.)	Textblatt, (-blätter)	leaf of text, leaves of text	feuillet(s) de texte
Tit.	Titel	title	titre
Titelbl.	Titelblatt	title-page	(feuillet de) titre
Tl.(e)	Teil(e)	part(s)	partie(s), tome(s)
typogr.	typografisch	typographical	typographique
U.	Unterschrift	signature	signature
u.	und	and	et
u. a.	und anderes, andere	and other	et d'autre(s)
Umschl.	Umschlag	wrappers, cover	couverture
unbeschn.	unbeschnitten	untrimmed, uncut	non rogné
u. v. a.	und vieles andere, viele andere	and many more/other	et bien d'autres
V.	Vorder	front	(plat) supérieur
verb.	verbessert	corrected	corrigé, revu(e)
vereinz.	vereinzelt	occasional	quelques ... isolé(e)s
Verf.	Verfasser	author	autheur

Englische und französische Übersetzungen

	Deutsch	**Englisch**	**Französisch**
Verg.	Vergoldung	gilt	dorure (à chaud)
vgl.	vergleiche	compare	voir
verkl.	verkleinert	reduced	réduit
verm.	vermehrt	enlarged	augmenté
versch.	verschieden(e)	various	divers
Verz.	Verzeichnis	list, register	liste, registre
Vign.	Vignette(n)	vignette(s)	vignette(s)
Vlg.	Verlag	publisher	éditeur
vorgeb.	vorgebunden	bound in at the front	relié en tête
vorw.	vorwiegend	mainly	surtout
w.	weiß	blank	blanc
wasserfl.	wasserfleckig	dampstaining	taché d'eau, taches d'eau
wdh.	wiederholt	repeated	répété
Widm.	Widmung	dedication	dédicace
WV.	Werkverzeichnis	catalogue raisonné	catalogue raisonné
Wz.	Wasserzeichen	watermark	filigrane
zahlr.	zahlreich(e)	numerous	nombreux
Zs.	Zeitschrift	periodical	revue
z. T.	zum Teil	partly	en partie
Zus.	zusammen	together	ensemble

2. Abkürzungen in Autographen-Verzeichnissen

a) Deutsche Abkürzungen

A. = Anschrift, Aufschrift.
B. = Brief.
E. = Empfehlung.
E., e. = eigenhändig.
G. = Gedicht.
K. = Karte, Kärtchen.
m. = mit.
N. = Nachschrift.
P. = Postkarte.
Q. = Quittung.
S. = Seite.
U. = Unterschrift.
u. = und
Z. = Zettel.
O. O. u. J. = Ohne Ort und Jahr.

b) Französische Abkürzungen

C. = compliment (Empfehlung).
D. = document (Urkunde).
L.a. = lettre autographe (eigenhändiger Brief ohne Unterschrift).
L.a.s. = lettre autographe signée (eigenhändiger Brief mit eigenhändiger Unterschrift).
L.s.e.c.a. = lettre signée et compliment autographe (Brief von fremder Hand mit eigenhändiger Unterschrift und höflicher Empfehlung).
Ms. = manuscrit (Handschrift).
P. = pièce (Schriftstück)
Ps. = postscriptum (Nachschrift).
Qu. = quittance (Quittung)
S. l. n. d. = Sans lieu ni date (ohne Orts- und Zeitangabe).

c) Englische Abkürzungen

A. D. = autograph document (eigenhändiges Schriftstück, Urkunde).

A. D. S. = autograph document signed (eigenhändige Urkunde mit eigenhändiger Unterschrift).

A. L. = A. L. S. = autograph letter signed (eigenhändiger Brief mit eigenhändiger Unterschrift).

A. N. S. = autograph note signed (eigenhändiges Briefchen mit eigenhändiger Unterschrift).

D. S. = document signed (Urkunde von fremder Hand geschrieben aber mit eigenhändiger Unterschrift).

L. S. = letter signed (Brief von fremder Hand geschrieben, aber mit eigenhändiger Unterschrift).

M. = manuscript (Handschrift).

M. o. p. = manuscript on paper (Papierhandschrift).

M. o. v. = manuscript on vellum (Pergamenthandschrift).

19. Schriftgrade

1 Punkt	Maßeinheit	
2 Punkt	Viertelpetit	
3 Punkt	Viertelcicero	Regletten und Linien
4 Punkt	Halbpetit	
5 Punkt	Perl	Hamburg
6 Punkt	Nonpareille	Hamburg
7 Punkt	Kolonel	Hamburg
8 Punkt	Petit	Hamburg
9 Punkt	Borgis	Hamburg
10 Punkt	Korpus	Hamburg
12 Punkt	Cicero	Hamburg
14 Punkt	Mittel	Hamburg
16 Punkt	Tertia	Hamburg
20 Punkt	Text	Hamburg
24 Punkt	Zweicicero	Hamburg
28 Punkt	Doppelmittel	Hamburg
36 Punkt	Dreicicero	Hamburg
48 Punkt	Viercicero	Hamburg
60 Punkt	Fünfcicero	Hambu

20. Größentabelle für historische Originalfotos und Daguerreotypien

Originalfotos

Formatangabe	Bildgröße (in cm)	Mindestkartongröße bei aufgezogenen Fotografien (in cm)
Visit (ab etwa 1854)	5,5 × 9,2	6,2 × 10,1
Cabinett (ab etwa 1866)	10,0 × 13,7	10,8 × 16,6
Mignon (ab etwa 1867)	3,0 × 5,0	
	bzw. 3,6 × 7,0	4,0 × 7,8
Victoria (ab etwa 1870)	7,0 × 10,5	8,2 × 12,7
Imperial	18,5 × 30	
	bzw. 16,0 × 21,7	17,5 × 25,0
Royal	11,5 × 23,5	13,0 × 26,8
Paneel (ab etwa 1894)	16,6 × 30,0	18,8 × 33,0
Oblong-Promenade (ab etwa 1895)	9,3 × 20,0	10,5 × 21,0
Salon (ab etwa 1890)	16,0 × 21,7	
Boudoir (ab etwa 1895)	12,3 × 18,9	13,5 × 22,0
Muschel (ab etwa 1885)	6,0 × 6,0 bis 10,0 × 10,0	
Postkarte	9,0 × 14,0	
Weltpostkarte (WPK)	10,0 × 15,0	

Größentabelle für historische Originalfotos

Die Maße können leicht schwanken. Die Formate Mignon, Imperial, Paneel, Oblong-Promenade und Salon wurden als Querformate verwendet, Muschel auf der Spitze stehend.

Daguerreotypien

Formatangabe	**Bildgröße (in cm)**
Ganze Platte	16,5 × 21,6
Halbe Platte	10,5 × 16,5
Viertelplatte	8,3 × 10,5
Sechstelplatte	7,2 × 8,3
Achtelplatte	5,3 × 8,3
Neuntelplatte	5,5 × 7,0
Zwölftelplatte	4,5 × 6,5
Sechzehntelplatte	4,0 × 5,3

21. Wichtige Anschriften und Internetadressen

1. Verbände

a) Deutschland

Arbeitsgemeinschaft Antiquariat im Börsenverein des Deutschen Buchhandels e.V., Großer Hirschgraben 17–21, 60311 Frankfurt am Main, Tel. 0 69/13 06-0, www.buch-antiquariat.de

Verband Deutscher Antiquare e.V., Seeblick 1, 56459 Elbingen, Tel. 0 64 35/90 91 47, www.antiquare.de

b) Österreich

Verband der Antiquare Österreichs, Grünangerstraße 4, A-1010 Wien, Tel. (00 43)(0)1/5 12 15 35, www.antiquare.at

c) Schweiz

Vereinigung der Buchantiquare und Kupferstichhändler in der Schweiz (VEBUKU), Restelbergstraße 82, CH-8044 Zürich, Tel. (00 41) (0)1/ 3 50 14 41, www.vebuku.ch

(d) International

Die internationale Dachorganisation, in der die Mitglieder der nationalen Verbände zusammengeschlossen sind, ist die:

International League of Antiquarian Booksellers (ILAB), General Secretary, Rob Rulon-Miller, 400 Summit Av., Saint Paul, MN 55102, USA, www.ilab-lila.com

2. Internet-Bücherpools und Metasuchmaschinen

Die wichtigsten Adressen ohne Anspruch einer auch nur annähernden Vollständigkeit:

Abebooks.com: www.abebooks.com. Advanced Book Exchange Inc. Kanadischer Bücherpool mit zur Zeit über 40 Millionen Titeln von über 10 000 Händlern.

abebooks.de: www.abebooks.de. Deutsche Tochter von abebooks.com mit Zugriff auf den gesamten Bestand. Früher unter dem Namen justbooks tätig.

Alibris: www.alibris.com. Amerikanischer Büchersuchdienst.

Antbo: www.antbo.de. Deutscher Bücherpool mit derzeit über 1,6 Millionen Titeln von über 125 Anbietern.

Bookfinder: www.bookfinder.com. Amerikanische Suchmaschine für mehrere Bücherpools; erreichbar sind zur Zeit über 20 000 Händler mit über 40 Millionen Titeln.

ILAB-LILA: www.ilab-lila.com. Homepage der International League of Antiquarian Booksellers mit angegliederter Datenbank für Bücher ihrer Mitglieder.

Suche & finde Bücher: www.sfb.at. Suchmaschine mit Zugriffsmöglichkeiten auf derzeit 60 Millionen Titel; durchsucht ZVAB, amazon.de, amazon.com, booklooker.de, antiqbooks, antbo, Zeusmann.

Verzeichnis Lieferbarer Bücher (VLB): www.buchhandel.de. Datenbank des Börsenvereins des Deutschen Buchhandels e.V. mit über 1 Million lieferbarer verlagsneuer Bücher.

Zeusmann: www.zeusmann.de. Deutscher Bücherpool mit derzeit über 1,8 Millionen Titeln von über 220 Anbietern.

Zentrales Verzeichnis Antiquarischer Bücher: www.zvab.com. Bücherpool mit zur Zeit über 7,6 Millionen Titeln von überwiegend deutschsprachigen Antiquariaten.

3. Datenbanken für die bibliographische Recherche

a) Karlsruher Virtueller Katalog (KVK)

www.ubka.uni-karlsruhe.de/kvk.html   Der Karlsruher Virtuelle Katalog ist eine 1996 begonnene Metasuchmaschine der Universitätsbibliothek Karlsruhe zum Nachweis von 75 Millionen Büchern und Zeitschriften in Bibliotheks- und Buchhandelskatalogen mit herausragender Bedeutung und ständig steigendem Umfang. Der KVK umfasst u. a. die Daten der Verbundkataloge von Südwestdeutschland, Bayern, Nordrhein-Westfalen, Hessen, Berlin-Brandenburg, Deutschschweiz, Österreich, des Gemeinsamen Bibliotheksverbundes, der Deutschen Bibliothek, der TIB Hannover, der Zeitschriften-Datenbank (ZDB), der Library of Congress, der britischen, schwedischen, norwegischen und italienischen Verbundskataloge, der British Library, der französischen, schottischen und spanischen Nationalbibliotheken sowie von KNO, Libri, ZVAB und dem Internetbuchhändler Amazon.

(b) Kataloge deutscher Bibliotheken

Neben dem Karlsruher Virtuellen Katalog bieten die Kataloge großer deutscher und internationaler Bibliotheken und Forschungseinrichtungen weitere Such- und Recherchefunktionen.

Bayerische Staatsbibliothek München: www.bsb.badw-muenchen.de
Die Deutsche Bibliothek, Frankfurt am Main und Leipzig: www.ddb.de
Herzog August Bibliothek Wolfenbüttel: www.hab.de
Niedersächsische Staats- und Universitätsbibliothek Göttingen:
   www.sub.uni-goettingen.de
Staatsbibliothek zu Berlin, Preußischer Kulturbesitz: www.sbb.spk-berlin.de
Stadt- und Universitätsbibliothek Frankfurt am Main: www.stub.uni-frankfurt.de

Wichtige Anschriften und Internetadressen

c) Kataloge europäischer und nordamerikanischer Bibliotheken

Biblioteca Nacional. Madrid: www.bne.es
Biblioteca Nazionale. Florenz: www.bncf.firenze.sbn.it
Biblioteca Nazionale. Rom: www.bncrm.librari.beniculturali.it
Bibliothèque nationale de France. Paris: www.bnf.fr
The British Library. London: www.blpc.bl.uk
Library of Congress. Washington: lcweb.loc.gov.
Österreichische Nationalbibliothek. Wien: www.onb.ac.at
Schweizerische Landesbibliothek. Bern: www.snl. ch/d/aktuell/index. htm

Weltweiter Zugang zu Bibliotheken im Internet über:
www.sunsite.berkeley.edu/Libweb/

Anhang

Empfehlung zum Geschäftsverkehr zwischen Wissenschaftlichen Bibliotheken und dem Antiquariatsbuchhandel (1996)

Vorbemerkung

Ziel dieser Empfehlungen ist es, den Geschäftsverkehr zwischen den beiden Partnern zu erleichtern, zu vereinfachen und zu beschleunigen, die Geschäftsbedingungen und die Abwicklung transparenter zu machen und damit die Grundlage für eine vertrauensvolle Zusammenarbeit zu schaffen.

1. Geschäftsgrundlagen, Eigentumsverhältnisse

Bei dem Erwerb und der Veräußerung von antiquarischen Büchern müssen die Eigentumsverhältnisse nachweisbar geklärt sein. Nur dadurch ist die Rechtmäßigkeit eines Kaufvertrages zwischen einer Bibliothek und einem Antiquariat gewährleistet. – Der Antiquar muss sorgfältig darauf achten, dass Bücher aus früherem Bibliothekseigentum entwidmet, das heißt Bibliotheksstempel erkennbar vom Eigentümer als ungültig gekennzeichnet wurden.

Die Bibliothek ihrerseits hat dafür zu sorgen, dass dies auf eine für das jeweilige Haus charakteristische Weise geschieht. Ein einfacher »Ausgeschieden«-Stempel genügt nicht, der Name der Bibliothek ist hinzuzufügen (zum Beispiel: Abgegebene Dublette der Stadt- und Universitätsbibliothek Frankfurt am Main). Wenn möglich sollten Datum und Bearbeiterkürzel ergänzt werden.

Um die Wertminderung bei der Weiterveräußerung so gering wie möglich zu halten, empfiehlt es sich, den Entwidmungsvermerk auf der Rückseite des Haupttitelblatts anzubringen.

Wenn dem Antiquar Bestände mit nicht entwerteten Bibliotheksstempeln von dritter Seite angeboten werden, sollte er sich bei erkennbarer Provenienz direkt an die betreffende Bibliothek wenden. [...] Bei Beständen aus aufgelösten Bibliotheken genügt ein entsprechender Hinweis beim Angebot.

Geschieht es in Ausnahmefällen dennoch, dass Bibliotheken antiquarische Bücher ohne getilgten Eigentumsstempel erhalten, gibt es zwei Möglichkeiten:

– Rückgabe an den Antiquar mit der Bitte, die Eigentumsverhältnisse zu klären
– Kontaktaufnahme mit dem vermeintlichen Eigentümer, um herauszufinden, auf welche Weise die Titel aus dem Bestand entfernt wurden. Der Antiquar wird über diese Rückfrage unterrichtet. Die Bezahlung der Rechnung wird bis zur Klärung zurückgestellt.

Ergibt sich bei diesen Untersuchungen, dass die betreffenden Bücher beim möglichen früheren Eigentümer als vermisst geführt werden, hat die Bibliothek das Recht, das Werk an den Antiquar zurückzugeben. Die weiteren Verhandlungen sind zwischen dem Antiquar und dem mutmaßlichen Eigentümer zu führen. Die Parteien sollten versuchen, sich einvernehmlich zu einigen, bevor der Rechtsweg beschritten wird.

Die nachfolgenden Empfehlungen orientieren sich am Geschäftsgang.

2. Angebote

Um Kosten zu reduzieren und unnötigen Aufwand zu vermeiden, sollten die Bibliotheken mit den Antiquariaten und Auktionshäusern absprechen, ob sie die laufende Übersendung ihrer Verkaufskataloge wünschen und an wen diese zu adressieren sind (zum Beispiel an die Erwerbungsleitung oder einen zuständigen Fachreferenten). Es liegt im beiderseitigen Interesse, Adressänderungen und wechselnde Ansprechpartner frühzeitig bekannt zu geben. Die Möglichkeit, Kataloge gezielt an Kunden zu versenden, die diese regelmäßig auswerten, ist eine wichtige Voraussetzung für den kostenlosen Versand.

Es liegt im Interesse der Bibliothek, den Antiquariaten spezielle Sammelschwerpunkte mitzuteilen, damit diese zielgerichtet und bestandsorientiert anbieten können.

Wenn zielgerichtete, individuelle Angebote nicht wahrgenommen werden, ist eine Reaktion von Seiten der Bibliothek erwünscht, um künftige Informationen besser steuern zu können.

Die Antiquare können sich aktiv am Bestandsaufbau der Bibliothek beteiligen, indem sie Suchlisten für die gezielte Lückenergänzung bearbeiten.

a) Allgemeines

Der schnellen Durchsicht und effektiven Bearbeitung der Angebote in der Bibliothek dienen vor allem:

– Einteilung nach Fachgebieten, innerhalb dieser Gebiete alphabetische Ordnung nach Verfassern beziehungsweise Sachtiteln (die Mischung von Autoren und Stichwörtern erschwert den Bibliothekaren das Nachprüfen in den Bibliothekskatalogen erheblich)
– deutliche, typografische Hervorhebung des Autors oder, wenn es sich nicht um eine Verfasserschrift handelt, der ersten Worte des Sachtitels
– ausreichende Zwischenräume zwischen den einzelnen Titeln oder genügend Raum am Rand, um Bearbeitungsvermerke anzubringen
– gut lesbare, nicht zu kleine Schrift.

[…]

b) Bibliographische Beschreibung

Die Titelbeschreibung sollte folgende Angaben enthalten:

- den vollständigen Familiennamen des Verfassers mit sämtlichen Vornamen in ausgeschriebener Form (abweichende Namensformen und Pseudonyme sind, soweit bekannt, anzugeben beziehungsweise aufzulösen)
- den ungekürzten Titel mit Untertitel
- weitere Personen, die an dem Werk beteiligt waren, mit kompletter Angabe der Namen
- die Auflage (besonders wichtig: *Erstausgabe*), auch unveränderte oder erweiterte Auflagen und Nachdrucke, bei mehrbändigen Werken in unterschiedlichen Auflagen (Mischauflagen) pro Band mit Nennung des Erscheinungsjahrs
- eine deutliche Kennzeichnung von Sonderdrucken, möglichst unter Angabe des Werkes, aus dem sie stammen
- den Umfang (Seitenzahlen, Beilagen)
- das Format in Abhängigkeit von der Rückenhöhe, nicht vom Bogenformat
- Abbildungen, Karten und Tafeln, bei älteren Werken möglichst mit Angabe der Drucktechnik
- die Einbandart
- Erscheinungsorte, Verlage und Erscheinungsjahre, bei alten Drucken in der im Buch genannten Version
- Reihentitel mit Bandnummer
- bei mehrbändigen Werken und Zeitschriften exakte Bandangaben (auch Parallelzählungen), vor allem eine genaue Beschreibung der Lücken, zum Beispiel:
    - Bde. 1–20 (nicht: 20 Bde)
    - Bd. 1 von 2
    - Bde. 1–16 (alles Erschienene)
    - Nrn. 2–5,7,9.
    - Bde. 1–4, gebunden in 2 Bdn

- bei mehrbändigen Werken die Angabe des Gesamttitels, falls nur ein Teil des Gesamtwerks angeboten wird
- bei Zeitschriften Hinweise auf Titel- und Verlagsänderungen und deren Zeitpunkt und auf unterschiedliche Schreibweisen
- ein Hinweis auf Vervollständigungen durch Kopien oder Reprints
- bei Sammelbänden und Beigaben die genaue Beschreibung aller enthaltenen Titel.

Besonderheiten, die für die Beschreibung alter Drucke und Inkunabeln notwendig sind, wurden hier nur eingeschränkt berücksichtigt. Bibliografische Daten, die nicht dem Titelblatt entnommen wurden, sind in Klammern zu ergänzen.

Alle Unvollständigkeiten sind anzugeben.

c) Beschreibung des Erhaltungszustandes

Der Erhaltungszustand von Buchblock und Einband muss genau und unmissverständlich dargelegt werden. Abkürzungen, die sich nicht von selbst verstehen, sollten im Katalog aufgelöst und erklärt werden.

Eigentumsvermerke (Exlibris, Supralibros, Stempel, Namenszüge) sollten kurz beschrieben werden. Die Beschreibung sollte den Namen des früheren Eigentümers enthalten, falls dieser von Bedeutung ist.

d) Bibliographische Nachweise

Es sollten die für das jeweilige Werk maßgeblichen Bibliographien zitiert werden. Abkürzungen sind im Katalog aufzulösen.

e) Kommentare

Hintergrundinformationen zum Autor oder zur Editionsgeschichte sollten in sachlicher Form abgesicherte Fakten liefern, die den Kunden als Selektionshilfe dienen.

3. Bestellung

a) Mindestbestelldaten

- Genaue Liefer- und Rechnungsadresse der Bibliothek
- Bestelldatum und/oder Bestellnummer
- Nummer oder Titel des Katalogs, Datum des Angebots, Bezeichnung der Auktion
- laufende Nummer, Verfasser oder erstes Substantiv des Titels
- Preis, bei Auktionen Limit
- Anschrift und Kontaktperson des Antiquariats.

Die Bibliothek gibt bei der Bestellung an, ob das Binden reparaturbedürftiger Objekte gewünscht wird, wenn der Antiquar diese Dienstleistung anbietet.

b) Bestellform

Für die Bestellabwicklung bieten sich an:

- schriftliche Aufträge (vorzugsweise per Telefax) auf vorgedruckten Formularen der Auktionshäuser und Antiquariate oder auf bibliothekseigenen Bestellzetteln
- telefonische Aufträge (zur Absicherung beider Partner empfiehlt sich eine schriftliche Bestätigung durch die Bibliothek)
- Bestellübertragung auf dem Wege des elektronischen Datenaustauschs.

c) Reservierung

Antiquarische Bücher werden in der Regel freibleibend angeboten. Reservierungen sind im Allgemeinen möglich, die Fristen sind gemeinsam zu vereinbaren.

d) Ansichtssendungen

Die grundsätzliche Möglichkeit und die Abwicklung von Ansichtssendungen sind zwischen den Geschäftspartnern abzustimmen. Zu klären sind vor allem:

- die Versandart
- die Übernahme der Versandkosten
- die Haftung im Falle von Beschädigung oder Verlust auf dem Versandweg
- Rückgabefristen.

4. Meldungen

Es ist vor allem aus Gründen der Etatplanung wichtig, dass die Bibliothek innerhalb von drei Wochen über bereits verkaufte Titel unter Angabe der Katalog- und Titelnummer, falls möglich auch des Verfassers und Kurztitels, informiert wird. Wenn die Bestellung auf einem Formular der Bibliothek erfolgte, sollte dieses für die Rückmeldung benutzt werden. Sollen einzelne Titel zur Lieferung vorgemerkt oder gezielt gesucht werden, erhält der Antiquar hierfür einen gesonderten Auftrag.

Kann später ein anderes Exemplar des gewünschten Werkes angeboten werden, muss zunächst beim Kunden die Rückfrage erfolgen, ob die Lieferung gewünscht wird.

5. Lieferung

- Die Lieferung sollte schnellstmöglich, spätestens aber innerhalb von drei Wochen nach Auftragseingang oder Auktionstermin erfolgen.
- Versandkosten und Versandrisiko gehen in der Regel zu Lasten des Empfängers. In Abhängigkeit vom Auftragsvolumen können anderslautende Vereinbarungen getroffen werden
- Wertvolle Bücher sind beim Versand in Absprache mit der Bibliothek zu versichern.

6. Rückgaben

Die Bibliothek behält sich in folgenden Fällen ein Rückgaberecht vor:

- bei Büchern und Zeitschriften ohne Entwidmungsvermerk
- bei unzutreffender oder unvollständiger Beschreibung im Antiquariatskatalog
- bei nicht unerheblichen Abweichungen des tatsächlichen Erhaltungszustandes von der Beschreibung im Katalog
- bei sonstigen, vom Händler verursachten, Falschlieferungen.

Der Antiquar sollte über die berechtigte Rückgabe vorab schnellstmöglich informiert werden. Über irrtümliche Bestellungen, die auf Bearbeitungsfehler in der Bibliothek zurückzuführen sind, ist wegen der Rücknahme zwischen den Partnern zu verhandeln. Die Rücksendung sollte umgehend, spätestens jedoch drei Wochen nach Eingang erfolgen.

7. Preise

Katalogpreise sind Festpreise. In Abhängigkeit vom Auftragsvolumen kann [...] über Nachlässe verhandelt werden.

8. Rechnungsstellung

Auf Wunsch der Bibliothek werden Einzel- oder Sammelrechnungen in der benötigten Anzahl ausgestellt, getrennt nach vorgegebenen Kriterien, wie

- Abteilungen
- Fächern
- Haushaltsstellen.

Rechnungsdaten:
- Pro Posten: Verfasser, Kurztitel, Erscheinungsort und -jahr, Stückpreis einschließlich MwSt.
- Summe der Einzelpreise
- falls vereinbart: Nachlässe
- bei Auktionen: Aufgeld (Prozentsatz und Betrag)

- Versandkosten, falls nicht anders vereinbart,
- Gesamtbetrag
- Mehrwertsteuer.

Zwischen den Posten und am Rand sollte ausreichend Raum für Bearbeitungsvermerke gelassen werden.

9. Zahlung

Als angemessenes Zahlungsziel gilt eine Frist von ein bis zwei Monaten nach Eingang von Rechnung und Lieferung. Davon abweichende Fristen sind bilateral zu vereinbaren.

- *Arbeitsgemeinschaft Antiquariat im Börsenverein des Deutschen Buchhandels e.V.*
- *Kommission des Deutschen Bibliotheksinstituts für Erwerbung und Bestandsentwicklung*
- *Mit freundlicher Unterstützung der Bundesvereinigung Deutscher Bibliotheksverbände, des Börsenvereins des Deutschen Buchhandels e.V. und des Verbands Deutscher Antiquare e.V.*

Gerhard Gruber
Margot Wiesner

Für den Wiederabdruck wurde die zuerst im Börsenblatt für den Deutschen Buchhandel veröffentlichte Empfehlung an drei markierten Stellen, die heute nicht mehr aktuelle Fragen betreffen, geringfügig gekürzt.

Register

Abbildungen 65 f.
Abbreviaturen 120
Abkürzungen 103, 177–205, 217
Abrechnungen 9, 22
Absatzmärkte 4, 41
Abschreibungen 77 f.
Adressen 57–61
Allgemeine Geschäftsbedingungen (AGB) 82
Alphabete 169–172
Altmeistergraphik 127
Anagramme 99
Ankauf 2, 41–46
Ankaufspreise 2, 42, 44–46
Anonyme Verfasser 98 f.
Anschriften 209
Ansichten 127 f.
Ansichtssendungen 218 f.
Antike Autoren 94
Antiquariatskataloge 9, 63–68, 139
Antiquariatsmessen XI, 16 f., 24, 53 f.
Anzeigen 37, 53, 59
Arbeitsgemeinschaft Antiquariat 6, 17, 209
Arbeitsplatz 31
Aufgeld 22
Auflage 106, 126, 216
Aufnahmetechnik 87–132
Auktionen 8 f., 21–24, 43 f.
Auktionspreise 23 f.
Aus dem Antiquariat 17

Ausbildungsberuf 5
Ausbildungsordnung 5 f.
Autographen 1, 125 f.
Autopsie 91
Autorenalphabet 63 f.

Bandzahl 69, 106 f.
Barsortiment 1
Bedingtverkehr 9
Berufsgenossenschaft 31
Berufsorganisationen 6, 209
Besitzvermerke 217
Bestellverhalten 60
Betriebsformen 73–76
Bewertung 42, 76–79
Bibliographien 115 f., 217
Bibliophilengesellschaften 14
Bibliophilie 13 f.
Bibliotheken 11–13
Bibliothekskataloge 211 f.
Bibliotheksstempel 114, 213 f.
Bibliotheksverbünde 36
Bilanz siehe Steuerbilanz
Bildergeschichten siehe Comics
Bildnisse 127 f.
Blattweiser siehe Kustoden
Blindaufnahmen 91
Bogensignatur 88
Bogenzahl 8
Börsenverein des Deutschen Buchhandels e.V. 6, 10, 17
Buchblock 108, 217

223

Register

Buchdruckeralphabet 88
Bucheignerzeichen siehe Exlibris
Buchhaltung 73–80
Buchhändlermarken 129 f.
Bücherdörfer 18, 53 f.
Bücherliebe siehe Bibliophilie
Bücherpools 3, 36, 43
Büchertische 56
Bürgerliches Gesetzbuch (BGB) 73, 81
Büroeinrichtung 31

Chromlithographien 111
Chronogramm 173 f.
Comics XI, 1, 126 f.
Computer XI, 32–35

Daguerreotypien 131 f., 208
Datenbanken 34, 114
Decknamen 99
Desiderata 61
Desktop Publishing (DTP) 34
Differenzbesteuerung 22
Dissertationen 100
Dissertationshändler 9
Doppelnamen 97
Druckbogen 88, 119
Drucker 107, 119
Drucker- und Verlegermarken 111
Druckort 107, 119, 127
Druckverfahren 110, 129
Dubletten 12, 41 f.

Effizienz 53
Eigentumsvermerke 217
Einband/Einbände 1, 112, 122–124
Einkauf 41–46
Einkaufspreise 46
Einkaufsquellen 41–44
Einlieferungen 21–23
Einnahmenüberschussrechnung 74 f.
Einsteckbogen 119
Einzelbewertung 78 f.
E-Mail XI, 35, 51, 67

Erfolgskontrolle 60 f., 68
Erhaltungszustand 87, 120
Erscheinungsjahr 108, 127, 216
Erscheinungsort 107, 216
Erstausgabe 25, 106, 216
Exlibris 129, 217
Explicit 119

Fernabsatzgesetz 71, 83–85
Firmenprospekte XI, 124
Flugschriften 121 f.
Formate 108 f.
Fortbildung 17
Fotos XI, 1, 207 f.

Gebote (Auktion) 21 f., 44
Geschäftsbedingungen 82
Geschäftsgrundsätze 9, 17
Geschäftsräume 55
Gesellschaft der Bibliophilen 14
Gewerbefreiheit 10
Gewerbeordnung (GewO) 81
Gewinnspanne 2
Graphik 1, 127 f.

Handbibliothek 31, 133–166
Handelsfreiheit 5, 10
Handelsgesetzbuch (HGB) 73–77, 81
Handelsregister 73 f.
Handschriften 1, 111
Handschriftenhändler 7
Handzeichnungen 25, 128
Hardware siehe Computer
Herausgeber 99, 105 f.
Hochschulprogramme 100
Höchstgebote 21
Holzschnitt 111
Homepage siehe Website

ILAB/LILA 16, 52, 57
Illustrationen und Beigaben 89, 110–112
Impressum 119

Register

Inkunabeln 12, 78, 88, 109, 118–121
Internet XI, 3, 18, 21, 35–38
Inventur 46, 76–80
Inzipit 118

Karlsruher Virtueller Katalog (KVK) 35f., 116
Kartei 59f.
Karten 110, 127, 216
Kartuschen 127
Kataloge siehe Antiquariatskataloge
Katalogversand 68
Kaufmann 73–75
Kaufvertrag 82f.
Kleingewerbe 73f.
Körperschaft 99
Kollation/Kollationieren 46, 87–89
Kollegenrabatt 44f.
Kolophon 118f.
Kolorit 111
Kommentare 113f., 217
Kommissionsgeschäfte 45
Kommunikation XI, 51f.
Kompetenz 1, 52, 87
Konditionssystem 9
Kongresse 52, 56
Korrekturen 66f.
Kosten 47, 53
Kreditkarten 45
Künstlergraphik 25, 127f.
Kundenkartei 59–61
Kundenkreis 41
Kundenpflege 51f.
Kundenstruktur 20, 49
Kupferstich 110f.
Kustoden 88, 120

Ladeneinrichtungen 32
Ladengeschäfte 19f.
Ladenpreise 10
Lagen 88
Lager 31f., 38f.
Lagerantiquariat 20f.

Lagerbestand 41
Lagerbewertung 76–80
Lagernummern 38f.
Lagerordnungen 38f.
Lagerraum 32
Landkarten 127
Latinisierte Orts- und Ländernamen 167–169
Laufkundschaft 19, 21, 59
Layout 65f.
Leipziger Messplatz 9
Liebhaberwerte 48, 78
Lieferbedingungen 83
Lithographien 110, 124
Luxussteuer 14

Majuskeln 103
Manuskripte 12
Marketing 6
Marktbeobachtung 3, 5
Maximilian-Gesellschaft 17
Mehrfachexemplare 38
Mehrwertsteuer 22
Messen 56
Metasuchmaschinen siehe Suchmaschinen
Metonomasie 99
Mieten 19
Miniaturen 1, 120
Mischauflagen 216
Mittelalterliche Autoren 94f.
Modernes Antiquariat 1, 8, 10, 26f.
Modeströmungen 24, 41
Musikalien 111, 125

Nachdrucke 29f.
Nachlässe 41
Nachschlagewerke 31
Nachverkauf 22
Namenswechsel 97
Neue Medien 6
Niederstwertprinzip 77
Noten 1, 120, 125

225

Register

Öffentlichkeitsarbeit 51–58
Onlinekataloge 210–212
Ordnungswort 38
Originaleinbände 112
Ortsbibliographien 138

Pagination 109f.
Paginierfehler siehe Satz- und Paginierfehler
Paketdienst 70
Personalbibliographien 138f.
Personenunternehmen 73
Phantasienamen 99
Pickerl 129f.
Plakate 1
Porträts 110, 127f.
Postkarten XI
Praktika/Volontariate 6
Preisbildung 10, 47–49
Preisbindung 47
Preise/Preispolitik 2f.
Pressearbeit 55
Pressendrucke 25
Preußische Instruktionen 90
Printing on Demand (PoD) 30
Privateinband 112
Programme siehe Software
Prospekte und Plakate 56f.
Provenienz 120, 214
Provision 22
Pseudonyme 98f., 216

Querformate 109, 208

Rabatte 44
Radierungen siehe Graphik
Räumlichkeiten 31f.
Recherchieren 38
Rechner siehe Computer
Recht 81–85
Regelbesteuerung 22
Regeln für die alphabetische Katalogisierung (RAK) 90f.

Regulativ für den Gewerbebetrieb der Antiquare (1853) 10
Reichsdeputationshauptschluss (1803) 12
Reihentitel 101f.
Remissionsrecht 9
Remittenden 44
Reprint siehe Nachdruck
Restauflagen 44
Rubrum 119
Rückenhöhe 108, 216
Rückgaberecht siehe Fernabsatzgesetz
Rückgangslisten 22

Sachgebiete 38, 64f.
Sachtitel 101, 215
Säkularisation 11f.
Sammeln/Sammler/Sammlungen 11f., 41, 61, 129f., 215
Satz- und Paginierfehler 88
Schaufenstergestaltung 55
Schlagwörter 63f.
Schriftgrade 65, 206
Schriftverkehr 51
Schulprogramme 100
Seiten- oder Blattzählung 109f.
Seminar für Antiquare 17
Serienwerke 100–102
Seriosität 2, 52
Software für Antiquariate 32–35
Sonderdrucke 26, 100, 112f.
Sortierung 90
Sortiment/Sortimentsbuchhandel 1, 9
Spezialantiquariate 54
Spezialkataloge 54
Stadtansichten 127
Stahlstich 110f.
Standesorganisation 16f.
Standorte 117
Startkapital 20
Stationarii 7, 9
Stecher 111, 128

Stempel siehe Bibliotheksstempel
Steuerbilanz 75
Stichwörter 93f.
Suchlisten 43, 215
Suchmaschinen 3, 35, 37
Supralibros 217

Tabellen 110
Tafeln 110, 216
Tagungen 56
Tausch 45
Tauschhandel 8f.
Titelaufnahme 90–93
Titeleinfassungen 111
Titelkosten 20, 36
Titelkürzungen 104f.
Titelvignetten 111
Transportrisiken 69f.
Transportversicherung siehe
 Versicherung

Umfang 109f., 216
Universitätsantiquare 7
Urkunden 111

Verband Deutscher Antiquare e.V.
 6, 16f., 209
Verein Deutscher Antiquariats- und
 Exportbuchhändler e.V. 15
Vereinigung Deutscher Buch-
 antiquare und Graphikhändler
 e.V. 16
Verfasser/Verfassernamen 94–102
Verkaufspreis 2, 113
Verkaufsquote bei Katalogen 68
Verkehrsgrundsätze 81
Verkehrsordnung 81
Verlag 107, 216
Verlegereinband 112

Verpackungsmaterial 69
Versand siehe Warenversand
Versandantiquariate 20f.
Versandhandel 20f.
Versandkosten 22
Versandrisiken siehe
 Transportrisiken
Versicherung 69f.
Versteigerungsbedingungen 22
Vertriebswege 19–24
Verzeichnis lieferbarer Bücher
 (VLB) 91
Vollständigkeitsprüfung siehe
 Kollation
Vorsteuer 22

Währungen 175
Wappen 127, 129
Wapperl 129f.
Warenverkehr 3f., 18, 38
Warenversand 69–71
Warenwert 70
Wasserzeichen 119
Website 36, 55
Weiterbildung 17
Werbeschriften 1
Werbung 37, 52–58
Wettbewerb XI
Widerrufsrecht siehe
 Fernabsatzgesetz
Wiegendrucke siehe Inkunabeln

Zeitangaben 173–175
Zeitschriften 100–102
Zeitschriftenantiquariate 26
Zeitschriftenkollation 88f.
Zuschlag 21f.
Zustandsbeschreibung 114, 120
Zwischenbuchhandel 1